被消失的中國史—

三國鼎立到混亂分裂

白逸琦◎著

故事，正要開始；歷史，仍在延續

「學歷史有什麼用？」

經常被人抱著不同的眼光，以不同的方式提出這樣的問題。

我通常默不作聲，或許一笑置之。

歷史還沒學好，哪能回答這樣的問題？

可是，不回答卻又不甘心！

後來，我決定說故事。

五千年的故事，好沉重！

或許我們可以這麼認爲：爲了證明那終究無法證明的眞理，人們開始研究人們曾經作過的事，於是產生了歷史。

打打殺殺的歷史，嘗試錯誤的歷史，學習教訓的歷史，學習不到教訓的歷史，只要是人們曾經作過的事，就可以替它冠上這個沉重的名詞：「歷史」。

「人」是一種奇妙的動物，總喜歡自認爲萬物之靈，喜歡主宰，喜歡操控，喜歡打打殺殺，這些行爲說穿了，與其他動物實在沒什麼不同。有機會逛逛動物園的話，也許有幸能夠在長臂猿島與關猴子的柵欄裡，看見類似的情形。

不久之前終於成功破解的DNA密碼告訴我們，作爲一種生物，人類與果蠅之間的差異，其實是微乎其微的。

生物學家大概不會高興吧！他們努力了幾輩子，結果只證明出，人類和所謂的「低等動物」，幾乎沒有什麼差別。

宗教家大概不會高興吧！人類是上帝的選民，是上帝照著祂自己的外型創造的，怎麼能與動物們相提並論？

財閥們大概會不高興吧！我擁有數也數不完的金錢，享受著無與倫比的物質生活，你竟然告訴我，我和一隻果蠅差不多？

政客大概會不高興吧！當他動員了無數支持的群眾，在他面前高喊著：「凍蒜、凍蒜！」的時候，他竟然必須思考，究竟他與動物園裡的猴子有什麼不同。

那麼人類究竟有什麼好驕傲的呢？

人類懂得把自己的行爲記錄下來，分析自己到底幹過什麼蠢事，以後盡量不要再犯，這大概就是人類值得驕傲的地方吧！

果蠅永遠會鑽進爛水果裡，猴子永遠是力氣最大的稱王，人類卻有機會，證明自己懂得記取教訓，懂得從前人的錯誤中學習，懂得繼承過去的文化，開拓一個比較光明的未來，而非僅靠著本能生存。

正因爲這個機會，讓人們被比喻爲「笨豬」、「死狗」，甚至「豬狗不如」的時候，會有不高興的感覺。

所以，「學歷史有什麼用？」

我的回答是：「沒什麼用，只想給自己一個驕傲的機會。」

可是，現在的我，根本驕傲不起來呀！

於是，我決定說故事。

故事，正要開始；歷史，仍在延續。

CONTENTS

目錄

被消失的中國史4：三國鼎立到混亂分裂

第三章 南方與北方

第四章 新生命

第一章：三國時代

赤壁之戰，曹操敗北，孫權鞏固了江東，並且得到荊州北部，劉備趁機攻取荊州南部的四個郡，總算有了立足之地。

天府之國的四川蜀中，當初諸葛孔明的隆中對策，促使劉備將眼光投向這個地方，作為他爭奪天下的基地，現在卻被一個闇弱的劉璋治理得烏煙瘴氣。

曹操在北方也沒有懈怠，「魏武三詔」傳達出用人只求才能、不重道德的新觀念，打破了百餘年來東漢重視氣節的政治風氣，替當時造就了許多人才，卻也替後世帶來了不良的影響。

三個國家並存在三世紀的中國，相互制衡長達六十年，江水滔滔，訴說著英雄們的故事。

劉備入蜀

漢獻帝建安十三年，公元二〇八年。

赤壁之戰讓曹操歷經空前未有的慘敗，僅以身免。他逃回江陵，隨即囑咐自己的堂兄弟曹仁與大將軍徐晃留下來鎮守江陵，並讓另一員將領紫進守襄陽，自己則倉皇逃回許都。

周瑜獲得空前勝利，派人回柴桑稟報孫權。孫權大喜，兵分兩路，對曹操發動攻擊，其中一路由他自己率領，從東方渡江北上，進攻淮南重鎮合肥，打了整整三個月，沒有結果。後來曹操派了援軍前來抵抗，孫權這一路只好撤兵；另外一路則由周瑜領軍，與劉備分頭前進，對荊州發動反攻。

北路周瑜進攻南郡，與曹仁、徐晃在江陵下對峙，打了將近一年，曹仁部隊死傷慘重，只好放棄江陵，退守襄陽，東吳於是奪得長江以南的荊州之地。

劉備走南路進攻，從江夏出發，領著關張趙等大將，一路行軍至長沙、武陵、桂陽、零陵，四郡太守都不戰投降，劉備兵不血刃地奪得了荊州南郡，於是他親自統轄武陵郡，任命諸葛孔明爲軍師中郎將，委託其治理長沙、零陵、桂陽三郡，並以趙雲爲桂陽太守，鎮守荊州南端的門戶。

孔明長於政略的特性這時展現出來，他在當地整頓稅賦、充實軍備，讓劉備的實力逐漸恢復，兵強馬壯，甚至更勝當初。

破曹後一年，擔任荊州刺史的劉琦，因病去世。劉琦的部下都擁戴劉備，而孫權爲了表示善意，便表舉劉備爲荊州牧。

可是實際上的情況卻是，周瑜駐守著江陵，經由孫權任命，擔任南郡太守；劉備屯駐在南邊的公安（今湖北省公安縣北）；襄陽則仍然是曹操的勢力範圍，一個荊州同時有許多勢力進駐，劉備的荊州牧作得有些綁手綁腳。

孫權意識到劉備的實力不容小覷，爲了更進一步籠絡他，便將自己的小妹嫁給劉備爲夫人，兩人結爲親家。

這位孫夫人，才貌出眾，雖說比劉備年輕了二十多歲，但在當時看來，論身分地位，兩人算是門當戶對，英雄配美人怎麼算都是一樁良緣。可是，孫夫人雖然美貌，卻遺傳了父親與兄長的剛烈個性，總喜歡模仿男人，舞刀弄槍，還讓身邊的丫環婢女學習武藝，身上帶著兵刃穿著盔甲，在閨房四周環侍，經常弄得劉備提心吊膽。

諸葛亮向來主張與孫吳聯合，可是他畢竟不會完全信任孫權，對於這樁婚事，他也抱持不樂觀的態度：「主公身處公安，北方得擔心曹操的強大，東面得提防孫權的進逼，現在還得小心身邊的孫夫人……處境實在艱困啊！」

不過劉備本人倒是對孫夫人相當滿意，他欣賞孫夫人不讓鬚眉的氣魄，把自己唯一的兒子，乳名阿斗的劉禪，託付給孫夫人撫養，希望能將阿斗教養成一個勇敢的男兒。還想憑著自己與孫權之間的親戚關係，親自去說服孫權，把荊州全境讓給他來統治。

臨行前，劉備見諸葛亮神色有異，便問其故。諸葛亮勸道：「主公此去，必定無功而返，而且說不定會有什麼危險，微臣斗膽，請主公打消前去會見孫權的念頭！」

「軍師儘管放心，我瞧那孫仲謀並非趁人之危的小人。」劉備笑道：「再說，我現在是他的大舅子，還打算表奏他爲徐州牧，他總不能不賣我這個帳吧！哈哈，軍師，等我的好消息吧。」

到了孫權屯駐的京口，劉備見到了孫權，帶來了他的見面禮：他向朝廷表奏，讓孫權擔任徐州牧的職位，孫權欣然接受，然而每當劉備提及荊州的問題，孫權總是言詞閃爍，扯開話題不願多談。

更令劉備懷疑的是，孫權身邊的將領侍衛，每個人看到他，都露出一副不懷好意的神情，似乎隨時會做出對他不利的舉動。劉備心驚肉跳，知道此地不宜久留，也不等荊州問題談出一個結果，便辭別了孫權回到公安。

隔了許久，劉備才輾轉得知，孫權當時確實打算對他不利。

原來，在東吳陣營中，有人看出劉備絕非長久屈人下之人，便勸說孫權將劉備扣留，不讓他擁有自己的兵馬，並軟禁他在身邊，給他華美的豪宅居住，然後再以美女醇酒腐蝕劉備的心智，無形之中便可消除一個將來與孫權爭奪天下的勁敵。

提出這個意見的就是周瑜。周瑜在赤壁之戰中大敗曹操，一戰成名，便開始替主公擘畫霸業。他提出來的方法，與諸葛亮的隆中對有著異曲同工之妙，正所謂英雄所見略同。周瑜認爲，孫吳應當趁曹操新敗之際，發動大軍，溯江而西上，攻取巴蜀漢中，然後與關隴長安一帶的馬超、韓遂聯絡，以鉗形包圍態勢，消滅曹操。

在周瑜的計劃裡，卡在荊州的劉備，正是一塊絆腳石，越早翦除越好，不過劉備素來有著極佳的聲譽，又在赤壁之戰中協助孫吳對抗曹操，不宜在此時讓主公蒙上背叛盟友的罪名，所以，他才會提出這樣的計策。

孫權也覺得如此，可是當劉備滿懷誠意前來見他的時候，他又心軟了，「這種時候，還是應該要合力抗曹，怎能加害於他呢？」他心裡正猶豫著，而劉備發覺了事態不對勁，速速脫身。等劉備察明事實的眞相，出了一身冷汗，同時讚嘆諸葛亮先見之明外，心中也就不再那麼相信孫吳了。

周瑜仍然打算實現他的計劃，雖然主公不願意背叛劉備，但他也能有變通的辦法。與孫權商議之後，孫權同意周瑜以南郡爲基地，操兵練馬，即行起兵，不要顧慮劉備的動向，搶在劉備之前奪下巴蜀。

然而，正當一切準備就緒，周瑜即將著手實行他復興漢朝的理想之時，造化弄人，這位天縱英才，竟在建安十五年的冬天，以三十六歲的盛年，突然因爲舊傷發作而病逝，距離赤壁之戰也不過兩年光景而已。

如果周瑜不死，也許日後的情勢發展，會有很大的不同吧！

周瑜臨死前，向孫權推薦魯肅接替自己的職務。孫權心裡面空蕩蕩地，彷彿失去了一條手臂，對魯肅便更加依賴，他以魯肅爲奮武校尉，代替周瑜練兵。

魯肅和周瑜不一樣，對於劉備，他的態度比較友善。在魯肅極力勸說之下，孫權終於答應，將南郡江陵等地讓給劉備統治，而劉備則將長沙與貴陽郡的一部分送給孫權，兩家勢力以湘水爲界。

這對劉備而言比較有利，他獲得了荊州的精華部份，而且擁有較為完整的勢力範圍，諸葛亮為他規劃的大業，如今有了初步的成果。

在荊州，劉備最大的收穫，便是在人才這一點上。荊州地區，除了赤壁之戰這段時間以外，大致上相對較為安定，許多名士為了躲避中原禍亂，紛紛隱居於此，劉備以賢德的名聲，羅致了許多人才，「鳳雛」龐統、「白眉」馬良，南陽人陳震，老當益壯的猛將黃忠等人，都成為劉備的屬下。

「當今天下英雄，唯使君與操耳，本初之徒，何足道哉……」

劉備回憶著當年官渡大戰前，曹操對他所說的那一番話，自己也頗覺得意，曹操的眼光果然沒錯啊！能有這樣的成就，姑且稱自己為英雄，應當不為過吧！

當然，以劉備這樣的人物，得意歸得意，他是絕對不會忘了形的，甚至，他連喜悅的表情都沒有寫在臉上，只是專注地做著他認為該做的事，偶爾將眼光悄悄移向北方。

曹操口中的另外一名英雄，就是他自己，在這些日子裡並沒有閒著。

曹操兵敗以後，回到北方，他痛定思痛，暫時放棄了南進政策，致力於鞏固自己的政權與地位。

其時赤壁之戰，他雖敗得難看，卻沒有傷到元氣，手下大將並無折損，他仍然是天下的霸主，經過兩年休養生息，他不再企圖南征，轉而經略西北。

此時西北地區尚有漢中張魯與西涼馬超不奉曹操號令，張魯以怪異的宗教統治漢中，似乎無意向外擴張；馬超卻驍勇善戰，實力不可小覷。於是曹操在建安十六年春天，命令司隸校尉鍾繇整軍備戰，作出討伐張魯的態勢，並派遣大將夏侯淵率軍與鍾繇會合，目的是為了刺激馬超，看他會有什麼舉動。

馬超果然受不了刺激，立刻與韓遂聯合西北十餘股軍事單位發動攻擊。他們都是天生的勇將，行動迅速，轉眼間已經從隴西打到潼關，切斷了關中與關東的聯繫，也擋住了夏侯淵的去路，曹操派曹仁增援夏侯淵，可是兩人都不是馬超的對手，曹操只好下令二人堅守。

建安十六年，公元二一一年七月，曹操親臨前線來指揮作戰，八月抵達潼關與馬超對壘，他把自己當作誘餌，率領大軍與馬超正面交鋒，牽制馬超的主力，然後悄悄派遣徐晃、朱靈率領精兵四千人，從蒲阪（今山西省永濟縣西）渡過黃河，建立據點，隨即親率大軍渡河，繞到馬超軍的後方，與徐晃等人會合，持續向南推進，切斷馬超的補給，迫使馬超放棄潼關，與曹操對戰於渭河。

雙方激戰至九月，馬超、韓遂兵少，漸漸支持不住，派遣使者與曹操求和。賈詡向曹操獻了一道計謀，於是曹操假裝答應和談，與韓遂在陣前協商和談事宜。

曹操與韓遂本來就認識的，雖說此時兵戎相見，仍舊見面三分情。曹操故意與韓遂談一些當年京城裡的往事，不提和談事宜，談得投機，握手言歡，狀似親熱，韓遂部下的羌胡士兵，紛紛圍上來看熱鬧，對著曹操指指點點，曹操笑道：「我曹孟德也非三頭六臂，能夠有今日，不過是胸中謀略比別人多一點而已啊！」

韓遂回營以後，馬超不禁懷疑起來，問他和曹操談了些什麼，韓遂據實以答：「沒什麼啊！不過聊些陳年往事而已。」馬超更是懷疑。

幾天後曹操又寫了一封信給韓遂，信裡面塗塗抹抹，彷彿刻意要隱瞞些什麼，然後故意讓馬超發現，馬超對韓遂更加懷疑。緊接著，曹操忽然發動猛攻，由於馬超、韓遂之間有了心結，不能配合，兩人被打得大敗，逃往西涼，這年年底，曹操終於平定了關中，但因爲天氣嚴寒，沒有繼續追擊，留了夏侯淵駐兵長安，自己則返回鄴城。

曹操征伐關中，原本以討伐張魯作爲出師名義，雖然並沒有眞的打進漢中，卻仍然讓漢中巴蜀等地震驚不已。劉璋向來膽怯，害怕曹操一旦滅了張魯，自己的益州就保不住了。

早在曹操發兵南下攻打荊州的時候，劉璋就已經惶恐萬分了，那時他派了別駕張松前往曹營向曹操致意，可是那時候曹操正在意氣風發的時候，根本沒有把張松放在眼裡，惹得張松很不高興。後來赤壁之戰結束，曹操退回北方，劉備當了荊州牧，張松便不斷在劉璋面前說劉備的好話。

劉璋耳根子軟，聽多了以後，對劉備也就景仰萬分，問道：「我該派誰去與劉豫州接洽？」

「軍議校尉法正可也！」

法正字季直，關中扶風郡人，客居益州，不受劉璋重視，鬱鬱不得志，卻與張松交情友善，這次作了劉璋的代表，前去公安拜訪劉備，得到劉備殷勤的款待，法正感動之下，便將益州的山川地貌風土民情，詳細地告訴了劉備。

回到成都覆命，法正在劉璋面前盛讚劉備大仁大義，英明神武，形容得天花亂墜，讓劉璋聽得怔怔出神，半天沒有說話，張松便在一旁勸道：「主公，曹操兵力強大，如果兵發關中，張魯一定投降，然後曹操再與張魯聯合來圖我益州，則益州必定不保。如今能抵禦曹操者，只有劉豫州，他與主公有著同宗之親，且與曹操誓不兩立，如果能請劉豫州前來相助，先把張魯消滅了，然後憑藉著漢中益州山川險要，抵抗曹操，那曹操也必定無能為力啊！」

「沒錯，沒錯！」劉璋笑著對法正說道：「那麼就請季直再跑一趟，務必說服劉豫州，請他入川協助抵抗！」

法正從沒有對劉璋效忠的打算，接受了這個任務，將之視為自己平步青雲的機會，私自與劉備結納，勸說劉備入四川。「以將軍才略，乘劉璋懦弱，再有張松作為內應，必能佔據益州。」法正道：「然後憑藉益州險要的地形與豐富的物資，必定能雄視天下！」

劉備悄悄看了諸葛亮一眼，這不就是諸葛亮替他規劃的辦法嗎？如今機會就在眼前，而且還是自己送上門來的，這教劉備怎麼能夠拒絕？「請回去告知劉季玉，就說我劉備必定……」劉備有些心虛，略為遲疑了一下，才繼續說道：「……必定為他出力，抵抗張魯！」

這是建安十六年，公元二一一年的冬天，劉璋得知劉備將要前來幫助，內心十分高興，在涪縣（今四川綿陽縣東北）設下了酒宴，熱情迎接貴賓款待劉備。

劉備留了諸葛亮與關羽、張飛等人在荊州，自己帶了龐統、黃忠以及部分兵馬前來益州。劉璋是眞心歡迎，劉備也是眞心喜悅，兩人的出發點卻截然不同。兩人互相頌揚，劉璋推薦劉備爲行大司馬，領司隸校尉；劉備則舉劉璋爲行鎭西大將軍，領益州牧，歡聚數日，劉璋提供了許多人力物資給劉備，希望他能替自己擊敗張魯。劉備北上進住葭萌關，隨即按兵不動，觀望局勢的變化。

這樣一來，劉備的動機便昭然若揭了，除了劉璋還懵懵懂懂外，天下有誰不知道劉備有意謀取益州！

最不高興的就是孫權，在他的想法裡，益州是他的，荊州也是他的。當初不過站在自家人的立場上，把荊州借給劉備而已，如今劉備也不知會一聲，就企圖染指益州，孫權彷彿挨了一記悶棍，一氣之下，派人到公安去把妹妹接回來，這「自家人」也就不必再虛僞下去了。

孫權、劉備之間的關係，一時有些緊張，不過還不到翻臉的地步。

建安十七年，孫權在江東秣陵修建石頭城，取名建業，以爲都城，又派遣大將呂蒙在城北濡須口修建大營，建造一道堅強的防線，名爲「江西營」，正在此時，曹操率領號稱四十萬的大軍從江北南下，再一次大舉進攻孫權，頗有盪平東吳的氣勢。

孫權的江西營才剛剛修好，前線吃緊，只好暫時拋開怨恨，向劉備求助。

劉備寫了一封信給成都的劉璋，信中說道：「我與孫權乃脣齒相依，如今荊州勢單力薄，如果我不立刻率軍援救，萬一有失，將來益州也會受到危害。那張魯不過是堅壁自守而已，不足顧慮，請鎮西將軍撥下兵馬，由我統兵前去救援，如此方可長保太平！」

劉璋很不高興，卻又不大明白自己爲什麼不高興，許多部下都曾經提醒他，應當提防劉備，他卻十分相信劉備是個仁義英雄，可是這時候看見劉備的要求，心中不覺犯嘀咕：「我請你來幫我打張魯，你觀望了這麼久，如今卻要我分兵幫你去救你的盟友？」

他倒也沒有完全拒絕劉備，只給了他四千兵馬以及一半的糧食。

這弄得劉備也不高興起來。

龐統勸他：「曹操這次打孫權，雖然來勢洶洶。可是有了上次失敗的經驗，我估計他只是在試探江東的兵力，況且西涼未定，曹操不久便會自行撤兵，然而主公這次若率兵離開，將來如要再回來謀取益州，就不是那麼容易了，不如趁機攻進成都，先在益州站穩腳跟再說。」

龐統曾經替劉備擬定了上中下三個策略，上策是：暗中組織精銳，從山林捷徑迅速行軍，攻打成都，劉璋不懂軍事，大軍突然來到，必定投降；中策是：劉璋撥給劉備的白水軍主將楊懷、高沛經常勸劉璋把劉備趕出益州，劉備可以假裝要回荊州，等楊懷、高沛前來送行，立即將其逮捕，收其部眾，然後進軍成都；下策是：索性退出益州，以白帝城爲根據地，並以荊州的力量，培植實力，慢慢設法奪取益州。

劉備猶豫著該採行哪一策略，甚至覺得三個策略都必須和劉璋翻臉，有些不忍下手，這時，一個偶發的事件激起了他決定迅速拿下益州的決心。

張松對於劉備打算離開益州的理由不大曉得，只是直覺地認爲劉備不應該在這時候走，因此他寫了一封信問劉備：「如今我們的大事就快要成功了，怎能捨棄這裡而離去呢？」

這封信被張松的哥哥——廣漢太守張肅得知。張肅對於劉璋向來忠心耿耿，不能接受弟弟這種賣主求榮的行爲，決定大義滅親，向劉璋告發張松的所作所爲。劉璋大怒，立即將張松逮捕斬首，並且下令轄區內各關口禁止劉備軍隊通行。

「是到了該行動的時候啦！」

張松被殺，劉備有點愧疚，倒也只是一會兒工夫，他仔細衡量，覺得龐統提出的上策太險，下策太緩，中策剛剛好，於是以主帥的身分，把不知情的白水軍主將楊懷、高沛找來，責怪他們不講主客之禮，推出帳外斬首，並且接收他們的軍隊，立即引兵南下，攻佔涪城。

「這劉備，我如此眞心相待，他竟然說翻臉就翻臉！」

劉璋連忙命令諸將領冷苞、鄧賢、吳懿等人率兵迎擊，他們哪裡是劉備的對手？節節敗退，據守綿竹，吳懿及其所部將投降，劉璋又派遣李嚴、費觀等人增援綿竹，李嚴、費觀竟然也率眾投降，劉備的聲威更盛。

不出龐統所料，曹操進攻孫權，不了了之，原因正是西涼馬超再度起兵，曹操連忙回師救援，派大將張郃、夏侯淵大戰馬超，終於將馬超擊敗。而孫權這一邊的危機也告解除，劉備根本不必分兵去幫助孫權，得以專心對付益州的問題。不料，勢如破竹的劉備軍，在雒城（今四川廣漢）包圍戰中，吃了大虧，雒城守將張任頑強抵抗，劉備包圍了一年，仍然無法破城。軍師中郎將龐統求功心切，行事略見急躁，被張任部下的弓箭手射死。

劉備驚訝與悲傷交集，乃向荊州求援，鎮守荊州的關張趙與諸葛亮商量的結果，決定由關羽留下鎮守，張飛、趙雲、諸葛亮率領大軍溯江而上，浩浩蕩蕩打進益州。

巴郡太守嚴顏領兵在江州抵抗，後來被張飛擊敗俘虜，張飛對著他大罵道：「你明知道我們的大軍已經開到，為何不束手就擒，早早投降？」

嚴顏雖被俘虜，仍然神色凜然：「你們憑著大軍來奪我們益州，我們只有斷頭將軍，沒有投降將軍！」

張飛大怒道：「拖出去斬了！」

嚴顏從容不迫地笑道：「斬就斬，你生什麼氣啊？」

張飛聽了，有些慚愧，他十分欽佩這種忠勇之人，親自起身上前，向嚴顏拱手認錯，解了他的綁縛，待之以上賓之禮，後來終於將嚴顏說動，投效在張飛的帳下擔任幕僚。

佔領了江州，前方阻礙變少，大軍遂兵分兩路，一路由趙雲率領，沿江而上，攻城掠地；一路則由張飛與諸葛亮率領，順著水路往東進發，攻克了德陽、巴西等郡。這時候劉備方面也終於攻下了雒城，三路人馬會合，圍攻成都，聲勢大振。

成都是座堅固的大城，劉備軍事雖盛，卻也沒有全力進攻。過了幾天，一名使者來到劉備陣營之中，表示他是西涼馬超的屬下，由於馬超遭到曹操攻擊，喪失了西涼的地盤，投靠張魯，卻又被張魯處處提防，由於聽說劉備禮賢下士，又與曹操為敵，打算前來投靠，詢問劉備的意見。

劉備大為歡喜，說道：「馬孟起願意來投靠我，益州等於已經是囊中之物了！」

果然不到十天，劉璋再也支持不住，率領百官，開城投降。

一開始還有人勸劉璋道：「城中精兵尚有三萬，糧食還夠支持兩年，為何現在要投降？您父親和您兩代的益州牧，對待百姓都很寬厚，願意為您效死的，必然所在多有。」

劉璋嘆道：「不必了，這幾十年來，我父子並無多少恩德施予百姓，最近幾年兵禍連結，許多人為我而死，已經夠了，我不忍心讓城裡的軍民再為我犧牲了！」劉璋父子兩代經營益州二十餘年，此時轉手給劉備，當地君臣相顧，不勝唏噓。劉備對他倒也頗為寬厚，准許他帶著自己的家眷財產離去，並且在荊州的公安城替他安排了居住的地方。這是建安十九年，公元二一四年秋天的事。

佔領了益州，劉備算是完成了大業的初步計畫，心中異常歡喜，大肆慶祝，並且論功行賞。諸葛孔明因有謀策之功，功勞最大；法正迎接劉備入川，排名第二，兩人分別為軍師將軍與揚武將軍。關羽留守荊州，張飛轉戰江北，兩人又與劉備情若兄弟，功勞也都不小，均獲得豐厚的賞賜。

黃忠自從歸順劉備後，隨著他征討益州，衝鋒陷陣，勇冠三軍，這時被封爲討虜將軍；馬超雖然才加入劉備陣營不久，不過因爲他當時與曹操作戰，聲威卓著，受封爲平西將軍。

劉備對於益州降將的處置十分寬大，有才能的一律任用，有聲望的一律尊重，如原本的成都令益州郡太守董和爲官清廉，深受百姓愛戴，劉備乃任命董和爲掌軍中郎將，與諸葛亮一同署理劉備自己的左將軍府，每每遇到軍機要務，均與之詳談，不把他當作外人；主簿黃權，當初曾經力勸劉璋不可引劉備入川，這時劉備取得益州，仍然重用黃權，拜之爲偏將軍。

人心穩定，上下皆安，望著地富民豐的益州沃野，劉備有種君臨天下的快感，他要讓自己的功臣，也能分享他的喜悅，於是打算把成都附近許多富有百姓的田產充公，拿來當作將士們的賞賜。

受封爲翊軍將軍的趙雲連忙勸阻劉備：「當初霍去病曾經說過：『匈奴未滅，何以家爲？』如今，國賊未除，將士豈能就此安歇？應當等到將來天下大定，各自返回故里，衣錦還鄉才對！益州百姓，經過這些年來的兵荒馬亂，只希望現在能夠安安穩穩過日子，假如這時候把他們的財產剝奪了，豈不是喪失人心嗎？希望主公三思而後行！」

「嗯，子龍說得很對！」劉備恍然大悟，瞭解到自己除了官僚階級以外，也必須對本地的人民表示善意才對。

這種寬大為懷的作風，一方面是秉持劉備向來的原則，一方面則是他的政治考量。從他而下的絕大部分領導階層，都是從外地來的「客籍」，如果他不刻意拉攏益州土生土長的本地人，政權只怕很難在當地生根。劉備的作法十分成功，兵荒馬亂的時代，益州人民需要一個強力的領導人，與劉璋相比，劉備確實強勢許多，而土籍與客籍之前可能存在的衝突，就此逐漸化解。

諸葛亮在此役立下首功，獲得劉備極高的評價與信賴，任命他為軍師將軍，並且署理左將軍府事。

左將軍是當年漢朝廷正式封給劉備的地位，劉備讓諸葛亮來掌理左將軍府，等於把蜀中內政的工作都交給他，讓他得以一展長才。諸葛亮主政的原則，在於循名責實、執法嚴格，對於官員的要求很高，以嚴厲的法律貫徹執行他的政策。

益州的官員，長年以來在劉璋那種「無為而治」的風氣下，散漫得習慣了，這時候忽然出了一個嚴格的長官，覺得很不習慣，不少人私底下經常抱怨。法正與這些官員們都熟，聽到了不少聲音，於是跑去勸諸葛亮道：「孔明啊，當年高祖皇帝進入關中，與民約法三章，百姓深感其恩德！如今主公初得益州，是不是應該廣施恩德，才能收服人心啊？」

諸葛亮不以為然，答道：「法孝直此言差矣，如今局面可不比高祖皇帝當年！那時關中百姓，久經秦皇暴政，以寬濟猛，實乃收服人心的上策。如今益州在劉焉、劉璋父子兩代統治下，雖說治國寬仁，卻也賞罰不明，刑威不肅，致使一般官吏，目無法紀，貪戀權位，散漫成性！如果此時，在上者一味縱容，只會讓政事更加敗壞。」

法正聽得頻頻點頭。

諸葛亮續道：「我今天掌理大政，就是要矯劉璋之弊，恩威並施，使文武百官循規蹈矩，這就是以猛濟寬啊！」

法正大感折服，拱手道：「軍師深謀遠慮，實乃我益州軍民之福。」

諸葛亮治國的政策，果然讓益州大治，情況與過去大不相同。

漢中之爭

劉備大封功臣，卻有人覺得心有不服，此人便是劉備幕下第一大將關羽。

劉備爲了感念他鎭守荊州的功勞，加封關羽爲襄陽太守、蕩寇將軍並都督荊州事。關羽倒不在乎主公在他身上加了什麼頭銜，劉備陣營裡，他是除了劉備以外，唯一正式接受過朝廷策封的侯爵，在他眼中，自己也始終是劉備陣營裡的第二號人物，因此當他聽說馬超、黃忠等人在益州受到劉備垂青，封將授爵，心裡覺得很不愉快，於是寫了一封信問諸葛亮：「這馬超算是什麼人物，豈能與關羽平起平坐？」

關羽會寫信給諸葛亮，表示他心中已經對這個年輕人的表現心服口服了。的確，自從這個年輕人加入了主公的陣營以來，主公總算揮別過去起起伏伏的日子，建立足以雄據一方的勢力，這些幾乎都是諸葛亮的功勞。在己方陣營裡，除了主公劉備以外，關羽唯一佩服的，只有諸葛亮。

諸葛亮得到關羽的信，有些感慨地回想起自己剛剛從隆中被劉備請出來的時候，關羽也曾經對他抱持著敵意。他有些擔心，認爲關羽似乎太過心高氣傲——這不是一個好現象！長此以往，難保不會出什麼亂子，可是現在，除了讓關羽鎮守荊州以外，也實在沒有別的人選了。

所以諸葛亮回了信給關羽，信中說道：「馬孟起文武雙全，是主公不可或缺的良將，對主公來說，他們和張翼德、黃漢昇等人就像高祖皇帝的黥布、彭越，而你美髯公超群絕倫，就像是主公的蕭何、曹參一樣啊！這些人對主公而言，缺一不可，可是誰在主公心目中的地位比較高，美髯公應當明白。」

這頂高帽子讓關羽的心情好了許多，捻著自己引以爲傲的長鬚開心地笑了，便不再對馬超等人的地位介意。

安撫了關羽，諸葛亮開始積極謀劃奪取漢中。

漢中位於益州以北，東控關中，南望巴蜀，地理位置極爲重要。四百多年前，漢高祖劉邦就是被項羽策封爲漢中王，隨後憑藉著益州巴蜀的富饒與漢中地形的自然天險，奪取了天下。在諸葛亮的戰略構想裡，荊州是一個基地，益州則是後方，奪取了益州，可以享有豐富的資源，然而，還必須更進一步奪取漢中，作爲前進基地，如此，才能和荊州的關羽軍團兩路進攻，以鉗型態勢圍攻中原，最後擊敗曹操，復興漢室。

建安二十年，也就是劉備入主益州的第二年，曹操親率大軍擊潰張魯，張魯率眾投降，曹操封他為鎮南將軍，遷到許都去，於是佔領了整個漢中。

這對劉備陣營而言是很不利的情況，他們佔領益州不久，人心未定，這時曹操又大軍壓境，如果北方防線不守，只怕劉備多年來的努力又將付諸東流。

主簿司馬懿看出了這一點，建議曹操道：「如今是大好的機會，應當繼續進兵，一舉攻佔巴蜀！」

若是早些年，曹操必定會立即揮兵進攻，然而此時，一方面可能是因為他老了，野心沒像以前那麼大了，一方面他對司馬懿這個人不大喜歡，於是以一種教訓的口吻說道：「做人要知足啊！已經得隴，還想望蜀嗎？」

司馬懿無言以對。

曹操隨即任命隨軍而來的夏侯淵為都護將軍，率領大將張郃、徐晃等部兵馬屯駐漢中，自己則率領主力返回中原。不久之後，曹操的地位從原本的魏公晉位為「魏王」，加九錫，子孫襲爵，打破了漢高祖以來非劉氏不得為王的傳統。要知道，曾經篡奪漢朝的王莽，在他當皇帝以前，也只不過做到「安漢公」而已，曹操當了王，取漢朝天下而代之的意圖已經非常明顯了。

比起劉備，曹操似乎較在意江東的孫權。他屢次派出大軍與孫權戰鬥，卻很難有結果。孫權進攻合肥，被大將張遼所阻；曹軍進攻濡須口，卻又被孫權所抵擋，兩軍在淮南一帶對峙，僵持不下，從建安二十年秋天起，直到建安二十二年春天，始終分不出勝負。

孫權一面抗曹，一面又對劉備襲取益州之事耿耿於懷。他永遠忘不了，當年劉備遭到曹操擊敗時，那副落魄的模樣，若不是自己被魯肅、諸葛亮說服，發動大軍去幫劉備對付曹操，這時候劉備早就身首異處了。想不到劉備在短短幾年間，竟然又東山再起，甚至有著凌駕於孫權的趨勢。

若不是魯肅，孫權早就和劉備翻臉。建安十九年，局面曾經十分緊張，孫權派了大將呂蒙率領精兵二萬，連下長沙、桂陽兩郡，並與關羽屬下的零陵太守郝普發生激烈的戰鬥。

劉備那時剛拿下益州，聞聽荊州有變，急忙調撥兵馬，親自前往公安駐守，做爲關羽的後盾，而關羽則從江陵前進，與魯肅率領的一萬兵馬對峙於益陽。魯肅兵勢比不上關羽，連忙修書請呂蒙北上助戰，呂蒙便迅速勸降了郝普，揮軍北上與魯肅會師，雙方旗鼓相當，劍拔弩張。

魯肅不願意與劉備撕破臉，命人通報關羽，請他來陣前談話。

關羽不甘示弱，道：「談話就談話，我還怕他不成？」到約定的日子，便帶幾名隨從，單刀赴會，與魯肅在兩軍對陣當中會晤。

魯肅道：「荊州本爲我主公所有，如今已經這麼多年，劉豫州豈可繼續強佔不肯歸還？」

關羽道：「赤壁烏林大戰曹軍，我家主公冒險犯難，殺退敵人，難道連一點功勞都沒有，不該有塊安身立命的地方嗎？」

「不對吧！想當年劉豫州在長阪之戰後，所剩下的兵馬只不過幾百人而已，還是我家主公憐憫，出力替劉豫州抵擋曹軍，戰勝之後，還讓劉豫州能有一個棲身之所，想不到劉豫州屢屢失信，不報答我家主公恩情，反而私行擴張，強佔益州！」魯肅道：「現在你們已經得到益州了，還敢說自己沒有地方安身立命？還能強佔著荊州不肯歸還？如此貪得無厭又言而無信的作為，一般人就不該有，何況是劉豫州這樣的人物！」

「哼！你愛怎麼說就怎麼說，南方幾個郡，可都是我家主公打下來的，哪來什麼歸還不歸還的道理！」關羽知道自己辯不過魯肅，冷哼一聲，轉頭返回陣營，不再理會魯肅。

回營以後不久，忽然接獲劉備傳來的訓令：不宜與孫權翻臉，應當快快停戰，早早議和。原來這時曹操已經攻下漢中，益州震動，劉備必須回師坐鎮，否則益州難保。

幸好魯肅一向支持孫劉兩家和平相處，他雖然嘴上說得強硬，心中還是希望這場仗不要打起來，得知劉備的善意以後，他在孫權面前極力勸說，終於說動孫權，於是雙方各自讓步，約定以湘水為界，湘水以東長沙、江夏、桂陽屬於孫權，湘水以西南郡、零陵、武陵等郡屬於劉備，平分荊州。

這次危機雖說和平落幕，卻也種下了孫劉兩家不合的根源。尤其當建安二十二年魯肅逝世之後，兩家之間少了一個有力的調解人，潛在的衝突就更為顯著了。

曹操打下漢中，沒有繼續進兵，便率領著大軍回京去接受他的魏王寶座，後來又發兵對付孫權。法正便勸劉備道：「曹操平白送給我們一個大好的良機，主公一定要把握！夏侯淵和張郃兩個人的能力，都比不上我軍大將，如果趁此時機奪取漢中，然後在當地屯田，總有一天可以推翻曹操，復興漢室，就算不行，也能奪取西涼關中等地開疆闢土，即使這些都做不到，至少也能讓益州穩定，徐圖大計，請主公定奪！」

劉備深表贊同，於是積極備戰。

建安二十三年夏天，劉備親自領軍，會同張飛、趙雲、馬超、黃忠等猛將，大舉北伐漢中，留諸葛亮坐鎮成都，負責供應軍需。大軍從劍閣進入漢中，與夏侯淵對峙於陽平關。

曹操聽說劉備的動向，也親自進駐長安，坐鎮指揮。

劉備與夏侯淵對峙了將近一年，雙方經常短兵相接，卻多半以劉備失利告終，那夏侯淵驍勇善戰，難以力拚，於是在次年正月，劉備將本鎮撤至定軍山（今陝西省勉縣東南）附近，伺機進攻。

定軍山乃漢中西南面的重要門戶，形勢險要，是個戰略重地，如果此地不保，漢中極可能完全失守，反之如果奪下定軍山，益州的門戶也被打開，因此夏侯淵發動大軍猛攻。

劉備的戰術安排十分巧妙，他把軍隊安置在地勢較高的地方，使之得以居高臨下，先制敵機，合該也是那夏侯淵求功心切，竟然忽略了仰攻敵軍的不利，竟然發動所有兵力，全力攻擊定軍山。大概是因爲之前的交戰總是夏侯淵獲勝，使他產生輕敵之心吧！

一輪猛攻之下，劉備軍抵擋了攻勢。這時劉備派出一批部隊，繞過夏侯淵大軍的後方，去襲擊夏侯淵的大營，一把火燒掉了他們的營帳。夏侯淵軍心不穩，不少人開始擔心自己無路可退。不愧是夏侯淵，在如此不利的情況下，仍能激發全軍最後的士氣：「怕什麼？只要把敵人打垮，我們就不必擔心無路可退啦！」說著便要領軍仰攻。

誰知這時，劉備大軍忽然傾巢而出，爲首的是一名留著白鬍子的老將，一馬當先，高聲吶喊，正是黃忠。兩軍交鋒，夏侯淵軍團頓時被沖散，連就夏侯淵本人，也在這場戰役之中被斬於馬下。

漢中曹軍失去主帥，登時就要瓦解，幸而副將張郃統兵有方，他率著敗軍退守陽平關，重新布置防務，撫慰將士，總算讓浮躁的軍心慢慢穩定下來。

那一邊曹操在長安獲知自己喪失一員愛將，悲痛驚訝交集之餘，連忙率軍從長安出斜谷，親自趕赴陽平關前線，坐鎮指揮。

蜀軍士氣旺盛，劉備得知曹操前來，一點也不畏懼，笑道：「我軍已經把敵人的士氣打垮了，這樣的局面，就算是曹操自己前來，漢中必定爲我所有啦！」吩咐左右：「傳令下去，各軍堅守陣地，不論敵人如何挑釁，絕對不可與之交鋒！」又對黃忠說道：「老將軍一戰辛苦，還需勞煩您帶領部隊，去截擊曹軍糧道，我會派子龍前往接應！」

黃忠得令，果然迅速奪取了曹軍的米糧，過程十分順利。另一方面，趙雲則率領了少部分的騎兵，準備前往接應，卻在半路上遇見了大隊曹軍，形勢危急。

趙雲毫無懼色，先集結了全部騎兵，突擊曹軍營陣，見對方稍有混亂，立即撤退，且戰且走，退回營寨。曹軍再度會合，追擊趙雲，一路追到趙雲的大營之前。而智勇雙全的趙雲，這時竟然大開營門，偃旗息鼓，故佈疑陣，讓曹軍以爲有埋伏，不敢進攻，急忙退走。這時趙雲卻又忽然催動戰鼓，在後面虛張聲勢，並且不斷放箭射擊曹軍，使得明明強過對方數倍的曹軍，落荒而逃。

第二天劉備前來探視趙雲陣地，看著昨日發生激戰的地方，拍著趙雲的肩膀讚嘆道：「趙子龍一身是膽，我軍有將如此，何愁無法破敵！」

這場對決持續了幾個月，曹操進攻也不是，防守也不是，退卻又有些捨不得，眼見己方死傷人數日漸增加，曹操經常問自己：「眞的有必要爲了漢中這樣的地方拚命嗎？」

某天晚上，曹操正在帳中用餐，同時想著眼前的軍情，想得出神，軍吏前來詢問當天值夜的口令，曹操盯著案上菜餚，喃喃說道：「雞肋……雞肋！」

主簿楊修聽見曹操所頒布的口令，便開始收拾行囊，準備啓程，一旁有人問他：「你收東西幹嘛？大王也沒說要撤退！」楊修答道：「雞肋，食之無味，棄之可惜，主公以此爲口令，我估計就要撤軍啦！」

果然，第二天，曹操就下達班師回朝的命令，各路軍馬全面撤退，主動放棄了漢中。曹軍一退，劉備大軍便立即入漢中首府南鄭，完全掌握漢中之地。

這是繼奪取益州之後，劉備另一場輝煌且重大的勝利，這時候劉備已經不甘居於曹操的地位之下，曹操是魏王，他劉備也要稱王，於是建安二十四年，公元二一九年七月，劉備自稱漢中王，並在沔水之濱，修築高台，祭拜天地。

宣讀了名義上應當上給漢獻帝的奏章之後，劉備就是漢中王了，不過，他必須回成都去主持大局，漢中軍務，得交給一位得力的部下來執行。此時，他相當出人意表地，提拔了一個名不見經傳的人物——牙門將軍魏延，負責鎮守漢中。

魏延是當初劉備在南陽招兵買馬的時候，投靠劉備當一名小卒，一路跟著劉備東征北討，立下許多汗馬功勞，漸漸從一個小兵升上來，成為領軍作戰的將軍，然而論功績、聲望，魏延無論如何難與張飛、馬超、黃忠、趙雲等統帥相提並論。

原來劉備很早就注意到魏延的才能了，他覺得魏延除了擁有作戰時勇往直前，不畏艱險的精神之外，更有著身為一名大將所必須擁有的智慧，因此在諸人同感驚訝之時，劉備當眾召見魏延，說道：「文長，我今日把漢中軍務交給你，你打算怎麼做？」

魏延答道：「如果曹操舉全國之兵前來，末將就替大王抵擋；如果只派了一個偏將，率領十萬兵馬前來，末將就替大王把這十萬大軍打垮！」

這幾句話說得豪情萬丈，正符合了劉備以及當時蜀軍的心境，劉備笑道：「很好，我軍的門戶，就交給文長你了！」

劉備回到成都，大封功臣，以許靖爲太傅，法正爲尙書令，關羽爲前將軍，張飛爲右將軍，馬超爲左將軍，黃忠爲後將軍。

諸葛亮想起了之前的事，對劉備說道：「大王，黃漢升此戰雖立下不少功勞，但終究難與關張馬等人相比，如今將他們同列爲大將，張將軍和馬將軍親眼瞧見了黃將軍的功績，也許不會說什麼，關將軍遠在荊州，恐怕會不大高興吧！」

劉備道：「軍師不必多慮，寡人自有處置！」

他加封關羽爲關內侯。派遣益州前部司馬費詩前往荊州，去向關羽宣達王命。關羽聞聽自己又被主公安排在馬超、黃忠等人同列，心中不快，冷哼一聲，怒道：「大丈夫不與老兵同列！」

費詩道：「王業之立，必有用人之術！想當年，蕭何、曹參追隨高祖皇帝，他們的關係何等親密？而那韓信、陳平等人，不過是中途加入的亡命之徒，然而當高祖大業完成之日，韓信、陳平的功業，反在蕭何、曹參之上，蕭何可曾有過怨言？沒有！因爲他知道高祖最信任的就是他。如今，漢中王與關將軍，猶如一體，關係親密，絕非馬、黃等人可比，而漢中王正在用人之時，當然必須給予底下的將領相對的功績，關將軍實在無須和一般眾人計較爵祿官位的高低啊！」

這番話，把當初諸葛亮用來捧關羽的文字，直接訴諸言語，關羽聽得飄飄然，也覺得自己不應該這麼愛計較，立即拜受劉備給予他的地位。

一切的問題，似乎就在這裡解決了。然而，眞正嚴重的問題其實才正要開始。

大意失荊州

關羽的武勇是無庸置疑的，千軍萬馬之中取上將之首級；關羽對劉備忠心耿耿，那更是沒話說，否則他大可在曹操底下，謀取更高的地位。

問題就出在關羽的心高氣傲。

劉備讓關羽鎭守荊州，是看他聲望夠、份量足，地位也高，可是像荊州這樣重要的地方，地處於魏、蜀、吳三國之間的要衝，政治局勢十分複雜，必須要有巧妙的手腕才能應付，並不是關羽這樣的勇將所能擔當的。

魯肅在世的時候，一心想要籠絡關羽，卻不被關羽放在眼裡，魯肅去世之後，本來局面還沒有那麼糟，孫權還想向關羽提親，讓自己的一個兒子娶關羽的女兒為妻，這本是孫劉兩家繼續維持良好關係的契機，想不到關羽竟然一口回絕，還當著東吳使者的面怒斥：「虎女怎可配犬子！」

這把向來脾氣不好的孫權給徹底惹火了，他怒氣沖沖地道：「我是犬，他是虎？很好！我這犬一定要讓他那虎好看！」

接替魯肅的呂蒙，向來對關羽盛氣凌人的樣子很看不慣，他也堅決主張應該給關羽一點顏色瞧瞧，經常在孫權面前慫恿出兵，一舉奪下荊州。孫權也是氣過頭了，竟然不惜暗中向曹操上表稱臣，表示願意替曹操討伐關羽。

曹操得到孫權的降書，喜出望外。自從赤壁之戰慘敗以來的十年間，孫權就是曹操眼中的頭號勁敵，建安十八、十九年與二十年，曹操曾三度大舉進攻孫權，全都沒有結果，想不到這時，孫權竟然主動稱臣，還表示願意替他去打關羽，他心中的歡悅可想而知。

然而，在這個誰也不相信誰的年代哩，曹操對孫權的意圖還是感到懷疑，他表面上接受了孫權的請降，以漢獻帝名義封孫權爲南昌侯，領荊州牧，卻又出賣孫權，把孫權的降表暗中派人拿去給關羽，希望關羽能與孫權鬥個兩敗俱傷，讓他坐享漁人之利。

關羽也不相信曹操。他握著那捲署名孫權的降表，怒斥道：「哼！造謠生事！」隨即調動兵馬，積極備戰。

此時正是劉備在漢中稱王的建安二十四年七月。眼看著各路將領紛紛立功，待在江陵的關羽不甘寂寞，命令南郡太守糜芳留守江陵，將軍傅士仁留守公安，自己率領水陸大軍，揮軍北向，攻打曹操，他讓別將去攻襄陽，自己以主力部隊全力進攻樊城。

曹軍守將是曹仁，他在襄樊鎮守了十年，曾經抵擋過周瑜的進攻，這時聽說關羽前來，不敢怠慢，急忙通報魏王曹操，曹操便派了左將軍于禁與立義將軍龐德領兵前往增援。

八月間，正好是雨季，漢水的水位高漲，關羽採取水攻，先派人將漢水下游用石塊、沙包堵住，接著圍繞樊城堆出一圈土牆，然後掘開河堤引水灌樊城。

水勢日漸高漲，城外如同一片汪洋，于禁率領的七個軍團屯駐城外，被洪水襲擊，眾將士死的死，逃的逃，景象即爲悽慘，殘軍連忙往高處撤退以避開洪水，關羽則以大船追擊，將曹軍殺敗，甚至連于禁本人，都被關羽活捉而投降。

只有那龐德力戰不屈，他站在河堤之上，身披鎧甲，手持弓箭，與關羽力戰，從清晨戰到中午，身邊所有的箭都用完了，便以刀劍做肉搏戰。部下將士，除了他自己與身旁兩名隨從之外，皆已投降，他仍不肯罷休，跳上小船，試著撤退回樊城，可惜船隻窄小，洪水滔滔，船被打翻，龐德被活捉。

關羽十分欣賞龐德的武勇，可是龐德被押解到關羽面前，說什麼也不肯下跪，口中罵聲連連，惹得關羽有些生氣，怒道：「你的兄長，現在人在漢中，所以我軍與你也不是非親非故，你如果願意投降，我可以表奏你爲大將，讓你領兵作戰，爲何不肯投降？」

龐德與他兄長原本都是馬超的部下，曹操擊敗馬超時，哥哥跟著馬超歸順了劉備，龐德則投降曹操。曹操對龐德十分重用，任命他爲立義將軍之外，還封他爲關內亭侯。士爲知己者死，對馬超，龐德並不依戀，對曹操，他卻心甘情願地效忠，他大罵關羽：「你這紅臉臭小子，什麼叫投降？魏王有將士百萬，威震天下，劉備算什麼？哪能和魏王相比！我寧可當國家的鬼，也不願意當你賊軍的大將！」

這句話說得太不留情面，侮辱到劉備，也侮辱了關羽，本來也許有轉圜的餘地，現在也沒了，關羽只好命人將龐德推出帳外，斬首示眾。

聞聽龐德被殺，曹操痛哭失聲，他既悲傷且感嘆，說道：「于禁跟了我三十年，想不到面臨危難的時候，竟然比不上一個龐德！」將龐德的兩個兒子封爲列侯。

于禁、龐德全軍覆沒，關羽便以全力進攻樊城，那城牆被洪水沖蝕，多處崩塌，隨時有全城陷落的危機。城裡面人心惶惶，有人勸曹仁棄城撤退，曹仁的心意也有些動搖，唯獨汝南太守滿寵說道：「將軍萬萬不可撤退！山洪爆發，來得快，去得也快，襄陽、樊城若是陷落，卻會使我軍門戶洞開，將軍應當堅守，靜觀局勢變化。」

曹仁於是決定死守。戰況異常激烈，關羽的攻勢極猛，城中軍民死傷過半，只剩下數千兵馬，城外大水高漲，幾乎快要越過城牆灌進城內，襄陽方面的戰況也是同樣的激烈，曹操所派的荊州刺史胡脩、南鄉太守傅方，都投降了關羽，而附近許多縣的軍民，也紛紛起來反抗曹操響應關羽，連許城也爲之震動。

有些人建議曹操，乾脆遷都，以避開關羽的鋒芒，司馬懿力排眾議，說道：「于禁戰敗，不過是因爲老天不配合，非戰之罪，對國家並無太大的損失，何必怕成這樣？不久前孫權不是才上表稱臣嗎？這時候就應該利用孫權，讓他去扯關羽的後腿，襄樊的危機，必可迎刃而解。」

「很好！」曹操說道：「傳令下去，命南陽的徐晃，火速增兵救援襄樊，並且找人去和孫權聯絡，看他意向如何！」

孫權早就想奪取整個荊州了，曹操的使者一來，可說是一拍即合，孫權立刻命人傳達消息給鎮守陸口的呂蒙。

呂蒙比孫權還想要奪取荊州，自從他接替魯肅的地位以來，無時無刻不以此爲目標，可是表面上，他對關羽仍舊十分尊敬，經常遣使表達問候之意，因此關羽也就沒怎麼把他放在心上。關羽北伐襄樊之時，呂蒙正在生病當中，他在病榻上寫了一封信給孫權，信中說道：「關羽攻打樊城，卻在江陵留下中兵把守，顯然是擔心末將會偷襲他的後方。末將最近經常生病，主公可以替末將治病爲名，將末將調回建業，如此，關羽覺得無後顧之憂，必定會從江陵抽調軍隊前去支援襄樊。此時，我軍便沿江而上，攻其不備，必定可以攻下南郡，更可以擒獲關羽！」

孫權同意，下令呂蒙東歸就醫。

雖說是計策，但呂蒙生病，卻是事實。行經蕪湖，定威校尉陸遜前來探視，噓寒問暖一番，談到荊州軍情，陸遜問道：「將軍這時候生病，可不是時候啊！荊州局面危急，實在需要將軍這樣的人鎮守。」

呂蒙攤攤手：「老天要我生病，我也沒法子。」

陸遜道：「不過，雖說將軍貴體微恙，對我軍倒不失爲一個好機會。」

呂蒙看了陸遜一眼：「怎麼說？」

「關羽這個人向來自大，如果聽說將軍生病，必定會對後方軍備鬆弛，這正是我方趁虛而入的好時機，希望將軍這次去建業，能與主公好好商量一番。」

呂蒙相當驚訝，他派人寫給孫權的信，不曾告知任何人知曉，這陸遜卻能將他心中計謀說出個大概，眞乃英雄所見略同。因此，當呂蒙回到建業，孫權問他誰能接任的時候，呂蒙毫不猶豫地推薦陸遜：「陸遜心思細密，絕對可以擔當重任，他又沒什麼名氣，關羽必定會對他疏忽！不過，當他到任以後，還是要讓他不露鋒芒，我軍計謀方可成功。」

於是孫權便以陸遜爲偏將軍，名義上接替呂蒙在陸口的軍務。陸遜到任以後，行事十分低調，經常遣使致書關羽，表彰關羽的功績與英勇，並且向他保證：「如果關將軍有什麼需要，我陸伯言必定全力配合。」

關羽有著喜歡別人拍馬屁的毛病，陸遜這幾封信寫得謙卑至極，關羽笑捻著他最自豪的長鬚，說道：「這陸遜雖不知從哪冒出來，卻很識大體！」前線戰況僵持，他便從南郡抽調大量預備兵力，開赴襄樊支援。

他完全沒料到，向來頗有大將之風的孫權，竟然已經背叛了盟約，投靠了曹操。那封之前他不當一回事的書信，已經漸漸在軍中傳開，不少人擔心孫曹聯合，局面必定逆轉，然而關羽依然故我。

十月，天氣已冷，關羽的大軍仍將襄樊包圍得水洩不通。孫權正式與劉備翻臉，他以呂蒙爲大都督，率兵前往襲擊南郡。

呂蒙先將軍隊開往尋陽，積極佈署，準備渡江攻打江陵，由於沿江之上均有關羽所設立的崗哨，爲謀奇襲之效，呂蒙特別命人將所有戰船改裝成商船模樣，以掩人耳目。由於漢朝的商人，是一種很低賤的職業，被強迫規定只能穿著白色的衣服，因此呂蒙也與兵士們一同換上了白衣，假扮成商人渡江。

此次行動極爲隱密，沒什麼人懷疑這夥規模龐大的商船隊伍，就算有幾個崗哨特別機警，察覺其中有異，也被無聲無息地收拾掉，直到東吳大軍兵臨城下，荊州守軍才赫然發覺事態嚴重。

留守的麋芳與傅士仁，本來就對關羽嚴格的軍令頗有不滿，這時驟然遇敵，頓感驚慌失措，先後不戰而降。東吳大軍，兵不血刃，進入江陵城，捕獲了關羽的家屬，一律不許殺害，又把于禁從牢裡放出來，送往建業。

呂蒙治軍極嚴，三令五申，不得騷擾百姓，軍中有個呂蒙的同鄉，由於拿了民家的一個斗笠，就被呂蒙斬首示眾，於是全軍秩序肅然。公府中的財務，一概封存，等待孫權派人接收，城中百姓有病的賜與醫藥，飢寒的賞給衣食，城中秩序很快地恢復，幾乎完全和平地轉移了政權。

「公安失手，江陵失守！」

前線的關羽獲得戰報，完全不敢相信，忙問：「誰來襲擊後方？」

「是孫權底下的大將……呂蒙！」

「快查清楚，到底是眞是假，莫要中了敵人的奸計！」

關羽眼前的戰況並不順利，先是大水逐漸退去，樊城守軍的士氣恢復，後來又與徐晃援軍交戰失利，軍心動搖，如今又接獲這樣晴天霹靂的報告，哪還有心情應戰？急忙領軍撤退。一路上，他派了不少人回南郡探聽情況，回報的全是不好的消息，關羽既驚且懼，喃喃說道：「如此一來，我軍豈非成了孤軍了？」回想起自己半生戎馬，追隨著敬若兄長的劉備東征西討，立下無數汗馬功勞，英勇無敵，所向披靡，戰場如同他的天下，何時曾經如此驚慌？他定了定神，問道：「附近可還有援軍可用？」

左右回答：「上庸的劉封、孟達可為援軍！」

「快，去請他們來支援，我要重新奪回南郡！」

萬萬想不到，使者到了上庸，得到的回答竟然是：「上庸才剛剛攻下，人心未定，我們不能擅自離開！」

援軍求不到，關羽軍士氣完全瓦解，從江陵來的兵，聽說呂蒙對待家屬極好，思鄉情切，紛紛逃亡，關羽不得已，只好帶著殘兵敗將，向南退往麥城（今湖北省當陽縣東南），知道這樣的小城無法堅守，就讓殘餘的部隊投降，自己率領十幾名親信騎兵，沿著小路向北遁逃，希望能穿越山地，逃回漢中或是益州。

呂蒙早就料想關羽所有的退路，以重兵守住每一條山道，關羽根本無路可逃，最後，關羽與兒子關平一同落入部將潘璋底下的一名小將馬忠之手。

蓋世英雄就這樣栽在這種不入流的角色手上。

關羽曾經投降過，但那是因爲要保護劉備的妻子，此刻他了無牽掛，心高氣傲的他，遭逢慘敗，說什麼也不會再投降了，當年年底，遭到殺害。

這場襲擊荊州的戰爭，戰術上極爲成功，呂蒙白衣渡江，爲東吳贏得了荊州全境，可是戰略上，卻很難評斷。

多年以來，孫劉兩家聯合抗曹的局面，這時完全改觀，劉備喪失了第一猛將，聲威一落千丈，面臨腹背受敵的窘境；孫權則背負了背棄同盟的罵名，向曹操輸誠，振興漢室的理想瓦解，成了一個道地的軍閥。

或許唯一高興的，只有坐享漁人之利的曹操吧！

曹丕稱帝

其實曹操並不高興。

對關羽，曹操仍舊存在著多年以前的情誼，當他把孫權的降書送給關羽時，所希望看到的是關羽和孫權火拚的場面，而不是這樣一面倒的結果。

「想不到這樣的猛將竟會有這樣的結局！」

孫權命人將關羽的首級送往北方，看著那木盒子裡的人頭，曹操發出由衷的喟嘆。

「好生安葬！」曹操下令：「關將軍乃朝廷冊封的漢壽亭侯，就依照諸侯的禮節發喪吧！」敗軍之將，首級通常會被高掛城門示眾，關羽卻在死後，未受到這種屈辱，曹操也算對得起他了。

孫權的使者隨即到來，除了祝賀此番輝煌的勝利之外，並向曹操上表，勸魏王繼承大統，順應時勢，曹操看了那勸他稱帝的奏表，沒有多說什麼，只把奏表出示群臣，詢問他們的意見，以陳群爲首的文武百官紛紛上奏：「漢祚已經終了，大王功德無量，眾望所歸，孫權此時稱臣勸進，實在是天賜良機！殿下實在應該立即繼承大位，不要再遲疑了。」

曹操微微笑道：「這實在是要將寡人推進火坑啊！」隨即正色道：「寡人乃漢臣，便應以此自終！如果天命在寡人，那麼，就讓寡人當個周文王吧！」

對他來說，稱不稱帝已經無關緊要，眼下形勢一片大好，曹操三分天下有其二，就像當年周朝與商朝的關係一樣，周文王已經替自己的兒子周武王奠定了統一天下的基礎，他的話很明白：我只想當周文王，稱帝的事留給我的兒子去做。

曹操會這麼決定，也許是因爲他知道自己的身體狀況已經不行了。曹操晚年，一直有頭痛的毛病，一痛起來，什麼事也做不了，幸虧神醫華陀那時在他身邊，替他針灸以舒緩疼痛，這才讓他的病情沒有繼續惡化。可是後來華陀卻因爲看不慣曹操的所作所爲，藉口妻子生病，告假返回家中，曹操有親戚得病，三催四請，華陀就是不願意入朝。曹操派人調查，發現華陀的妻子根本沒有生病，一怒之下，將華陀逮捕下獄，最後處死，而他自己的頭痛病，也就沒有人能夠醫治了。

「這難道是報應嗎？」曹操忍著劇烈的痛苦，嘆息地說著。

接受了孫權的降表，解了襄樊的危機，曹操從前線返回。途中，曹操病情惡化，返回洛陽之時，已經不能下床，此時，曹操諸子之中，魏王太子曹丕留守鄴城，三子曹彰屯兵長安，只有一個五歲的小兒子曹幹陪在身邊。曹操命人寫了一封信給即將接替他地位的曹丕，信中說道：「這個孩子三歲時候喪母，如今又將喪父，希望你能子代父職，好好將他撫養長大。」

「寡人自知大限已到……」曹操斷斷續續地說道：「身後之事，寡人已有妥善安排，這些年來，我替魏國延致了不少人才，希望丕兒能夠善加運用。」

曹操的思緒晃晃悠悠地飄向一個足以俯瞰他波瀾壯闊一生的高點：逐鹿中原、掃蕩群雄，最後成就霸業位極人臣，當中爾虞我詐，手段百出，沒有人眞的能夠與他曹孟德爭鋒！但他似乎仍舊在意自己的出身——宦官的後代，終究不是一個值得驕傲的出身啊！所以他想盡辦法，在自己所主導的陣營裡，打破這種根深蒂固的觀念，除了努力提拔出身不好的人才之外，並且企圖讓這種觀念根植於當時每個人的心中，即使在他遭逢赤壁之戰的慘敗之時，他也未曾忘卻這個理想的目標。

建安十五年春，也就是赤壁之戰後的第三年，曹操頒布了第一道《求賢令》，內容大致上是說：

「如今天下未定，正是朝廷迫切求才的時刻，如果一定要廉潔高尚的才可任用，那麼當年齊桓公如何能夠稱霸？天下之大，難道就沒有姜子牙那樣的隱士，胸懷謀落，在渭水之濱垂釣嗎？難道就沒有像陳平那樣，品德也許有瑕疵，卻有著開創霸業才能的人嗎？各位應當幫助我尋找這樣的人！只要有才能，就應當獲得重視，我也一定會重用他們！」

這項命令初步提出了曹操「唯才是舉」的政治主張，也鼓勵了不少具有眞才實學的人，投效在曹操麾下。

四年之後，又有一道詔令，名爲《敕有司取士勿偏廢短令》，進一步命令中央與地方選拔官吏的標準，才能優先於品德，其內容大致爲：

「有高尚品德的人，未必能有作爲；有作爲的人，未必有高尚品德。陳平盜嫂受金，蘇秦爲達目的不擇手段，不能說他們的品德高尚，可是陳平替漢高祖建立霸業，蘇秦也救助了弱小的燕國。由此可見，有才能的人即使有缺點，也不能廢置不用！選拔官吏的人們如果想通了這一點，就不會埋沒人才，政事自然也就不會荒廢了。」

到了建安二十三年，曹操又下達了第三道詔令，名爲《舉賢勿拘品行令》明白地表示一個人是否賢能，不應該以道德作爲評斷的標準，內容大致如下：

「如今天下是否尚有賢能之人埋沒在民間？那些勇敢果決、能與敵人決一死戰的；擔任下級官吏，不受重用，卻有著優異才能的；有能力擔當太守、將軍，卻因爲背負了不好的名聲，而被別人所恥笑的；品行低落，不仁不孝，卻有治國用兵之術的人，都應當推薦給朝廷，千萬不可以遺漏！」

這便是「魏武三詔」。

曹操之所以大聲疾呼，一次又一次地強調重才不重德，無非是希望打破東漢兩百多年來變相的道德標準：門閥士族們競相標榜道德，已經流於一種形式，只爲了維繫自己的家族興旺，那些沒有背景的平民，已經失去了晉身的機會。曹操以法家的功利觀念，揭穿這層道德的假面具，提拔那些並非出身貴族，卻更有能力的人們，使得東漢末年頹靡的政治風氣，重新因爲這批新血的加入，而爲之一振。

只不過曹操的作法，未免有矯枉過正之嫌。過度地強調才能，刻意忽視道德，把東漢自光武帝以來百餘年的純美士風徹底擊潰，人們變得利慾薰心，視道德爲無物，禮教與倫常遭受無情的摧殘，政治也日漸敗壞。

這些都是日後的發展，曹操來不及看見。面對生命的盡頭，也許他知道，自己沒能開創一個長治久安的局面，也許他知道，歷史將很難給他一個公正而客觀的評價，不過這些對他而言，都已經不再重要，他已經把所有能做的事情都做完了，剩下的事，自然有人替他完成。

建安二十五年，公元二二〇年，一代梟雄曹操因病逝世，享年六十六歲。

這一年也是東漢帝國的最後一年。魏王太子曹丕，順理成章地繼承了父親的一切地位，魏王、丞相，領冀州牧，接收了早已實際存在的魏國朝廷。

曹丕不像父親那般沉得住氣，晉位魏王之後，曹丕立即下令更改年號，將建安二十五年改爲延康元年。到了秋季，群臣聯名上書勸進，曹丕裝模作樣地辭讓了幾次，十月，由於文武百官的「盛情難卻」，再加上天象顯示祥瑞，曹丕只好「萬不得已」地接受了大臣們的建議，命人在許城以南七十里地的繁陽地方，興建受禪台一座。辛未之日，曹丕登上受禪台，昭告天地，接受了皇帝的地位，並且改年號爲黃初，大赦天下。

東漢自光武帝建國以來，在此劃下了句點，享國一百七十二年。

曹丕就是歷史上的魏文帝，即位的時候正值三十四歲的盛年，他追封父親曹操爲魏武隆興之地；繁陽是曹丕受禪登基的地方，是魏王朝承天命之處，因此，許都改名許昌，繁陽改名繁昌，以上應天意。

朝中文武百官，一片歌功頌德，那些特別會拍馬屁的，還大肆批評漢朝無道聽得魏文帝曹丕飄飄然，覺得自己如同古代聖王一般德被四海。其實他不過是個從小被寵壞了的公子哥，除了會寫一手好文章外，並無多大的治國才能。

散騎常侍衛臻不願與一般人那樣同流合汙，公開在朝堂上指出：「我大魏朝取代漢朝，並非如湯武革命，以有道伐無道，而是如同堯舜之禪讓，乃是以德讓德！大漢有道，故能享國四百餘年，不能因爲如今改朝換代，就把前人的功績一概推翻！」講到後來，神情有些激動。

魏文帝聽了覺得很不是滋味，瞪了衛臻一眼，衛臻方才住口。爲了展現自己的豁然大度，魏文帝笑著說道：「天下既是漢帝禪讓於我，我自會與山陽公共享天下！」山陽公就是退了位的漢獻帝劉協，曹丕的一番逢場作戲，倒讓他多活了許多年。十四年後，劉協才死在自己的封地之內，享年五十四歲。

改朝換代之後，一切似乎都有了一番新的氣象，曹丕的地位似乎也十分穩當。登基之後不久，便有好消息傳來，原來是孫權聽說曹丕稱帝，特別派遣使者帶了厚禮來到洛陽，上表向魏文帝稱臣，還把當初從關羽那裡俘虜來的魏國老將于禁送還。

魏文帝十分得意，笑道：「這是天意吧？朕登基未久，那孫權也知道我大魏天威不可抗拒！看來掃平天下的日子不久就會到來了。」

尚書陳群說道：「陛下切莫輕信孫權，他這番前來稱臣，固然是懾於我大魏的聲威，卻也是另有目的。」

「此話怎講？」

「當初孫權襲取荊州，讓劉備的地盤一下子損失了一大半，如今，劉備必定打算爲關羽報仇，孫權爲了避免兩面受敵，所以才來與我們交好！」陳群道：「這對我方而言，實乃一大好時機，陛下宜善用此次機會拉攏孫權，讓他以後不敢再叛！」

「嗯，愛卿此番言語，與朕不謀而合。」魏文帝不願意在臣僚面前示弱，因此說道：「那麼，就好好地封賞孫權吧！」

「也該派一名使者前去吳國宣旨，順便探探虛實。」

「當然，當然！」

魏文帝冊封孫權爲吳王，加九錫，並派遣太常卿邢貞帶著詔書，前往江東傳達旨意。

孫權帶著文武百官，出城門迎接。那邢貞以爲自己是上國使者，高坐在車上，看見孫權也不下車，長驅直入駛進城中。在孫權身旁的老臣張昭見狀大怒，上前攔住車，怒喝道：「我國以臣下之禮侍奉，禮尚往來，閣下如此妄自尊大，難道以爲我們江南弱小，就很好欺負嗎？」

邢貞聽了這話才慌忙下車致歉。

另一名孫權部下中郎將徐盛站在行列之中，長聲嘆道：「我們爲人臣子的，不能效死疆場，北伐許昌洛陽，西呑巴蜀漢中，竟然讓我們的主君，忍受邢貞這種人的窩囊氣！」

邢貞回到行館，十分感嘆地對隨從們說道：「東吳的將相如此，必定不會是久居人下的角色啊！」

待黃道吉日，吳王接受了冊封，於是派遣中大夫趙咨隨同邢貞北上，入朝謝恩。

趙咨來到洛陽晉見魏文帝。

魏文帝對江東來的使者頗感興趣，接二連三地發問道：「吳王是個怎麼樣的主公呢？」

趙咨答道：「聰明仁智，雄略之主！」

魏文帝略有詫異地問道：「何以見得？」

「從平民當中提拔魯肅，是他的聰；從行伍之間提拔呂蒙，是他的明；俘虜了于禁而不加害，是他的仁；兵不血刃攻取荊州，是其智也！盤據荊州、揚州與交州之地，虎視天下，是他的雄，委身以臣子之禮侍奉陛下，是他的略！」

「那麼，吳王的學問怎麼樣？」

「吳王率領甲士百萬，戰船萬艘，任用賢能，有鴻鵠之志，偶有閒暇之時，也會博覽經史百家之書，只不過不會像那些書生一樣，鑽研在字句章節之中！」

「朕如果想帶兵攻打吳國，你以為如何？」

「大國自有征伐的威勢，可是我們小國也有抵抗的力量！」

「吳國會害怕魏國嗎？」

「微臣方才言道，吳國雄兵百萬，踞江漢之險，怎麼會恐懼呢？」

趙咨有問必答，絲毫不畏懼魏文帝的威勢，也不曾替吳國丟臉，這讓曹丕相當佩服，於是笑著問道：「不知道吳國像你這樣的人才，能有幾位呀？」

「聰明才智特出，胸中謀略萬千者，大概有八九十位。像微臣這樣普普通通的，那就不勝可數了！」

原本魏文帝心中尙存著一絲瞧不起吳國的想法，此時也已經完全收起來了，他想要試探一下吳國的誠意，於是開列了一張清單，上面寫著各式各樣諸如大貝、明珠、犀角、玳瑁等等珍禽異寶，囑咐趙咨帶回吳國，要求吳王孫權按照清單上面納貢。

趙咨把這份清單帶回吳國，呈遞給孫權，孫權與大臣們討論，大臣們都覺得，這魏國未免欺人太甚，有人說道：「荊揚二州的歲貢是有定制的，魏國強行索取這些珍寶，實在是於禮不合，應該要拒絕！」

孫權嘆道：「本王又何嘗不知？只不過此時此刻，我國正有來自西方的威脅，爲了我江東的百姓，只好忍耐了！何況這些東西對他們而言是珍寶，對我們來說根本不值多少，而那曹丕如今正在服喪，卻還要求這類玩物，想必會被天下人所恥笑的！」

他用一番話來安慰自己，也安撫了群臣的憤怒，逐照著清單上的項目一一籌辦，遵旨繳納。這樣委曲求全的目的，無非是希望能夠與曹魏結盟，專心一致地集中力量，抵抗來自巴蜀劉備方面的進攻。

白帝城

自從東吳襲取荊州，殺死了關羽以來，劉備無時無刻不想著報仇雪恥，只不過，曹操病故的消息接踵而至，在諸位元老重臣的勸說之下，劉備暫時按兵不動，採取觀望的態度。後來，曹丕繼位，結束了早已名存實亡的漢朝，消息傳來成都，說漢獻帝已經被曹丕所害，劉備立即宣布，替漢獻帝服喪。

底下的文武百官趁著這個時候，紛紛上書勸進，請漢中王劉備正號稱尊，繼承大漢的法統，於是，在曹丕稱帝的第二年，劉備在成都西北的武擔山附近，建起了神壇，昭告天地，宣布登基爲皇帝，改年號爲章武，並且大赦天下。以諸葛亮爲丞相、許靖爲司徒，設置文武百官，並且建立漢朝的宗廟，封長子劉禪爲太子。

時值公元二二一年，距離關羽被殺，已經將近一年半。荊州的失守，對劉備來說是個沉重的打擊，關羽的死，更是令劉備有著錐心之痛，不但使原本計畫中兵分兩路北伐中原的計畫落空，也喪失了情同兄弟的一員猛將，劉備當然不甘心，稱帝之後不久，便決定發動大軍，攻打東吳。

並非所有的人都支持劉備的行動，翊軍將軍趙雲便是其中一個，他向劉備進言道：「如今國賊乃是曹氏父子，而不是孫權，如果先將曹魏消滅，孫吳必定可以不征而服，如今曹操已死，曹丕篡漢，天下人均不齒，應當趁此時機，早日出兵佔據關中，東取洛陽，此乃上應天命，下順人心之策，中原的正義之士，必定會裹糧策馬，迎接王者之師！這種時候，不應該把大義擺在一邊，去和那孫吳決戰，如果輕啓戰端，一時之間解決不了，只怕會有不好的結果，請陛下三思而後行。」

劉備忍了一年多，報仇的心情只有更爲強烈，這樣的話那裡聽得進去？雖然百官之中勸諫的人頗多，可是劉備一概否決，一意孤行地調動大軍，準備和孫權決一死戰。

丞相諸葛亮這時並沒有對劉備的舉動有所勸阻，他知道自己再怎麼勸也沒有用，他能夠體諒劉備的心情，況且，兩路進攻的戰略，還是由他所制訂的，在他心中，也許隱約覺得，劉備如果把荊州奪回來，以後的戰略，才有可能繼續執行吧！

唯一對劉備的態度完全支持的，只有車騎將軍張飛。一直以來，人們都是把劉關張三人並稱的，如今少了一個關羽，張飛的心情並不比劉備好過，聽說劉備打算替關羽報仇，他的心情相當興奮。他高聲向將士們宣布：「陛下已經決定要奪回荊州啦！今日正是我們替關將軍報仇的時刻！」

張飛此時屯駐在閬中地方（今四川閬中），他一得到劉備的號令，就率領大軍萬人開拔，前往江州（今重慶市）與劉備的大軍會合。張飛是劉備陣營中僅次於關羽的猛將，素來有著「萬人敵」的稱號。《三國演義》一書，將張飛描繪成一個大老粗，似乎除了勇猛善戰之外沒有其他的優點。事實上，張飛出身富有人家，琴棋書畫有著一定的造詣，也並非有勇無謀之輩。可是，他的脾氣暴躁，是個急性子，這一點倒是千眞萬確，他一向對待部屬十分嚴苛，此時報仇之心熾烈，變得更加暴虐，部下如果犯了什麼錯，他便毫不留情地鞭打士卒，甚至施以殘酷的刑罰。

劉備曾經爲此勸過張飛：「你動不動就對部下用刑，還經常鞭打他們，可是，卻又必須與士卒一同生活，這是自取其禍啊！你千萬要小心一點。」

張飛表面上不會違背主公的好言相勸，私底下卻依然故我。營中有兩員小將張達、范疆，只不過因爲一點小事，就被張飛鞭打得死去活來，再也忍耐不了，打算投降孫權，卻又覺得沒立過什麼功勞，也許對方不會接受他們的投降。

「乾脆，我們把那凶暴不仁的張飛給殺了，拿著他的頭顱去見孫權，孫權一定會接納我們的。」

「什麼……把……把那個張飛給殺了？有那麼容易嗎？他可是萬夫莫敵之勇的猛將呢！」

「再怎麼勇猛，總要睡覺吧！我看那張飛睡覺的時候，中軍帳內也沒什麼守備，一定很容易得手的。」

計謀已定，范疆、張達挑了一個月黑風高的夜晚下手，果然十分順利。就這樣，勇猛無敵的張飛與關羽一般，死在無名小卒的手上。

劉備還在等待張飛前來會合，心中卻隱隱有種不安的感覺，忽然有張飛營中的使者慌慌張張地前來稟報軍情。看著使者的表情，劉備心頭一緊：「完了，難道是翼德有什麼不測……」接過使者呈上的奏表一看，禁不住痛哭失聲：「雲長之仇尚未得報，如今翼德又遭到不幸，朕……朕難道就要遭到天譴了嗎？」

本來大軍未發而損失大將，就是一件十分不吉利的事情，劉備也感覺得到，可是此刻的他早就被悲憤至極的情緒掩蔽了理智，他一意孤行，調動全國一半以上的兵力，大舉進攻吳國。

首當其中的自然是荊州。此時的南郡太守是諸葛瑾，原先立下大功的呂蒙，由於病情惡化，已在不久之前去世。諸葛瑾聽說劉備大舉東征，便以私人的名義寫了一封信給他，信中說道：「關羽之仇與先帝之恨，孰爲輕重？荊州的得失與天下的霸業，孰爲遼闊？事情的輕重緩急，閣下應當審愼思量，切末魯莽行事，致使兩敗俱傷，讓曹魏得漁翁之利！」

劉備看完了信，隨手一扔，繼續指揮調度。他讓丞相諸葛亮輔佐太子劉禪，坐鎭成都，自己親率大軍進發，以將軍吳班、馮習爲先封，一舉攻破了吳軍駐守在巫縣的李異、劉阿，進兵秭歸。沿著長將一帶的蠻族，紛紛起來響應劉備，一時之間的態勢，如狂風般席捲而至，荊州全境爲之震動。

孫權聞聽荊州方面軍情緊急，除了加緊與曹魏聯繫之外，並以鎭西將軍陸遜爲大都督，調發朱然、潘璋、韓當、徐盛、孫桓等大將以及戰士五萬人，溯江西上拒敵。

劉備大軍順著長江兩岸東下，以黃權爲鎭北將軍統領北岸軍馬，自己則親率南岸兵馬前進，另外又派遣侍中馬良深入附近山地，以重金收買當地的蠻族酋長，如此一來，響應劉備的地方勢力就更多了，其中勢力最大的，就是武陵郡山區的蠻族首領沙摩柯所領的部眾。

公元二二二年，蜀漢昭烈帝章武二年正月，大軍從秭歸進發，本陣前進至夷陵、猇亭，前鋒進駐夷道（今湖北省宜都縣）沿著長江兩岸，紮下了連綿數百里的營地，看上去軍容壯盛，更有一部份軍馬將孫桓部給包圍了，整體局面上較佔優勢。

吳軍的部分將領見狀，要求主動出擊，以解孫桓之圍，陸遜說道：「劉備舉全國之師來犯，志在復仇，必定急於求戰，我軍應當以逸待勞，避其鋒銳。孫桓將軍深得部將擁護，城池牢固，糧食充足，不必擔心，等劉備士氣消磨，孫桓將軍之圍可以不救自解。」

不少老將以為，陸遜以後進之輩，樂聲大都督地位，根本沒有什麼真材實學，因此不大瞧得起他，甚至有不服號令的現象。陸遜正氣凜然地按劍喝道：「劉備是天下梟雄，當年就連曹操也不敢輕視他，如今與之決戰，正是國家存亡的關鍵，諸位應當齊心協力，殺敵報國！如有不服號令者，一律以軍法從事。」

陸遜的執法森嚴，不留情面，漸漸讓軍令整個統一起來。後來他又上書吳王孫權，詳述自己的戰略構想，他打算誘敵深入的策略，必要時會放棄一部份據點。孫權很支持他，特別下了一道命令，囑咐陸遜可以全權負責，不必隨時回報，陸遜乃得以從容地發揮他的戰爭長才，令吳軍退出山地，集中在猇亭，不論劉備如何挑戰，總是按兵不動，堅守營寨。

兩軍對峙，從正月至六月，一晃就是半年多。

六月的天氣又濕又熱，蜀軍被陸遜阻擋在猇亭與夷道之間，始終找不到決戰的機會，後方的糧食補給也越來越困難了。當地位處三峽附近，長江兩岸盡是參天峭壁，層巒疊嶂，蜀軍大營就在這峽谷之間，每天只能望著湍急的江水，激盪起白色的浪花與黑色的漩渦，日子一久，自然心生煩悶，思鄉之情油然而生，軍心士氣逐漸渙散。

劉備命令大軍全部移駐到陸地上，放棄了水陸並進的戰略，並在山林之間安營紮寨。這是章武二年的閏六月，陸遜聞聽劉備軍的動向，立刻下令動員，準備大舉反攻。

自以爲是的將領們又開始議論紛紛道：「如果要反攻，早就應該反攻啦，爲什麼要等現在和敵人已經相持不下了七八個月，讓他們都把營壘紮穩了，才來反攻呢？這樣如何能破敵啊！」

陸遜已經懶得說明，只道：「破敵的時機就是現在，諸位不要遲疑，一切後果由我承擔。」他在這幾個月裡，已經建立了相當的軍威，所以他的號令也沒有人膽敢違抗。

陸遜觀察情勢，發現了蜀軍布陣的弱點，因此命令每一名戰士，手中都拿著一束茅草，到達蜀軍營帳之外，順風點燃縱火，那時正好颳著東南風，蜀軍的營寨又一座連著一座，火勢迅速蔓延開來，烈焰染紅了湍急的江面，原本就沒有鬥志的蜀軍頓時大亂。

東吳大軍趁著這股態勢，衝進敵營，在火勢的助威之下，如同一群從天而降的死神，集中起來的力量極爲強大，在極短的時間裡，連續地攻破了蜀軍的都督馮習、張南，以及蠻族首領沙摩柯等四十多座營寨，而蜀軍將領杜路、劉寧等人，被追得無處可逃，只好投降。正如陸遜所料，蜀軍一敗，包圍著孫桓的大軍，只有潰散逃亡一途。

劉備這一生經歷過不少次的失敗，沒有一次敗得這麼慘，他也不愧是個身經百戰的老將了，仍率領著殘兵敗將，退守到夷陵西北方的馬鞍山，繼續抵抗。

陸遜親自領兵，從四面八方包圍，向山上攻擊，沒過多久便將劉備打敗，死傷者多達數萬人。

劉備帶著少數人馬，趁著黑夜衝出重圍，取道山間的小路，一路逃亡，最後退到白帝城（四川奉節，已於二〇〇二年淹沒於長江大壩湖底），絕大部分的兵馬輜重，均告喪失，損傷極爲慘重。

「這大概是天意吧！我竟被陸遜這樣的後生晚輩所屈辱。」劉備實在不敢相信自己竟然會敗得這麼慘。

江北的黃權，由於來不及撤退，道路被截斷，進退兩難之下，只好率領所屬向北投降曹魏。蜀中相關部門聞訊，請求劉備扣押黃權家屬，以懲罰黃權的叛國之罪，劉備長嘆道：「是朕辜負了黃權，並不是黃權辜負了朕啊！當初他也曾經勸朕不要出兵的，現在他爲了保全部下的性命而投降曹魏，我又怎能治他的罪呢？」

此外，深入山中的馬良也因爲無法返回，而在深山之中遇害，黃權與馬良，都是蜀漢之中不可多得的賢才，如今死的死，降的降，對於劉備無疑是慘敗之餘的另一次重大打擊。

諸葛亮在成都聽說了主公的慘敗，搖頭嘆道：「如果法孝直還活著，也許他有辦法勸主公停止東征，那麼就不至於遭受這樣的慘敗了啊！」

吳王孫權得知陸遜大敗劉備的消息，十分欣喜，封陸遜爲江陵侯、輔國將軍，領荊州牧。那些瞧不起陸遜的人，到了這時也都對陸遜佩服得五體投地。徐盛、潘璋等人，紛紛上書，請求孫權下令，繼續追擊劉備，「經此一戰，蜀軍已是不堪一擊，應當乘勝追擊，一舉蕩平巴蜀！」

孫權沒有立刻決定，派人寫了一封信去詢問陸遜的意見。

陸遜修書回覆，說道：「窮寇莫追，應當適可而止！我們眞正的敵人，在北方而不在西方，應該要養精蓄銳，隨時提防曹魏來犯。」

孫權覺得有道理，遂命令全軍停止西進。

那陸遜果然料事如神，沒過多久，來自北方的威脅便使得東吳難以招架，原來曹丕在要求了大量的奇珍異寶之後，又想進一步加強對孫吳的控制，要求孫權把兒子孫登送到洛陽當作質子，以表示對朝廷的忠心。孫權十分生氣，認爲曹丕欺人太甚，因此只回了一句「孫登年幼，不宜入洛」，拒絕了曹丕的要求。

因此公元二二二年九月，才剛剛在猇亭之戰大勝劉備的東吳，立刻就必須面對曹丕大軍的南征。曹魏軍隊兵分三路，一路由曹休率領，進攻洞口；一路由曹仁率領，進攻濡須；一路由曹眞率領，進攻江陵。

慌忙之中，孫權命呂範抵擋曹休，以朱桓死守濡須，以諸葛瑾、潘璋、楊粲救援江陵，結果除了朱桓這一路之外，其他兩路兵馬均遭敗北。

孫權雖曾上書曹丕，卑微地表示悔過之意，但他終究不願意放棄江東的獨立地位，而被曹魏牽著鼻子走，所以說什麼也不肯把孫登送去洛陽，同時他也體認到，三國鼎立的局面之下，兩個弱小的國家之間絕對不可以相爭，否則只會讓強大的曹魏得利。

基於這個原因，孫權不得不拉下臉皮，以一個戰勝者的身分，派遣使者前往白帝城，向戰敗的劉備主動表示求和之意。

劉備回白帝城不久，就因戰敗的羞愧與自責而生了病，這時孫權派人來求和，他當然很快就答應了，吳蜀兩國重新言歸於好。

雖說如此，劉備的病終究難以痊癒，甚至一天比一天嚴重，公元二二三年二月，劉備知道自己的病情已經沒有恢復的可能，即將不久於人世，便派人去成都請丞相諸葛亮前來白帝城交代後事。

當諸葛亮來到白帝城的時候，劉備已經氣若游絲，就在病榻之上，託孤於諸葛亮，他握著諸葛亮的手道：「你的才幹，比那曹丕強過十倍，必定能夠安定國家！我那兒子不是什麼人才，如果你覺得可以輔佐，你就輔佐，如果覺得不能輔佐，那麼你就取而代之吧！」

諸葛亮心裡五味雜陳，當著眾人的面說這樣的話，豈不是陷他於不義？但他自認無愧於天地，因此對劉備說道：「臣必定竭盡全力，效忠貞之節，死而後已，絕不辜負了您的付託！」

劉備命人作了一封遺詔給太子劉禪，文中說道：「人活五十年就不算短命，朕已經活了六十多，沒什麼好惋惜的了，只是掛念著你們幾個兄弟。丞相說你甚有智慧氣量，如果眞的如此，朕就沒有憂慮的事了。你一定要勤奮努力，不可懈怠，勿以惡小而爲之，勿以善小而不爲，只有賢德才能服人，千萬不要學你父親的壞榜樣！平日要努力學習，多讀些書，遇到不懂的地方，儘管可以向丞相請教。」

那時劉備的幾個兒子裡，只有魯王劉永在身邊，於是劉備把劉永叫來床前，囑咐他道：「朕死了以後，你們要把丞相當作自己的父親，凡事都要先向他請教過後，才可以實行。」

四月劉備病逝，享年六十三歲，五月自白帝城移靈回成都，葬於惠陵，諡爲昭烈皇帝。

七擒七縱

劉備死後，十七歲的劉禪繼位，史稱蜀後主，改年號爲建興。由於皇帝年輕，一切大權由丞相諸葛亮負責，這時諸葛亮已受封爲武鄉侯，兼任益州牧，因此人們也常稱諸葛亮爲諸葛武侯。

諸葛亮爲後人所稱道的，除了《三國演義》替他塑造的無與倫比智慧、神機妙算形象之外，就是他對蜀漢無私無我的滿腔忠誠了。試想他在劉備託孤之後的地位，蜀漢的一切權柄完全操縱在他手上，只要願意，隨時可以眞的如同劉備臨終前的遺言那樣取而代之，任何人也阻止不了他。可是他並沒有，反而更加地勤勞，一心一意的完成劉備生前的遺願。

對諸葛亮而言，丞相的地位不是權位利祿的來源，而是一個沉重而不得不爲之的負擔。其實，諸葛亮可說是接下了一個爛攤子，猇亭之戰後，益州元氣大傷，自他開府治事以來，事無大小，不分內外，全部事必躬親，他必須要恢復蜀漢的力量，才有能力完成他恢復漢朝的理想。丞相府裡，堆積的案卷簿籍，如同一座小山，諸葛亮全都仔細批閱，做出決斷，往往整夜不寢。

主簿楊顒看見諸葛亮如此辛勞，心中不忍，對他說道：「國家有體制，每一層的職務，有每一層的責任，在上位者，只要將大方向交代清楚，就可以高枕無憂。如今丞相百事躬親，並不是說丞相的才智比不上底下的官吏，但這樣實在有失爲長者之道啊！除了累壞身子，只會讓下級的官吏偷懶而已。」

諸葛亮聽了這樣的規勸，只是微微地笑了笑，他知道楊顒是好意，然而，之所以事必躬親，也是因爲國家人才凋零的緣故啊！他沒有把心中的話告訴楊顒，只是躬身感謝楊顒，「多謝你的好意，你的話，我會記著，等這些事情忙完了，我會去休息的。」

眼前的當務之急，是儘快恢復吳蜀聯盟。先前吳國派人與劉備求和，已經爲兩國之間的和平奠定了基礎，不過諸葛亮希望的是一份更爲堅固的盟約。爲此，他特別挑選了口才便給的中郎將鄧芝，做爲前往吳國的使者。

鄧芝來到吳國，開始的時候，始終見不到孫權。

原來孫權一方面應付著來自北方的攻擊，一方面又在猶豫不決，到底應不應該再與曹魏翻臉。先前爲了荊州問題和劉備翻臉，已經讓他蒙上了不好的名聲，如今劉備已死，蜀漢的使者又來要求同盟，似乎是一個很好的機會，但他到底應不應該轉過頭再去與蜀漢聯盟？再度讓他背負另一次背棄信義的名聲？他輾轉思量著，一切所作所為，不過是為了保住江東的基業而已。

鄧芝待了一陣子，很快便明白孫權的想法，他主動上書求見孫權，書中分析吳蜀同盟的好處，並且指出：「今天我前來此地，並不是只為了蜀漢的好處，其實也是為了吳國的將來呀！」

這幾句話打動了孫權，讓他決定召見鄧芝。一見到鄧芝，孫權便十分坦白地說道：「其實本王未嘗不想和貴國和好，奈何你們的君主太過年輕，國土又狹小，一旦抵擋不住魏國的壓迫，恐怕連我國都要遭殃，因此本王才遲遲難以決定。」

鄧芝答道：「魏國雖然強大，但是吳蜀兩國合起來，也有荊、揚、交、益四州之地，更何況大王您是蓋世的英雄，而我們諸葛丞相也是一時的豪傑，蜀國有山川之險，吳國有三江之固，兩國聯合起來，脣齒相依，進可以統一天下，退也可鼎足而立。假使大王繼續向魏國輸誠，魏國就要大王親自去上朝，再不然就要您派遣質子，一旦大王不肯照辦，魏國就派大軍來征討，將大王視之為叛逆，而那個時候，蜀軍也會順流而下，趁機進攻，如此一來，江東的廣大土地，恐怕就不會再是大王所擁有的了。」

這幾句話直接敲進孫權的心坎裡去，他沉默了半天，最後緩緩說道：「你的話很對。」

聯吳抗曹，這是諸葛亮當年在隆中替劉備所訂定的策略，中間雖有波折，但終究還是恢復了兩國之間的和平，之後兩國之間的使者不斷往來，歷經七年，方才真正訂定同盟條約，然而從鄧芝使吳開始，吳蜀之間便已經確立了良好的關係，諸葛亮在對抗曹魏的戰略上，重新獲得了東吳的支持。

對外關係上獲得奧援，接著就必須進行安定內部的工作。

這時候益州內部並不平靜，早在章武二年劉備攻打東吳的時候，益州內部就因為過度的徵兵而引發了反對勢力的不滿，進而興兵作亂。益州南部的四個郡：益州郡（今雲南省昆明市）、永昌郡（今雲南省保山縣）、越巂郡（今昆明市北）、牂牁（今貴州省安順一帶）在當時合稱為「南中」，而居住在這一帶的居民統稱為西南夷，屬於少數民族聚集的範圍。

帶頭作亂的是益州郡的地方土豪雍闓，他殺死了益州太守正昂，並與越巂郡的高定、牂牁郡的太守朱褒聯合起來，與交州刺史士燮勾結，約定投降於東吳。孫權乃遙封雍闓為永昌太守，雍闓十分得意，更進一步煽動益州郡的少數民族領袖孟獲起來叛變，他在當地散佈謠言說道：「蜀漢政府欺人太甚，要向大家徵收黑狗三百頭、瑪瑙三斗、還有三丈長的斷木三千根，大家都知道，斷木最長也不過兩丈，這樣的要求，誰能辦得到呢？」

經過這樣的煽動，整個南中地區的少數民族，幾乎都加入了這場叛變。

吳蜀聯盟重新建立以後，經過一番休養生息，公元二二五年，蜀漢後主建興三年春三月，諸葛亮親率大軍南征平定叛亂。他的戰略是兵分東西兩路進兵，然後合圍包抄，諸葛亮的主力先從西路出發，攻擊越巂的高定，東路則由門下督馬忠帶領，攻擊牂牁郡的朱褒。另外，駐紮在平夷縣的李恢也從駐地出發，直接攻取叛亂中心益州郡，牽制雍闓的行動，讓成都出發的東西路大軍可以順利完成任務，進而會師。

諸葛亮大軍出發之時，參軍馬謖前來送行，一直送出城外十幾里，諸葛亮握著他的手道：「今日即將遠行，閣下可有什麼高見？」

馬謖是馬良的弟弟，為人足智多謀，深為諸葛亮所器重，他說道：「南中地區倚仗著地形險要位處偏遠，不服朝廷由來已久，即使我們今日擊垮他們，等待撤兵以後，他們又會反叛，如果將他們趕盡殺絕，既不是仁者之情，也不是可行之事，用兵之道，應以攻心為上，攻城為下；心戰為上，兵戰為下，下官請丞相不要專用武力，應該注意征服他們的人心。」

這樣的建議讓諸葛亮大為嘆服，他道：「閣下此番言語，與我不謀而合，待大軍回師，再向閣下討教。」

大軍出發之後，行進得十分順利，當主力部隊進入越巂地區的時候，高定的軍隊也分別在各地修築營壘防守，為了達到聚敵而殲之的效果，諸葛亮進軍到卑水（今四川昭覺附近）以後，便停止前進，讓高定的部隊因為不耐煩而慢慢聚攏，等到分散的部隊全部集結，諸葛亮突然發動強烈的攻擊，一口氣便將這股兵力完全擊潰，殺死高定，佔據越巂郡。東路的馬忠，也十分順利地打敗了朱褒，佔領牂牁郡。

五月間，大軍度過瀘水，與李恢軍隊會合，攻打益州郡。此時，雍闓已經被高定的部下所殺，由孟獲接替了雍闓的地位，兩軍交戰，孟獲大敗，諸葛亮特別交代，生擒孟獲，將孟獲押解到自己的中軍帳前。

「這一仗打得可眞是辛苦啊！」諸葛亮笑著說道：「現在你已經打輸了我，你願不願意投降呢？」

「哼！」孟獲道：「你靠著使詐才將我捉到，如果正大光明的對決，才不會有這種結果。」

「是嗎？」諸葛亮始終保持微笑：「那麼，我請你到我軍之中參觀參觀，讓你看看我是不是使詐吧！」說完帶著孟獲到自己的軍營之間行走一圈，並且詳細地對孟獲說明自己佈陣的方式，隨即問道：「你瞧這樣的軍威，這樣的陣式，你有辦法打贏嗎？」

「以前我不知道你的虛實，才被你用計打敗。」孟獲這次不再說諸葛亮使詐了：「現在我已經牢牢將你軍中陣式記住，瞭解實情，其實也不過如此而已，如果給我機會再戰，我一定可以獲勝。」

諸葛亮大笑，命人解了孟獲的束縛，道：「你可以回去，再來與我一決勝負！」

孟獲回去集合部眾，又來和諸葛亮戰鬥，結果依然兵敗被捉。

這一次孟獲仍然不服氣，諸葛亮又將他放了回去，據說就這樣一縱一擒前後共有七次，直到最後一次諸葛亮又打算放了孟獲的時候，孟獲心服口服，並且感受到諸葛亮並非眞的要和南中少數民族爲敵，於是對他說道：「閣下眞乃是天威也！我們南中的人們，以後絕對不會再反叛了。」

至此，諸葛亮將南中完全征服，掃平了地方上的叛亂，同時也極力安撫新收服的孟獲，培養孟獲成爲蜀漢政府之中一名有用的人才，據說他在蜀漢政府裡，一直做官做到了御史中臣的地位。而南中的少數民族之中，有一群特別善於爬山的隊伍，經過諸葛亮的整編，成爲一支號稱「飛軍」的精銳部隊。

爲了加強對於這些地區的控制，諸葛亮採行了許多辦法。曾經有人建議諸葛亮，請他留守兵力鎮守當地，諸葛亮覺得沒有必要，他道：「留兵太多，妨礙北伐大計；留兵太少，讓當地人反感，就算眞有什麼變故，也沒有辦法對付，倒不如將全部兵力撤走，對本地人眞心相待。」果然在他撤兵以後，南中地區不再叛亂過。

不過諸葛亮終究擔心當地的純樸百姓會被有心人士利用，於是他強制遷移了一些地方豪強，讓他們到成都居住，不准他們干涉地方政治，同時將南四郡重新劃分爲六個郡：越巂郡、建寧郡、永昌郡，雲南郡，牂牁郡以及興古郡，分別派官治理。

這些地區的經濟發展，也是諸葛亮十分重視的，由於當地多爲少數民族，在古代稱之爲「化外之民」，生活相對較爲落後，因此諸葛亮便將漢族較爲進步的生產技術推展到當地，漸漸將當地居民的生活型態從原始狩獵改變爲農業社會。此外，諸葛亮還在當地設置鹽鐵官，管理煮鹽治鐵，並派人傳授當地居民編織布料的方法，以提高生活水準。

諸葛亮在南中地區的建設，直到今日還爲人所津津樂道，南中地區大致上就是今日的雲南貴州一帶，當地山區的一些少數民族，直到現在還經常流傳著許多有關諸葛孔明的傳說，而他們生活上息息相關的許多事物，諸如蓋房子、編籮筐、種稻穀等等，都是當年孔明教給他們的。由此可見孔明對西南地區的開發，是一件多麼偉大的事業。

當然，開發少數民族的地區，對蜀漢政府與當地居民而言，是互蒙其利的，隨著當地經濟情況的好轉，南中地區的一些特有產物如金銀、戰馬、耕牛、丹漆等等，不斷的運往成都，增強了蜀漢爭奪天下的實力。

安定了內部以後，諸葛亮的眼光便開始投向南方了。

出師表

吳蜀重新恢復聯盟一事，傳至北方，惹來魏文帝曹丕無比的震怒，他立刻召集群臣，商議大舉伐吳。在他眼中，先前派兵攻吳，只不過是一個小小的教訓，如今才眞的打算要將吳國消滅。這也不能怪他，因爲在這件事情上，吳王孫權眞的是一個反覆無常的小人。

侍中辛毗建議道：「如今天下方定，不宜用兵，想當初先帝幾次攻打吳國，都是臨江而還，沒有結果，唯今之計，應當休養生息，養民屯田，等到十年以後再行用兵，必定可以戰勝。」

曹丕道：「照你這麼說，難道應當把東吳這個禍患，留給子孫嗎？」

辛毗答道：「這又有何不可？想當初周文王將伐紂的大業，留給周武王完成，後人盛讚其弔民伐罪。」

魏文帝盛怒之下，完全聽不進去。公元二二四年，魏文帝黃初五年八月，留尚書僕射司馬懿鎮守許昌，自己親率水路大軍御駕親征，大軍順著淮水而下，由壽春進發至廣陵，來勢洶洶。吳國派遣大將徐盛統兵抵抗，徐盛是老將了，面對這種陣勢一點都不恐懼，他在長江南岸種植樹木蘆葦，布置疑兵，更構築了許多假的城樓，遠遠望去，綿延數百里，十分壯觀。東吳的水師堅強那是不用多說的，假城樓前面排列著大批的戰艦，聲勢更爲浩大壯闊。

八月間正是江水高漲的時刻，寬闊的江面波濤洶湧，沒有什麼實戰經驗的曹丕，看見這股態勢，還沒交戰便已先自膽怯，他站在船頭遙望著遠方朦朦朧朧的戰船城樓，長嘆說道：「我大魏國雖然兵強馬壯，可是到這裡卻無用武之地！看來江南還不到可以攻取的時刻。」正在猶豫的時候，一陣大浪打來，差點將曹丕的龍船打翻，驚慌之餘，再也沒有戰意，只在江北屯駐了幾天，耀武揚威一番之後，便引軍返回北方。

這次親征讓曹丕覺得很丟臉，始終耿耿於懷，過了一年，他又想南征。

這次跳出來講話的是宮正鮑勛，他說道：「吳蜀兩國相依，憑藉著山高水深，實在很難打敗。去年的時候，陛下的龍舟差點被打翻，情況無比危險！如今又要勞師動眾大舉遠征，使得國力消耗，徒然讓敵人嘲笑，臣以爲此舉萬萬不可。」

鮑勛也許滿腔忠誠，可是他說話也太不留情面，每一句話都刺中了曹丕的痛處，引起曹丕震怒，立刻將他貶職。

黃初六年五月，大軍出發，八月集結在譙縣縣城，仍順著淮水南下，十月抵達廣陵，沿著長江北岸擺開陣形。十幾萬的兵馬，旌旗蔽日，軍容壯盛。魏文帝十分得意，打算揮兵渡江進攻，可是由於天氣嚴寒，江面上結了許多浮冰，北方的船艦竟然無法行進。

也許曹丕已經達到他耀武揚威的目的，也無心眞的開戰，看見這樣艱難的情形，嘆了一聲道：「這也許就是上天要分開南北兩地的原因吧！」再一次命令全軍折回，無功而返。

吳國負責抵禦的揚威將軍孫韶，趁著魏軍撤退的態勢，派遣大將高壽率領五百敢死隊，疾行至北軍後方，襲擊曹丕的中軍本陣。

曹丕走到一半，忽然遇見大批伏兵，倉皇之間應戰，也不知敵人究竟有多少，不敢硬碰硬，落荒而逃，本陣副車的車頂羽蓋，被吳軍獲得，成爲戰利品。魏軍的戰船，因爲冰凍水淺，擱淺在淮水裡難以前進，多虧尚書蔣濟臨時派人設法鑿了許多渠道，引湖水注入淮水，才讓船隊得以緩緩撤退。

此次南征毫無結果，徒然丟臉而已，正應驗了鮑勛所言，勞民傷財，徒長吳國志氣。年底，魏文帝回到洛陽，驚慌懊悔之虞，又受了風寒，回宮不久便一病不起，拖延到第二年五月，這位篡漢自立的魏國開國之君便龍御殯天，得年不過四十歲。

魏文帝死後，太子曹叡繼位爲魏明帝，年方二十一歲。魏明帝還是太子的時候，便很少出現在文武百官面前，當了皇帝以後，也很少接見大臣，不過他倒是很懂得用人，將一些有聲望但浮華不實的官吏罷免，對外採取防禦的方針，並由遺詔中受命輔政的中軍大將軍曹眞、鎮軍大將軍陳群以及輔軍大將軍司馬懿負責朝政。

此時蜀漢丞相諸葛亮已經完成了南中的平定，經過兩年的休養生息，國力漸漸恢復，得知曹丕病逝，曹叡繼位，認爲此時此刻正是出兵的好時機，於是決定整頓三軍，揮軍中原。

公元二二七年，蜀漢後主建興五年，諸葛亮率軍進駐漢中，臨行之前，他向後主劉禪上了一封奏表，便是那流傳千古的出師表，其內容爲：

臣亮言：先帝創業未半，而中道崩殂。今天下三分，益州疲敝，此誠危急存亡之秋也。然侍衛之臣，不懈於內；忠志之士，忘身於外者，蓋追先帝之殊遇，欲報之於陛下也。誠宜開張聖聽，以光先帝遺德，恢弘志士之氣；不宜妄自菲薄，引喻失義，以塞忠諫之路也。宮中府中，俱為一體，陟罰臧否，不宜異同。若有作奸犯科，及為忠善者，宜付有司，論其刑賞，以昭陛下平明之治，不宜偏私，使內外異法也。

侍中、侍郎郭攸之、費禕、董允等，此皆良實，志慮忠純，是以先帝簡拔以遺陛下。愚以為宮中之事，事無大小，悉以咨之，然後施行，必能裨補闕漏，有所廣益。將軍向寵，性行淑均，曉暢軍事，試用於昔日，先帝稱之曰「能」，是以眾議舉寵為督。愚以為營中之事，悉以咨之，必能使行陣和睦，優劣得所。親賢臣，遠小人，此先漢所以興隆也；親小人，遠賢臣，此後漢所以傾頹也。先帝在時，每與臣論此事，未嘗不歎息痛恨於桓、靈也。侍中、尚書、長史、參軍，此悉貞亮死節之臣也，願陛下親之信之，則漢室之隆，可計日而待也。

臣本布衣，躬耕於南陽，苟全性命於亂世，不求聞達於諸侯。先帝不以臣卑鄙，猥自枉屈，三顧臣於草廬之中，諮臣以當世之事，由是感激，遂許先帝以驅馳。後值傾覆，受任於敗軍之際，奉命於危難之間，爾來二十有一年矣！先帝知臣謹慎，故臨崩寄臣以大事也。受命以來，夙夜憂歎，恐託付不效，以傷先帝之明。故五月渡瀘，深入不毛。今南方已定，兵甲已足，當獎率三軍，北定中原，庶竭駑鈍，攘除奸凶，與復漢室，還於舊都；此臣所以報先帝而忠陛下之職分也。至於斟酌損益，進盡忠言，則攸之、禕、允之任也。

願陛下託臣以討賊與復之效；不效，則治臣之罪，以告先帝之靈。若無與德之言，則責攸之、禕、允等之慢，以彰其咎。陛下亦宜自謀，以諮諏善道，察納雅言，深追先帝遺詔。臣不勝受恩感激。今當遠離，臨表涕泣，不知所云。

這篇文章充分表現出諸葛亮的忠心。在職位上，他是後主的臣子，但實際上，他卻是後主的長輩，文中對於後主的諄諄教誨，字句叮嚀，語重心長，離情依依，感動了後世無數的人們，讓他們甘之如飴，無怨無悔地成爲一位忠臣義士。

當然，這篇文章也感動了資質不佳的後主劉禪，遂立即下詔伐魏，將統兵調度的權力完全授與諸葛丞相，讓他得以完全發揮。

此次北伐，是一場有計畫的行動，在出兵之前，諸葛亮便已經四處派人活動，成功地策動隴西地區天水、南安、安定三郡的長官與民眾，一致響應諸葛亮的軍事行動。此外，更與新城郡太守孟達相約起事。

孟達本來是劉備的手下，替劉備鎮守房陵、上庸、西城三郡，然而在東吳攻打關羽之時，孟達救援不力，導致了關羽兵敗身亡。孟達恐懼劉備會對他加以懲罰，因此投降了曹丕。曹丕順勢將房陵、上庸、西城三郡合併爲新城郡，封孟達爲平陽亭侯，拜建武將軍，領新城郡太守。

魏國朝中有許多人都認爲孟達是個反覆無常的人，不可以將新城郡這麼重要的地方交給他，魏文帝卻依舊重用孟達，成了孟達唯一且最大的靠山。然而魏文帝駕崩以後，靠山沒了，孟達的態度又曖昧起來，對於當年叛劉附曹，他始終抱持著歉意，如今在曹營之中地位不穩，孟達的內心舉棋不定。

諸葛亮就是在這種情況下與孟達搭上線的。他仔細分析孟達的心態，派人前往遊說，又親自寫信給孟達，說了他許多好話，終於將孟達說動，約定出兵之日，便重新投奔蜀漢的陣營。

不料這樣的心思早就被司馬懿所知悉，表面上，他不動聲色，還寫了一封信去安撫孟達，並分析利害道：「自從將軍棄暗投明，朝廷託付將軍以重責大任，而蜀中之人不論上下，莫不對將軍痛恨莫名，希望將軍能仔細考慮清楚！」

這幾句話讓孟達又猶豫了起來。

事態緊急，諸葛亮只好修書勸說孟達，請他迅速起義，並且要提防司馬懿突襲。孟達回覆道：「司馬懿屯守在宛城，宛城距離洛陽八百哩，距離新城一千兩百里，假使聞聽我舉兵，上書天子，再領兵出發，往來反覆之間，最少也要一個月以後才能來攻，那時我的城防已經鞏固，而丞相的援軍也必定已經抵達。新城形勢險要，那司馬懿必定不敢親自前來，如果他派遣手下將領前來，那我也沒什麼好怕的了。」

於是孟達在這一年的十二月舉起了叛旗，宣布響應諸葛亮的北伐。只是他萬萬料想不到，司馬懿早就猜測到他將會反叛，早已經採取了行動，短短八天，司馬懿的帥旗便已飄揚在新城首府房陵城的城下。

「天啊，這司馬懿用兵竟然如此神速！」

孟達在城外修築一道長長的木柵，企圖阻擋司馬懿的進攻，卻是徒勞無功。司馬懿花了十六天的時間，不分白晝黑夜，猛烈進攻，終於將城池攻破，俘虜了孟達就地正法。

新城郡的失利，是諸葛亮首次北伐的一大挫折，不過這樣的挫折並非致命傷，反而激發了諸葛亮的鬥志。他瞭解到，若不能主動出擊，則不能挽回頹勢，振奮軍心。此時已是公元二二八年，蜀漢建興六年的年初，諸葛亮屯駐在漢中的十萬大軍正式開拔。

漢中與關中之間，隔著連綿不絕的高山，卻有四個缺口可以相通，分別是西北方的祁山、天水之間的谷道，可從隴山南麓南向進入關中；再往東爲散關，進入關中便是陳倉，此地向來都是兵家必爭之地；再往東南則爲太白山五丈原一帶的斜谷，攻下郿縣的話，可以在關中平原建立戰略據點；最後則爲終南山一帶的子午谷，距離長安不算遙遠，卻是防守最爲嚴密的所在。

出征之前，諸葛亮與諸將商議用兵對策，鎮北將軍魏延說道：「如今鎮守關中的夏侯楙，膽小而無謀，請讓末將率領精兵五千，從褒中（今陝西省褒縣）出子午谷，日夜趕路，如此不用十天，便可抵達長安，出其不意，攻其不備，那夏侯楙必定會倉皇逃走，就算魏國派了援軍，從洛陽趕來，也需二十日，丞相可於此時統帥大軍，從斜谷前來相會，如此，關中必可平定。」

諸葛亮用兵向來謹愼，對於這樣的險著，並不大樂於接受，他道：「新城郡尙有司馬懿的兵馬駐守，斷不能從子午谷進兵，將軍此計太過大膽，恐怕仍需商議才行。」

商議的結果，諸葛亮決定穩紮穩打，先取隴右，再下關中。他對外宣稱，要從斜谷攻打郿城，命令不久之前升任爲鎭東將軍的趙雲與吳蜀聯盟重新建立的大功臣揚武將軍鄧芝，率領一批軍馬，前往箕谷（今陝西褒城北）擺出要從斜谷北攻郿縣的姿態，用來轉移敵人的注意力，然後自己親自率領主力，向西北方的祁山進攻。

剛開始的時候，進展得十分順利，在諸葛亮的領導之下，蜀軍如入無人之境，連戰皆捷，隴右地區的天水、南安、安定各郡，紛紛望風而降，天水的冀城，更有一名年輕有爲的將領姜維，投效在諸葛亮的帳下。一時之間，關中爲之震動，而擔任前軍都督的馬謖，更是表現良好，一戰攻下了街亭（今甘肅秦安東北），不愧諸葛亮向來對他推崇備至。

然而，輕易得到的賞識與太過迅速的勝利，卻讓馬謖自大了起來。從前，劉備還在世的時候，便曾對諸葛亮說過，馬謖這個人有些言過其實，不可以重用，然而諸葛亮仍然十分賞識且提拔他。

這次馬謖擔任前鋒，也是諸葛亮破格提升的。得到街亭後，諸葛亮命馬謖守住當地，因爲街亭控制著隴西與關中之間的交通樞紐，地位十分重要，還特別提醒他，應當駐軍在城裡，就近取得水源。

自幼熟讀兵書的馬謖，自認高人一等，不將丞相的話當一回事。他認爲，既然要把守戰略要地，就必須取得制高點，如此方能掌握敵軍動向。於是，他捨棄了水源，將大軍移駐於高山之上。

副將王平勸道：「捨棄水源上山，山下又無險要可守，如此豈不是自陷於絕境？還是聽丞相的意思，守在城裏面吧！」

馬謖不願意聽信王平這種出身行伍，「不學無術」之人的言語，只說道：「將軍休要多言，且看我如何破敵便是。」

不久之後，魏軍來了。

魏國對此次諸葛亮來犯相當重視，魏明帝親自坐鎮長安，以大將軍曹眞署理軍務，督軍前往郿縣迎敵，另外派遣右將軍張郃領兵五萬前往隴右收復失地。

於是出現在馬謖前面的乃是魏國的名將張郃。

張郃並不急於與馬謖的軍隊硬碰硬，先以絕對的優勢包圍馬謖大營所在的山丘，再派人切斷水源。蜀軍被圍困在山上，求戰不得，又缺乏飲水，飢渴難當，軍心渙散，沒過多久便自行潰散，張郃再發動大軍猛攻，輕而易舉地搶下了街亭，馬謖落荒而逃，前鋒蜀軍只有王平所率領的一千多人安然撤出，後來慢慢召集走散了的同伴，整軍退守。

蜀軍本陣目前已經接近街亭，停駐在不遠的戎丘，馬謖戰敗的消息很快傳到，諸葛亮既擔心又失望，他長聲嘆道：「街亭一失，此戰必無勝算！」他立即採取堅壁清野的策略，把西縣城內一千多家的居民，連同糧食草料全部撤往漢中，保全下次再戰的退路。

果然過不多時，天水、南安、安定三郡軍民見情勢不利，又轉而歸附曹魏，而趙雲、鄧芝在箕谷的作戰也失利，諸葛亮只好把所有的軍隊全部撤回漢中，北伐的企圖以失敗告終。

回到漢中以後，諸葛亮懊惱萬分，他並不否認馬謖的才氣，然而馬謖的失敗，卻是這次北伐失敗的關鍵，毫無疑問的，馬謖必須爲戰敗負責，而重用馬謖的自己，也必須承擔起責任。因此，他忍痛將馬謖處死，並且上疏請罪，自請貶職三等，降爲右將軍，行丞相事，仍然署理軍政之權。

參軍蔣琬對處死馬謖一事不以爲然，對諸葛亮道：「大業未定，而殺戮智能之士，豈不是很可惜嗎？」

諸葛亮嘆道：「軍令貴在嚴明，正如使君所言，如今大業未定，方與敵人交兵，就因爲私人緣故破壞軍法，如此怎能討賊呢？」

馬謖個人對於自己所受的處置是頗能釋懷的，他在臨死之前，寫了一封信給諸葛亮：「明公視謖猶子，謖視明公猶父，願深維殛鯀興禹之義，使平生之交不虧於此，謖雖死，無恨於黃泉也。」

悲傷之餘，也須慰勞有功將士。王平在街亭撤退中表現突出，諸葛亮請升他爲討寇將軍；趙雲、鄧芝的部隊，雖然也在箕谷遭逢敗績，卻全軍而退，毫髮無傷，問其故，鄧芝答道：「多虧趙子龍將軍奮不顧身，親自斷後，因此武器兵馬，均無折損。」

那時趙雲軍中還有剩餘的糧餉，諸葛亮便命人將這些糧餉分給將士，作爲犒賞。趙雲卻堅辭不受，他道：「只聽說犒賞得勝之軍，哪有犒賞敗軍之師的道理？請丞相收回成命，這些糧餉還是收歸國庫，留待下次建功立業之時，再行犒賞不遲。」

趙雲在蜀軍之中的資歷比諸葛亮還老得多，雖說從前經常立下汗馬功勞，卻因爲只是默默做事的緣故，不怎麼被先主劉備所重用，直到諸葛亮掌政，才將他提升爲鎮東將軍，他的這一番話，讓諸葛亮對他的敬意，又更深一層。

只不過第二年，趙雲也因年老而逝世，蜀中人才凋零，令諸葛亮不勝唏嘘，乃竭力培養後進，像北伐進攻天水時收降的姜維，智勇雙全，膽識與見識都屬不凡，年僅二十七歲。

「二十七歲嗎？」諸葛亮的思緒，飄回多年以前的南陽隆中，在那間草廬裡，他與先主暢談天下事……。「當年爲先主效命之時，我不也是二十七歲嗎。」歲月不饒人，諸葛亮異常感慨。

漢軍捲土重來的速度非常快，原來這年諸葛亮出祁山之際，吳王孫權也在長江下游發動戰爭，他命鄱陽太守周魴詐降，與魏國的揚州牧曹休聯絡，謊稱請他來攻，周魴願爲內應。曹休中計，便於此年八月率領步騎十萬人大舉進攻，結果在石亭（今安徽潛山東北）遇上了吳軍陸遜、朱桓、全琮埋伏已久的兵馬，一場混戰之下，魏軍幾乎全軍覆沒，敗得十分悽慘。

在漢中的諸葛亮聽說了這件事，再度上疏陳請北伐，這篇上疏史稱〈後出師表〉，其文如下：

先帝慮漢賊不兩立，王業不偏安，故託臣以討賊也。以先帝之明，量臣之才，故知臣伐賊，才弱敵強也。然不伐賊，王業亦亡，惟坐待亡，孰與伐之？是故託臣而弗疑也。

臣受命之日，寢不安席，食不甘味，思惟北征，宜先入南，故五月渡瀘，深入不毛，幷日而食。臣非不自惜也，顧王業不得偏全於蜀都，故冒危難以奉先帝之遺意也，而議者謂為非計。今賊適疲於西，又務於東，兵法乘勞，此進趨之時也。

謹陳其事如左：高帝明並日月，謀臣淵深，然涉險被創，危然後安。今陛下未及高帝，謀臣不如良、平，而欲以長策取勝，坐定天下，此臣之未解一也。劉繇、王朗各據州郡，論安言計，動引聖人，群疑滿腹，眾難塞胸，今歲不戰，明年不征，使孫策坐大，遂并江東，此臣之未解二也。曹操智計殊絕於人，其用兵也，彷彿孫、吳，然困於南陽，險於烏巢，危於祁連，逼於黎陽，幾敗北山，殆死潼關，然後偽定一時耳，況臣才弱，而欲以不危而定之，此臣之未解三也。曹操五攻昌霸不下，四越巢湖不成，任用李服而李服圖之，委任夏侯而夏侯敗亡，先帝每稱操為能，猶有此失，況臣駑下，何能必勝？此臣之未解四也。自臣到漢中，中間期年耳，然喪趙雲、陽群、馬玉、閻芝、丁立、白壽、劉合、鄧銅等，及曲長屯將七十餘人，突將無前，賨叟、青羌散騎、武騎一千餘人，此皆數十年之內所糾合四方之精銳，非一州之所有，若復數年，則損三分之二也，當何以圖敵？此臣之未解五也。今民窮兵疲，而事不可息，事不可息，則住與行勞費正等，而不及今圖之，欲以一州之地與賊持久，此臣之未解六也。

夫難平者，事也。昔先帝敗軍於楚，當此時，曹操拊手，謂天下已定。然後先帝東連吳越，西取巴蜀，舉兵北征，夏侯授首，此操之失計而漢事將成也。然後吳更違盟，關羽毀敗，秭歸蹉跌，曹丕稱帝。凡事如是，難可逆見。臣鞠躬盡瘁，死而後已，至於成敗利鈍，非臣之明所能逆睹也。

也許是第一次出祁山的時候，諸葛亮眞正體認到魏蜀之間的強弱懸殊，知道自己難以取勝，因此這篇文章裡的語氣與前篇大不相同，他明知不可爲而爲之，並舉出六點理由，說明出師討賊的必要，至於能不能成功，那就交給上天決定了。

這次諸葛亮選擇的出兵路線是散關，一出關便是陳倉。負責防守陳倉的魏軍將領是郝昭，他十分有才幹，將城防鞏固得十分完備，不論諸葛亮怎麼猛攻，他總是有辦法化解攻勢。一開始蜀軍使用雲梯準備登上城牆，被郝昭用火箭將雲梯燒毀；蜀軍用衝車打算衝破城門，郝昭則用大石將衝車壓毀，並在城內迅速地築起另一圈城牆，萬一外牆有失，尚有第二道防線。最後，諸葛亮派人挖掘地道，準備潛入城中，卻仍讓郝昭知悉，立即沿著城牆挖掘與蜀軍垂直的地道，讓蜀軍無法進入城內。

一連激戰了二十多天，蜀軍的糧食消耗殆盡，同時魏國也派了援軍前來，諸葛亮迫於無奈，只好下令撤退，回師漢中。

郝昭派了猛將王雙率領部分官兵追擊，被諸葛亮以伏兵殺死，算是蜀軍這次出征唯一的一點點戰果。

就因爲這點成績，激勵了蜀軍再接再厲的勇氣。第二年春天，諸葛亮領軍進行第三次的北伐，他派將軍陳式攻打隴右的武都（今甘肅成縣）、陰平（今甘肅文縣西北）二郡，守將郭淮本來已經點齊了兵馬，打算與陳式來一場廝殺，可是當他知道，鼎鼎大名的諸葛亮親自領兵前來，並且進駐建威城後，不敢與之較量，慌忙退兵，讓陳式輕鬆地奪取了二郡。

這是諸葛亮北伐以來的一次重大勝利，諸葛亮對當地的氐、羌等民族進行安撫的工作，並留下將兵把守，自己退回漢中。捷報傳至成都，後主劉禪為了獎勵戰功，重新恢復了諸葛亮丞相的地位。

這年夏天，吳王孫權也因為之前的勝利，不再畏懼於曹魏的威勢，正式宣布正位稱尊，改年號為黃龍，建都於建業，是為吳大帝。即位以後，孫權立即派人通知蜀漢，表示從此二帝並存，希望兩國之間的同盟能夠永存。

「從前不是說天無二君嗎？」諸葛亮搖頭苦笑道：「這種局面，也只好二帝並尊了啊！」他派了衛尉陳震，當面向孫權道賀，孫權欣喜之下，正式宣布吳蜀聯盟恢復，並且和蜀漢相約定，將來消滅了曹魏以後，兩國平分天下，中原地區，豫、青、徐、幽四州劃歸吳國，兗、冀、并、涼四州劃歸蜀漢，而中間長安洛陽一帶的司隸校尉，則以函谷關為界，以東歸吳，以西歸漢。

這種自我陶醉，諸葛亮是不會當眞的，他只能盡自己所能，去做最有利於國家的事情，如此而已。

五丈原

公元二三〇年，魏明帝太和四年，魏國不再甘心始終處於挨打的地位，決定主動出擊。這次的作戰準備是空前的，他們先在合肥建造新城，用來對付吳國；然後準備人馬輜重，打算大舉進攻蜀漢。

作戰計畫的提案者，是大司馬曹眞，他的戰略是：兵分三路，會師漢中。司空陳群認爲這樣的作戰計畫太過大膽，而漢中又有諸葛亮長年經營，城池堅固，決不是大舉進攻便可以奪下的，因此他極力勸說曹眞打消念頭，然而並不被曹眞所接受。

於是三路軍馬的統帥人選就此決定：第一路，由曹眞率領，從斜谷出兵；第二路，由名將張郃率領，由子午谷出擊；第三路，由剛升任爲大將軍的司馬懿率領，從襄陽出發，溯漢水西上，穿過陝南，以漢中首府南鄭爲目的地，與曹眞會師。

八月間，曹眞統帥的大軍，浩浩蕩蕩自長安出發，從子午谷越過秦嶺，準備進入漢中。魏軍來勢洶洶，諸葛亮嚴陣以待，將所有兵力集中在赤阪，並且增調李嚴的兩萬兵馬開往漢中，應付魏軍。

也是上天站在蜀漢這一方，魏軍進兵的路上，接連三十幾日的傾盆大雨，把斜谷與子午谷的棧道以及漢水兩岸的通路，完全沖毀。曹眞大軍被困在山谷之中，難以前進，朝中大臣華歆等人，紛紛上書奏請罷兵，於是魏明帝下詔曹眞班師回朝，張郃、司馬懿也同時退兵。

曹眞無功而返，既懊惱且沮喪，沒過多久便病死了。魏明帝以司馬懿接替曹眞的任務，屯駐長安，督關中軍事，防禦蜀兵。

劍拔弩張的氣氛並無決定性的結果，反而是在西邊的武都、陰平二郡，蜀漢督前部丞相司馬魏延，與曹魏的雍州刺史郭淮，展開了一場規模雖小，卻十分激烈的戰鬥。

郭淮在去年丟掉了武都陰平，大失顏面，想趁朝廷大舉進攻，蜀軍無暇他顧之時，再將兩郡奪回，而與猛將魏延相遇。兩軍主力在陽谿交鋒，久經陣戰的魏延，一下子就將郭淮打得潰不成軍，確保了蜀漢在當地的優勢。

得到捷報之後，諸葛亮十分高興，保舉魏延爲前將軍，領南鄭侯。而他自己則打算趁魏軍撤退之時，順勢反攻，於是在公元二三一年，蜀漢建興九年春天再度出兵。

諸葛亮將後方軍政全部交給李嚴，讓他留守漢中，並且節制丞相府政務，督辦後方軍需，自己則全心全意與魏軍決戰。這一次，蜀軍走的是祁山的老路線，爲了使糧草不虞匱乏，諸葛亮特地使用經過將人精心改良的手推車，號稱木牛，來輸送糧食，節省了不少人力。

司馬懿在長安聽說諸葛亮圍攻祁山，逐命郭淮、費曜、戴陵前往救援，自己則與張郃領兵進駐天水郡西南的上邽城。

祁山方面的魏國援軍，被諸葛亮的前鋒魏延、王平等人打垮，而諸葛亮知道司馬懿在上邽，乃命王平繼續攻打祁山，自己率領主力往上邽方向移動，準備與司馬懿來一場決戰。然而，那老謀深算的司馬懿，一方面知道諸葛亮善於用兵，沒把握與之交鋒，另一方面則知道，蜀軍遠道而來，所攜帶糧食必定有限，只要採取拖延戰術，不久之後蜀軍必退。

不過司馬懿這時在關中諸將之間尚未能完全服人，還不能做到貫徹軍令的地步，因此他假意宣稱，自己將領兵去和諸葛亮決戰，帶了主力離開上邽，只留下費曜以及四千兵士鎮守。

才一離開，軍中就有人覺得奇怪：「怎麼……不是要去祁山嗎？怎麼往反方向走？」祁山在上邽西南，司馬懿卻把軍隊開往東邊，避開諸葛亮行進的路線。

蜀軍很快來到上邽，擊敗了費曜，並且毫不停留，繼續往東追趕司馬懿。

結果蜀軍在鹵城附近追上了魏軍。

司馬懿並不掉頭回來和諸葛亮交鋒，命令大軍全速向前，一口氣衝上山去，在山頂紮營，構築防禦工事，任憑蜀軍如何求戰，他只是來個相應不理閉門不出。

魏國擔任監軍的賈詡，對於司馬懿怯懦的表現實在看不過去，直言道：「閣下害怕蜀國的兵馬，就像是害怕老虎一樣，難道不怕被天下人所恥笑嗎？」

將軍張郃、魏平等人，也紛紛請戰。司馬懿逼不得已，擔心影響了軍心，只好勉強下令出擊。

蜀軍方面分為三部，由魏延、高翔、吳班率領，在諸葛亮的指揮下，調度行進靈活無比，將魏國軍馬衝散成好幾個部分，然後加以各個擊破。鏖戰整整一天以後，司馬懿幾乎全軍覆沒，只剩下他自己帶著幾名親信乘馬逃回營壘，蜀軍斬殺敵人三千，擄獲大批魏軍敗逃時所丟棄的軍械，獲得輝煌的勝利。

魏軍終究人多，遭逢敗績，仍能固守。司馬懿這回說什麼也不肯出戰了，老老實實地關緊營門堅守，與蜀軍僵持。

雙方從四月對峙到六月，諸葛亮忽然接到了聖旨，叫諸葛亮退兵。諸葛亮百思不得其解，道：「陛下向來不曾過問軍事，怎地此時勝券在握，卻忽然要我撤退？」君命難違，而且加上從漢中運來的糧食即將耗盡，諸葛亮只好撤兵。

蜀軍一退，魏軍便來追擊。司馬懿命張郃尾隨在後，而諸葛亮早有布置。張郃追到木門地方，當地兩面高山，中間是峽谷通道，魏軍進入谷道，忽然之間，從兩側的高山射出無數弩箭，身經百戰的張郃走避不及，中箭而死，又成為魏國的一大損失。

回到漢中，諸葛亮正打算詢問為何皇帝會下旨撤退，李嚴卻一臉驚訝的表情說道：「怎麼撤回來了？軍糧還很充足呀！」

諸葛亮見他神色有異，下令嚴加查辦，終於水落石出。原來自從入夏以來，山區陰雨連綿，運送糧草十分困難，李嚴身心俱疲，又怕自己忙了半天，還落個督辦糧草不力的罪名，於是假傳聖旨，要諸葛亮撤回漢中，更有甚者，還上表奏稱：「大軍撤退乃是為了誘敵深入。」藉此將責任推卸得一乾二淨。

這種欺上瞞下的作法，使諸葛亮大爲震怒，他把李嚴這些日子以來往返的書信公文取出，當著李嚴的面對照，指出其中的矛盾之處，問李嚴道：「你還有什麼話說？」

李嚴低下了頭，嘆道：「的確是我辦事不力，願受丞相懲罰。」

諸葛亮也長嘆一聲：「當年先主託孤於你我二人，我們本應當同心協力，恢復大漢社稷，會有這樣的結果，誰也不願意見到啊！」

李嚴被褫奪了所有職務，廢爲庶人，流放到梓潼。

諸葛亮爲人公私分明，雖然懲罰了李嚴，卻仍然任用李嚴的兒子李豐。李嚴本人也對自己遭到的處罰心服口服，他相信，只要自己日後表現良好，一定還能重新得到丞相的信賴。

經過這次教訓，諸葛亮體認到糧草的重要性，他暫且讓兵士休養生息，致力於糧食的增產與搬運的方法上。一直到第三個年頭，才再度興兵伐魏。

這兩年多間，魏明帝始終想要伐蜀，可是朝中大臣幾乎都反對，因此總是難以成軍。此外，吳國方面則想連絡遼東的公孫淵，來個南北夾擊，可是公孫淵性情反覆多疑，臨時之間又投降了魏國。至此，曹魏的勢力逐漸穩固，即使吳蜀兩國都不願意承認，然而，憑他們兩國加起來的力量，只怕也難以和魏國相抗衡了。

諸葛亮知道這一點，不過，他仍然抱持著雖千萬人吾往矣的態度，矢志復興漢室。公元二三四年，蜀漢建興十二年春二月，諸葛亮再度以十萬大軍出師伐魏，他使用一種平底快船輸送糧食，號稱流馬，並以魏延爲前鋒，從斜谷出武功縣，與司馬懿率領的三十萬大軍對陣。

司馬懿觀察著蜀軍的行進方向，說道：「假如孔明順著山勢從武功東來的話，只怕就要費心對付；如果他向西駐紮在五丈原的話，就可以不用擔心了。」

結果諸葛亮眞的在五丈原修建了營壘。他行軍作戰的態度相當保守，這次出斜谷，已經是他最接近長安的一次，卻不直接攻打長安，而是在五丈原實施屯田，準備來一場長期作戰。綜觀他數次北伐，都是採行如此謹愼的態度，因爲他知道蜀漢的籌碼不多，兵力遠遜於魏國，不能冒險孤注一擲。屯兵五丈原，也是因爲隴西各郡都已經降服之後，方始採行的策略。

司馬懿挾著兵力的優勢，一點也不擔心長期對峙。他甚至比諸葛亮更希望長期作戰，因爲長期對峙，比的就是國力，這一點司馬懿有著絕對的自信。他領兵渡過渭水，擺出了背水陣形，堅壁深壘，就是不與蜀軍交兵。

兩國之間的實力懸殊在此時便可以看出來。當諸葛亮與司馬懿對峙的同時，魏國其實是陷於兩面作戰的，吳大帝孫權爲配合蜀漢的攻勢，親自率領十萬兵馬，攻打淮南地區的合肥新城，並遣孫韶爲東路進攻淮陰，陸遜、諸葛瑾爲西路進攻襄陽。

魏明帝派遣護軍將軍秦朗率兩萬兵馬增援關中，同時密令司馬懿繼續堅守：「堅壁清野，使敵軍不能攻，待其糧草耗盡，我軍以逸待勞，走而擊之，必可戰無不勝！」自己則乘著龍舟，御駕親征孫權。

合肥新城的主帥滿寵堅守城池，孫權大舉進攻，卻始終難以攻下，反而折損許多士卒，士氣逐漸低落。反觀曹魏方面，由於皇帝親臨，士氣大振，一消一長之下，孫權料之難以取勝，只好撤退。那西邊的陸遜雖然連連攻破江夏、新市、安陸、石陽等地，卻也不得已隨主君返回。

吳國一退，魏國再也沒有後顧之憂。

諸葛亮也不禁擔心起來，怕魏國萬一傾全國之師來攻，蜀漢這十萬人會難以抵禦，於是一再挑釁，盼與司馬懿決戰，甚至有一次，他還派人拿著婦女的衣服去送給司馬懿，嘲笑司馬懿膽小，如同女流之輩。

司馬懿本人不覺得有什麼，笑了笑，把那用來羞辱他的衣服收起來，反而是身旁諸將群情激憤，紛紛催促司馬懿出戰。司馬懿見狀，假意苦笑道：「不是我不願意出戰，而是陛下特別交代過，一定要堅守不戰。如果各位將軍爲我抱不平，一定要讓蜀軍好看的話，那麼請容許我先稟明皇上，請皇上允許我出戰吧！」

魏明帝不許，派了老臣辛毗擔任軍師，持節前來司馬懿軍中，嚴令不得出兵，違令者斬。司馬懿攤了攤手，對那些義憤塡膺的將領們說道：「諸位請看，實在是聖命難違啊。」

蜀軍派往魏軍的細作，將此一消息傳回，諸葛亮仔細詢問了司馬懿的狀況，只能搖頭苦笑，罵道：「這老狐狸！愛玩小花樣。」罵完忽然又覺得，自己派人送了婦女的衣物去羞辱他，又何嘗不愛玩小花樣了！

那時姜維擔任護軍將軍，經常隨侍丞相身旁，聽其教誨，他道：「辛毗此番持節而來，將來想逼司馬懿出戰，只怕更困難了。」

諸葛亮道：「伯約啊！所謂知己知彼，那司馬懿根本不想出戰，之所以上表請戰，只不過是為了掩人耳目，穩定軍心，否則，將在外，君命有所不受，他如果想戰，又何需如此大費周章？」

過了幾日，諸葛亮巡視營壘之時，忽然聽到魏軍營地遠遠傳來歡欣鼓舞的呼聲，便派人前去一探究竟，使者回報時臉上神色有些慌張，說道：「那魏軍正在慶祝，說是吳國派使者至魏國請降。」

「是誰把消息傳來司馬懿軍中的呢？」

「不知道……但魏軍之中人人都這麼說。」

「胡鬧！」諸葛亮道：「那司馬仲達也太小看我，竟然玩這種小孩子把戲，想來擾亂我軍心！」

從營壘中遠遠望去，五丈原屯田的士兵們，紀律嚴明，與當地百姓居住在一起，一起耕作，一同說笑。彼此相處有如家人，炊煙裊裊，一片安和樂利，彷彿在此地定居一般，諸葛亮嘆道：「如此長久下去，該到哪一天才能有所進展？」

諸葛亮表面上泰然自若，內心卻著實焦慮，身體也就一天天地憔悴下去。

僵持了數月，諸葛亮再派使者前去司馬懿陣營求戰，司馬懿不談軍事，只微笑著詢問諸葛亮的起居飲食。

使者對諸葛丞相的敬意油然而生，自豪地說道：「我家丞相日理萬機，事必躬親，凡是涉及責打二十軍棍以上的案件，都要親自審理，忙得連飯都不大吃了。」

司馬懿順著使者的心意，對諸葛亮稱讚一番。等使者回去以後，乃對左右說道：「我看那諸葛孔明食少事煩，恐怕不會長壽吧！」

果然沒過多久，諸葛亮就病倒了。他向來身體不錯，這時生病，完全是積勞成疾，而且一病就非常嚴重。蜀後主在成都得知消息，大爲震驚，連忙派遣尙書僕射李福趕往漢中探視。

李福見諸葛亮形容憔悴的模樣，知道丞相的病情已經沒有希望了，不禁暗自落下淚來，反而是諸葛亮勸他：「任何人總會有這一天，就連我也不例外啊！」

兩人長談了兩天，相互交換漢中軍情與成都政局，即使在病中，諸葛亮仍不忘詳細交代各項政事該當如何處理，李福一一牢記，然後辭去。走了沒多久，忽然又想起什麼，匆匆折返。

諸葛亮看見李福，不等他開口，便道：「我知道你想問什麼。等我死後，蔣琬可以接替我的職務。」

「這……」李福不想觸霉頭，卻又不得不問：「那麼……蔣琬之後，還有誰可以？」

「費禕。」

「費禕之後呢？」

諸葛亮閉上了眼睛，不再回答，也許他也在問自己同樣的問題吧！李福輕嘆一口氣，黯然退出。當年八月，諸葛亮病逝軍中，將星殞落在五丈原凜冽刺骨的秋風之間，一代奇才，出師未捷身先死，享年五十四歲。

他這一生，不負劉備對他的知遇，實踐了自己畢生的諾言：「鞠躬盡瘁，死而後已。」

千古之冤

諸葛亮死後，身邊的丞相長史楊儀與丞相司馬費禕兩人決定將他的死訊暫時保密，等大軍先撤回漢中，再行發喪。

司馬懿見蜀軍撤退得有些慌亂，心生疑竇，料想諸葛亮可能已經不在人世，連忙派人調查，所得到的消息證實了他的猜測，立即發動大軍追趕。

姜維教楊儀趕緊調後軍為前軍，舉起丞相帥旗，擂鼓迎戰，嚇得司馬懿以為有詐，不敢繼續相逼，直到蜀軍退回斜谷山區，諸葛亮的死訊才正式傳出。

當地百姓因此紛紛笑傳：「死諸葛嚇走活仲達。」

司馬懿也只能自我解嘲：「如果他還活著，或許我能用計對付，如今他死了，我能拿什麼去對付他呢？」

對於撤兵一事，蜀軍陣營裡並非人人贊成，反對最力的就是魏延。

當費禕前往魏延軍營，將丞相去世的消息轉告，並請魏延擔任斷後工作之時，魏延高呼道：「是誰讓我替楊儀這種人斷後呢？難道是丞相本人嗎？」他與楊儀素來不睦，接到這種命令，當然會十分生氣。

費禕沒有說話。

魏延接著說道：「丞相雖然去世，可是我魏延還在啊！豈可因爲一人之死，而耽誤了天下的大計？只要我們秉持丞相遺命，繼續留在五丈原屯田備戰，總有一日可將司馬懿擊敗。」

費禕安撫著說道：「將軍能征善戰，我軍無人不知，且待我回去仔細思量，再定計謀不遲。」

「仔細思量什麼？」魏延道：「司馬懿如果知道丞相身故，必定立即來犯，我們如不快快決定，就會被敵人搶得先機了。」

「好好……」費禕道：「將軍說的，我這就去辦！」

回到行營以後，費禕將承諾抛在腦後，仍然與楊儀聯合，堅持撤退，要求魏延斷後。魏延氣憤不過，立刻修書派人送往成都，告發楊儀和費禕心懷不軌，打算造反。

費禕與楊儀不甘示弱，回敬一記，也說魏延造反。

後主看了雙方各說各話的上表，嘆道：「你們這些人眞是的，丞相才剛走，就通通都想造反了！」

留守在成都的蔣琬和董允，都替楊儀講話，而軍中第二號人物王平，也站在楊儀這一邊，於是魏延就被扣上叛亂的帽子。

魏延帶了幾名隨從離開軍營，兼程前往漢中，打算逃回成都，親自向後主稟報，陳述自己堅持繼續作戰的理由。可是，他才一到漢中，便被王平、馬岱追上，當場斬殺。

魏延死後，再也無法辯駁，因此他大逆不道的叛國罪名就此確立，被誅滅了三族，下場極其悲慘，也很不值得。

《三國演義》把魏延糟蹋得不像話，說他腦後有反骨，作戰時沒什麼眞本領，只會與黃忠爭功，而諸葛亮對他始終有所提防，甚至連日後他的「謀反」，都已經佈置好萬全的因應之策。

事實上，這是羅貫中對不起歷史上的魏延之處。眞實的魏延是個既忠心且勇敢的將領，以劉備的識人之明，絕對不會看錯，而諸葛亮對魏延也相當看重，不斷提拔魏延，亦願意放手讓他展現軍事上的長才。

此時姜維還太年輕，王平的地位也不算太高，諸葛亮一死，蜀軍之中能征善戰的將領，只剩下魏延一個，如今卻遭逢這樣的下場。弱小的國家，不知留住人才，只因私人恩怨，勾心鬥角，下場恐將只有滅亡一途這一點，恐怕在蜀漢全國上下，包括當年遭到流放的李嚴，都在爲諸葛亮的死同聲悲泣的時候，就已經可以隱約看見的未來吧。

可以想見，三國鼎立的局面，即將劃下休止符。

第二章：短暫的統一

諸葛亮死後，蜀漢已是強弩之末。後主昏庸無能，大將姜維雖然試圖繼承丞相的遺志，屢次出兵，卻也只把國力消耗得更為衰弱，無法對魏國構成威脅。

魏國最大的問題在於內部，司馬氏父子掌握了極大的權力，最後終於重演了篡奪皇位的戲碼，改朝換代。

吳國向來沒有統一天下的野心，只像個劃地為王的軍閥。孫權以後，這種態勢更為明顯，眾人爭權奪利，將朝政弄得烏煙瘴氣，最後是暴虐無道的孫皓成了亡國之君。三國時代，結束在西晉政權的手上。

中國統一了，似乎應該有秦漢時代的恢弘氣象，然而……。

司馬懿

一代將星殞落，蜀軍留下了空蕩蕩的營地，五丈原的秋風蕭瑟。

司馬懿領著魏軍，來到軍事天才的遺跡，看著那佈陣的方式，營壘排列井井有條，自忖兩軍交鋒的話，即使兵力遠勝對方，卻也絕沒有獲勝的把握，禁不住大為感嘆：「諸葛孔明眞乃天下奇才啊！」

原本他打算繼續追擊，以報先前遭到戲弄的恥辱，然而後方的詔令很快地下達了：「不得追擊，速速班師。」

回到朝中，司馬懿身邊的那群跟班不斷歌功頌德，把司馬懿的戰功吹捧得無以復加，司馬懿也不反駁，反正他有信心，沒了諸葛亮的蜀軍，絕對不是他的對手。不過朝廷似乎無意讓他繼續對付蜀國，他也就樂得輕鬆，眼見魏明帝縱情聲色，大修宮室，他也不曾說些什麼勸阻的話，只放著自己的戰功與聲望被捧得越來越高。

公元二三五年，魏明帝青龍三年，司馬懿被提升爲三公之一的太尉，主管軍事，常駐關中，統帥魏軍精銳部隊。過了兩年，遼東地區的公孫淵與魏國決裂，自立爲燕王，不自量力地蜀列了文武百官，魏明帝便從關中徵調了司馬懿，率領大軍四萬人，前去討伐遼東。

挾著絕對的優勢，司馬懿有恃無恐，行軍的速度緩慢，正月出發，六月才到遼東。臨行前，司馬懿已經料到公孫淵的戰略，以公孫淵的才具，想必只能先據遼河，而後退守襄平。大軍到了遼東，果然看見公孫淵的部隊沿著遼河佈防，綿延長達六七十里。

那陣仗頗爲嚇人，魏軍之中不少人面露膽怯之色。

司馬懿笑道：「這有什麼好怕的？一切都在我的預料之中！那公孫淵是打算長期與我周旋來啦！」

他派了探子前往敵營刺探軍情，回報得知敵方主帥爲公孫淵帳下大將卑衍、楊祚，統領步騎數萬人，心中略加琢磨，便擬定了作戰的對策，先讓部下在遼河對岸豎立許多旗幟，充作疑兵，吸引敵軍的注意，然後讓主力大軍緩緩沿著遼河，往上游移動，超過敵軍所能監視的範圍，隨即渡過遼河，直取公孫淵的大本營襄平。

這一招果然奏效，卑衍、楊祚發覺魏軍動向時，司馬懿的大軍已經把襄平團團包圍。

不料，七月之間，正是雨季，遼河水位暴漲，洪水蔓延至襄平城下，水深及腰，魏軍缺乏水戰工具，只能在大水之間苦撐，作戰十分困難。許多將領都向司馬懿表示，應將部隊移往乾燥之處，暫時休兵，司馬懿嚴令拒絕，並將命令傳達各軍：「堅守陣地，違令者斬！」

魏軍都督令使張靜覺得主帥這種命令未免太過不近人情，乃將部隊撤往高地，司馬懿聞知訊息，立即下令將張靜斬首示眾，於是各軍主將人人警惕，不敢違抗命令，繼續包圍襄平，等待司馬懿的下一步指示。

孰料司馬懿接連多日，只將襄平對外聯絡切斷，不積極攻打。

部下陳珪問道：「太尉當年進攻上庸的時候，晝夜不息，八路進兵攻打，短短十幾天就把孟達抓住。如今率領大軍，遠道而來，後方補給不易，正應該速戰速決，怎麼反而從容應戰？這一點卑職實在不懂，請太尉見教！」

司馬懿微微一笑道：「當年打孟達的情況，和如今可是天差地遠啊！孟達當時人少糧多，撐個一年沒問題，而我軍人多，只夠一個月的糧草，用一個月和一年相抗衡，怎能不速戰速決！今日的狀況卻不同，敵軍的人數多過我軍，只能靠襄平一地供應糧草，而我軍卻有充足糧食，可以拖延。如今大雨造成洪水蔓延，而我軍卻沒有水戰的器具，如果強行攻城，只是徒增損傷而已，公孫淵他們已經成了困守之勢，我們何不以逸待勞呢？所謂兵不厭詐，對敵之道，就應該要能夠順應時勢而變化才對啊！」

大軍苦撐至七月下旬，天氣終於轉晴，司馬懿當下命令全軍猛攻。襄平城中，糧食耗盡，公孫淵支持不住，派了使者向司馬懿求和，表示願意派質子前往魏廷，請求罷兵。司馬懿對使者說道：「我打了這麼多年仗，只知道軍事大要有五：能戰則戰，不能戰則守，不能守就逃，不能逃就降，不願降就死！回去告公孫淵，老夫給了他五條路，至於派遣質子的事，那就不用再提了。」

和談破裂，魏軍繼續攻城，八月間，襄平城破，公孫淵與兒子公孫脩率領數百名隨從逃走，不久就被抓住處死。司馬懿領著勝利的隊伍趾高氣昂地開進城內，看著那群隨著公孫淵起舞的文武官員，一個個如同喪家之犬，跪在路邊迎接魏軍，司馬懿心中只有萬分的輕視：「如果當初知道自己的斤兩，又怎會落得這種下場？這種結果，根本是咎由自取！」隨即命令左右：「把這班人通通給我殺了！」

襄平城中公卿百官一共八千多人，全數遭到屠殺，屍體堆成一座小山，一把火燒得烈焰燻天。魏軍的威武，或者說司馬懿個人的威武，深深烙印在遼東百姓的心目中。東北地區的四個郡：遼東、帶方、樂浪、玄菟，收歸魏國版圖，司馬懿建立了輝煌的功業。

正當大功告成，準備打道回府時，後方傳來了令人震驚的消息：皇帝病危，請太尉速速回朝，領受遺命！

「皇帝不是才三十出頭嗎？怎麼……」司馬懿想了想，也就不覺得奇怪了。魏明帝這幾年來，縱情於聲色之間，荒淫無度，身體狀況越來越糟，會在此時傳出病危消息，也不用太過訝異。

遼東征討大軍火速返回，一路上接到不少京中的消息，曹眞的兒子武衛將軍曹爽，被宮裡的官員推舉爲大將軍，受命輔政。司馬懿心下琢磨著，暗自思量道：「那曹爽不過是個後生晚輩，只因爲是曹眞的兒子，就被推舉爲大將軍。看來皇帝對此也不大放心，這才招我入京！那曹爽憑什麼來與我相爭？看來，是該替自己好好打算的時候了。」

回到京城，晉見病危的魏明帝，看見年紀輕輕的皇帝病成那樣，連向來冷酷的司馬懿都不禁動容。魏明帝握住他的手，氣若游絲地說道：「太尉……朕身後的事，都靠你和……和曹爽了，朕忍住不死，就是爲了……見你一面，今日得以相見……朕可以放心了……」他喚太子曹芳前來，對曹芳說道：「以後有什麼不懂的……就問太尉！你父皇……當年也是受益良多……」

八歲的齊王曹芳哭喪著臉，抬頭見司馬懿樣貌陰冷，有些害怕，不敢靠近。魏明帝讓曹芳摟著司馬懿的脖子，以示親密，司馬懿也忍不住老淚縱橫，叩拜下去，道：「陛下有命，老臣定當以死效之！」

這是公元二三九年，魏明帝景初三年正月的事，就在當晚，魏明帝駕崩，小皇帝曹芳繼位，由曹爽和司馬懿共同接掌朝政。

當年魏明帝繼位的時候，司馬懿就是輔政大臣之一，與他共事的尚有大將軍曹眞，而如今物換星移，與他共事的竟成了曹眞的兒子曹爽，這讓司馬懿有些感慨，也有些啼笑皆非，曹爽這樣的角色，司馬懿完全不放在眼裡。

不過以司馬懿的精明老練，自然不會將心思表露在臉上，而那曹爽一開始也擺出一副十分尊敬司馬懿的模樣，凡事均先垂詢司馬懿的亦見，不敢專權。兩人各領兵三千人，在宮殿之中輪値，表面上十分和諧，但是過了幾年，曹爽漸漸與一批少年名士交往，建立起自己的羽翼，結黨專權，企圖排擠司馬懿。

那批少年名士何晏、鄧颺、李勝等人，認爲曹爽既然身爲大將軍，就應該掌握大權，不應處處受到牽制，因此曹爽奏明幼主，將司馬懿的地位，由太尉晉升爲太傅，名義上表示對司馬懿的尊敬，實際上則奪去了司馬懿的兵權。

「這些毛小子，想來和我鬥？」司馬懿啞然失笑：「好吧，既然如此，老夫就來和你們玩玩！」他心底盤算著，仍然不動聲色，既然身爲太傅已成事實，他以退爲進，索性假裝生病，躲在家中，盡量避開朝廷的紛紛擾擾。

雖說如此，司馬懿在朝廷中的聲勢仍在，曹爽未曾建立功績，仍難與司馬懿抗衡，於是趁著公元二四四年，蜀漢大將軍蔣琬稱病告休之際，以夏侯淵的姪兒夏侯玄為征西將軍，自己也親自前往督師，統帥關中大軍十萬人，穿過秦嶺，大舉進攻漢中。

蜀漢歷經這些年來蔣琬的兢兢業業，始終沒有對外發動大規模的戰爭，這時候留守在漢中的軍隊，不過三萬多人，聽說魏軍大舉來犯，十分震恐，連忙調動兵馬，由新任大將軍費禕親自率領增援，然而速度終究不及魏軍。幸運的是，蜀漢坐鎮漢中的，是沙場老將鎮北將軍王平，他巧妙運用漢中崎嶇的地形，埋伏在魏軍必經之路上，一待魏軍經過，便以弓弩手發動突擊，魏軍被卡在山谷之間，進退兩難，只有挨打的份，死傷狼藉。

那領兵的夏侯玄雖然有個勇猛善戰的叔父，但他自己卻是個書生，從沒見過這種陣仗，慌忙之間，又接到了來自太傅司馬懿的書信，信中說道：「當年我朝武皇帝攻打漢中，幾乎慘敗，這你應該清楚，如今蜀軍已佔地利之便，如果大軍遭到包圍，將有全軍覆沒的危險，到時候將軍要如何負起責任？願將軍三思。」

眼前的情況司馬懿雖未得見，卻已被他料中了大概，夏侯玄驚佩萬分，便與曹爽聯絡，勸他退兵。曹爽心裡雖是萬分不願，然而戰況不利，只得同意，退兵之時，又遭到蜀軍追兵的攔截攻擊，好不容易撤回漢中，點點兵馬，只剩下四萬多人，損傷過半，不但沒有建立功勳，反而打擊了曹爽的聲望。

回到京城，曹爽羞愧之餘，益發覺得自己不應該遭致這樣的失敗，更不願意喪權失勢，便以大將軍的名義，巧立各種名目，改變朝綱制度，以樹立自己的權勢，反正與他相合之人，都是一些善於舞文弄墨的名士，對這種事情最爲拿手。於是，曹爽和司馬懿的對立越來越明顯，已經到了不能相容的地步。

司馬懿爲了避免生變，不願意上朝了，他謊稱自己的病情十分嚴重，整天待在家中足不出戶。曹爽派李勝前去慰問，李勝來到司馬懿的府邸，等了許久，才看見司馬懿由兩個侍婢攙扶著，顫顫巍巍地從內室走出來，婢女替他披上外袍，他顫抖著又將外袍滑落在地，眼神呆滯，也不知到底看見李勝了沒有。

「司馬太傅……」李勝道：「大將軍命下官前來探望您，希望您安心養病……」

「啊……養病……您應該好好休息啊！」司馬懿答非所問，對著侍婢，吃力地伸手指著嘴巴：「口渴……」

侍婢端上一碗粥，司馬懿湊了上去，以口就碗，白粥順著嘴角留下，弄得衣襟胸膛一塌糊塗。

李勝看見當年意氣風發的沙場老將成了如今這般模樣，雖說是政敵，心裡也不好受，「我聽說太傅您舊疾復發，沒想到竟然這麼嚴重。」那時他正準備回故鄉荊州就任刺史，因而對司馬懿說道：「下官將回本州任職，特地前來辭別。」

司馬懿斷斷續續說道：「我年紀大了，又有病在身，只怕命在旦夕……您是要去并州任職嗎？那個地方與胡人接近，您一定要小心防備……唉，今後恐怕我們也難以相見了……」話還沒說完，已經老淚縱橫。

李勝忙道：「我是要回本州，不是并州！」

「啊？」

「我的本州就是荊州！」

「喔……年紀大了，耳朵也不行了，您回本州，也當好好建立功業才是……」

「多謝太傅指教！」

李勝辭別出府，回到曹爽面前報告道：「那好傢伙已經只剩下一口氣，活不長了，不足爲慮。」

曹爽十分高興，也就不再把司馬懿當作敵人。漸漸地，他大權獨攬，無所顧忌，於是生活起居，日益奢靡浪費起來，每天的飲食衣著用度比皇帝還要鋪張，府邸內充滿著各地進獻的珍寶，還經常與何晏、鄧颺等人，將先帝的宮人充爲歌姬，整日飲酒狂歡，旁人好言相勸，他們也都充耳不聞。

司馬懿那般模樣自然是作戲，他早已暗中佈置許久，將他的兩個兒子司馬師、司馬昭安排在宮廷禁軍之中，隨時監視曹爽的行動。

當時京城之中流傳著一句話：「曹爽之勢熱如湯，太傅父子冷如漿。」道出兩造之間表面上的差異，司馬懿不以為意，按部就班地收買人心，在民間畜養了三千敢死士卒，伺機而動。他那老謀深算的性格展露無疑，魏明帝死後，他與曹爽共同受命輔政整整十年，他才正式展開佈局已久的行動。

曹魏正始九年，公元二四九年，大將軍曹爽帶著一班文武重臣，隨同小皇帝曹芳，前往魏明帝陵寢祭祀，他萬萬料想不到，一切的變故，就從這裡開始。

向來稱病的司馬懿，忽然抖擻了精神，升堂用事，指揮擔任中護軍的兒子司馬師，發動武裝政變，調動軍隊，佔領了武器庫房，關閉洛陽城門，掌握禁軍，派兵截斷洛水的浮橋，堵住曹爽返回洛陽的道路，並以太后名義，下詔罷免曹爽兄弟的兵權。

那曹爽在城外聽見這樣的消息，驚慌失措，不知道該如何是好，只好調動尹水南邊屯田的士兵數千人，暫時保衛自身的安全。司馬懿擔心長久耗下去，情況會生變，畢竟目前他只能掌握洛陽城裡的禁衛軍，實力並不雄厚，因此他派尚書陳泰以及殿中校尉尹大目等人，前往勸說曹爽投降。

「用什麼辦法都好，只要能讓他交出兵權。」司馬懿道。

陳泰等人來到曹爽面前，對曹爽道：「將軍啊，太傅只想得到兵權，不指望其他，他老人家親口允諾，只要您願意交出兵權，就可以永保富貴。」

「口說無憑！」

陳泰指著洛水，信誓旦旦地說道：「我今日以洛水爲誓，將來曹將軍交出兵權，必可永享富貴，如違背誓言，教我溺死在這滾滾江水之中！」

「讓我再想一想吧！」

大司農桓範不願意附和司馬懿，勸曹爽道：「大將軍爲何煩惱？如今陛下就在身邊，大將軍如果願意，儘可以請陛下南移許昌，重建朝廷聲威，並招各地兵馬討伐司馬懿，如此，那司馬懿怎能與天下人相抗？望大將軍速速決斷，事不宜遲！」

曹爽仍道：「讓我想一想……」他想了一天一夜，最後終於做出決定：「算了吧，交出兵權又怎麼樣呢？我還是可以當個富翁啊！」

他的眼界僅止於此，這令桓範非常生氣，大罵道：「曹真大將軍何等英雄氣度，竟然生出你這樣的笨兒子！」

曹爽不以爲意，請陳泰進帳，讓他回報司馬懿，表示自己願意依照司馬懿開出的條件，解除兵權。司馬懿得報，自是欣喜萬分，因爲他對自己發動的政變也不是那麼有信心，立即派人迎接車駕，

返回京師，解除了曹爽兄弟的兵權，讓他們返回自己豪華的宅邸當中休養。

「這樣也沒什麼不好啊！」曹爽在府邸的亭臺樓閣間遊憩，倒也十分愜意，父親替他積蓄了大筆的財富讓他可以安享奢華，沒有後顧之憂。

可是司馬懿卻不是那麼輕易就會放過政敵的人，他命人在曹爽的宅邸四州，興建了幾座高塔，派兵守候，隨時監視曹爽的行動，只要曹爽進入花園，守在高塔上的人就會大喊：「前任大將軍出門賞花來啦！」弄得曹爽苦不堪言。

司馬懿不可能就這樣饒了曹爽，奪權之後沒過幾天，有人向司馬懿奏稱，說有個小太監名叫張當，私自將宮中的才人，也就是皇帝的妃子，送進曹爽的府裡，其中必定有所奸情。司馬懿心想機不可失，立刻派人收拿了張當，嚴刑拷問。

「說實話，或許可以饒你不死！」獄卒是司馬懿親自挑選的，早就被他收買，因此每句話都把矛頭指向曹爽：「你把宮裡的才人送去給前大將軍，到底是為了什麼？」

張當已經被打得皮開肉綻，虛弱地道：「我不是說了嗎，那才人……和前大將軍……感情不錯，前……大將軍請我去找了她來，讓他們敘敘舊……其他的我什麼都不知道……」

「還敢說謊！」又是一頓毒打，獄卒繼續問道：「你眼睛裡只有錢，還能有什麼？難道你不知道，那個才人正是曹爽在宮裡安排的眼線嗎？他們圖謀不軌已久，這些你知不知道？」

張當用力睜開了沾滿了鮮血的眼睛，吃驚地說道：「我哪裡曉得這種事？」

獄卒重重地抽了一鞭子，怒道：「你還敢說不知道？曹爽和何晏、鄧颺、李勝他們陰謀造反，這些你早就知道了吧？知道就能活，不知道就得死！」一面說，一面又作勢要打。

張當忙道：「好……我知道，我都知道……大將軍……曹爽和鄧颺、何晏、李勝他們陰謀造反，我是替他們送信的，求求您，高抬貴手，放了我一馬吧！」

「不只這些吧？」獄卒道：「還有丁謐、畢軌，以及曹家的兄弟，曹羲、曹訓他們都打算造反，他們計畫在三月中旬發動政變，企圖對太傅與皇上不利，這些，你不可能不知道吧？」

張當愣住了，喃喃道：「他們……哪有……」獄卒又要打，他忙道：「有，有！就是你說的，那些人，打算在三月中旬，對太傅不利……」

「很好！」獄卒向手下示意，取了一份寫滿口供的狀紙，道：「你的口供，已經寫好了，你就劃個押吧。」

張當劃了押，當下就將曹爽及其黨羽一網打盡，曹氏兄弟以及當初與他們親善的官員，全部都因爲犯下了大逆不道之罪，判了夷誅三族的重罪，受到牽連的，多達數百人，連那本以爲可以逃過一劫的張當，也和他一家人都被斬首，行刑那天，洛陽的東市，數百顆人頭，血流成河，慘不忍睹。

司馬懿除掉了敵人，宮中朝廷，全都換上了他自己的人馬，權勢薰天，無人能比。曹氏的政權，逐漸被司馬氏所掌控。

並非每個人都能接受這樣的發展，太尉王凌，便是其中之一。他是魏國的老將了，算起來資歷比司馬懿還深，與司馬懿同爲魏國的三朝元老，對於曹魏皇室，他是十分效忠的。這時的他，統領重兵，屯駐在淮南的壽春，眼見幼主爲司馬氏所利用，朝綱不振，心中憤恨不已，便與他的外甥兗州刺史令狐愚秘密協商，準備擁立楚王曹彪爲帝，建都許昌，與司馬懿分庭抗禮。

誰知那令狐愚過了不久便生病去世，王凌的計畫耽擱下來，繼任的兗州刺史，乃司馬懿所指派的黃華，到任以後，發覺情況不對勁，先是不動聲色，暗中調查王凌的動向，過了兩年，正好孫權興兵北上，王凌請求出兵，被司馬懿拒絕，於是王凌準備孤注一擲，相約黃華共同出兵。黃華怎麼可能答應？立即將王凌的企圖，告知司馬懿。

「王凌嗎？」司馬懿微微笑道：「這老傢伙，不願意乖乖養老，跑來和我爭些什麼呢？」

這時他的兒子司馬昭隨侍在側，見父親似乎胸有成竹，乃問道：「那王凌素有聲望，這時又擁兵自重，再加上淮南地區形勢紛亂，只怕不是那麼容易可以解決吧？」

司馬懿搖搖頭，道：「那王凌我知之甚詳，是個猶豫不決之人，只要用一點手段，就算他有再多兵馬，也無須畏懼。」

他先發制人，趁王凌還沒有起兵之時，先以朝廷名義，下詔宣布王凌的叛逆之罪，接著又下了一份詔書，表示王凌爲朝廷宿將，有功於國，只要速速投降，可以從輕發落。

王凌接到這兩份詔書，感到十分困惑，不能理解司馬懿的用意。這時，竟又收到一封以司馬懿個人名義的來信，信中措辭委婉，好言相勸，「你我同朝爲官，當共體時艱，如今你對我有所誤會，那是時勢所致，如果太尉您能來朝廷與我深談，想必能化解不必要的衝突。」

底下將領上前稟報：「各軍都已整裝待發，請將軍示下。」

王凌有著征東將軍的頭銜，因此部下以將軍相稱。他心煩意亂，揮了揮手道：「過兩天再看情況而定。」

想不到只過一天，便聽說司馬懿已經親自率領著水陸大軍，浩浩蕩蕩南下來攻，那態勢迅雷不及掩耳，倉促之間，淮北的優勢地利全爲司馬懿所掌控，遙遙望去，整個江面，黑壓壓地都是朝廷南下的大軍，王凌自知無法與之抵抗，想起司馬懿信中所書，於是命令左右備船，準備投降，並且親自迎接司馬懿。

他讓人獻上了將軍的印信與節仗，並且把自己用繩子綑綁起來，面縛請罪。司馬懿派了一個小官員帶著聖旨前來宣讀，王凌一聽，果然是朝廷答應赦免他的罪過。宣讀完，那官員畢恭畢敬地解了王凌的束縛，「太尉，您勞苦功高，又與太傅是老朋友了，太傅不會虧待您的。」

王凌很高興，以爲眞的可以得到赦免，便催促划船的士兵，划向司馬懿的大船，準備登船與司馬懿敘敘舊，孰料小舟靠近大船，卻被守衛士兵厲聲喝止：「太傅有令，反賊之船，不得靠攏！」

王凌這才知道自己被司馬懿所騙，站在船頭，對著大船高聲喊道：「閣下既然修書相邀，又何必這麼勞師動眾呢？」

司馬懿在大船上遙遙答道：「怕你不來呀！」

「你……你背叛我！」

「我寧可背叛你，也不願意背叛國家。」

王淩立即遭到逮捕，被步騎六百人押解著，火速運回京師，在出發前，王淩還存著一絲希望，以爲司馬懿不會對他這麼狠毒，他試著請人去向司馬懿說：「如果你一定要殺我，請你替我收斂屍體，那棺材可要釘得牢靠一點！」司馬懿沒有回答，只讓人送了幾十根釘子給王淩，意思很明白，王淩絕無生路！因此，囚車行至中途，王淩便服藥自殺。

至於司馬懿，則親自坐鎮淮北，將參與此事的一干人等，包括當初王淩準備擁立的楚王曹彪，一律處死，情節較爲重大者，更處以誅三族之重刑，受牽連者多達數百人，又是一場血腥屠殺。

也許是因爲司馬懿年老體衰，處理完這一樁大事以後，身體健康狀況迅速惡化，有人說他是在領兵出征的半路上受了風寒，有人說他是因爲接連興起了曹爽、王淩兩樁血腥政治屠殺，心中不安，因此才會生病，總之在王淩死後僅僅三個月，司馬懿也突然暴斃而死，享年七十三歲。

這是公元二五一年的事。司馬懿雖死，卻已經在死前替兒子安排好一切，長子司馬師在沒有任何阻礙的情況下，以輔軍大將軍錄尚書事的身分，繼承司馬懿的權力，第二年，更成爲眞正的大將軍。魏國的當權者，已經是司馬家的人，曹操的後人只是名義上的皇帝而已，與當年曹操對待漢朝皇帝的態度與做法，如出一轍。

困獸之鬥

北方的政權，迅速的轉移，並且有著不穩定的跡象，敵對的吳蜀兩國，本可趁此時機，發動攻勢，卻未能掌握關鍵時刻，沒有什麼明顯的動靜。

吳大帝孫權，早年任用賢能，頗有作爲，但是自從他稱帝以後，年輕時代的恢弘氣度似乎已經揮霍殆盡，老成逐漸凋零，孫權對於自己的文武官員越發不肯信任，日漸剛愎自用。

之所以如此，也許是因爲孫氏家族在江東地區的統治基礎並不如表面上那般穩固的緣故，從孫策在江東建立霸業以來，東吳政權便始終十分攏絡江東地區的地主土豪，孫權也相當注重這一點，任用的重臣如張昭、周瑜、魯肅等人，都是出身自江東的地主階級，後期的顧雍、陸遜等人也是當地的大家族。稱帝以後，江東政權，實際上並未能夠完全掌握在號稱「大帝」的孫權手上，那些有權有勢的大家族，也許才是幕後主導政局的推手。

正因爲這種現象，才讓孫權對部下的戒心日漸加深，不論是當初跟隨父兄從北方南來的將領後代；或者是南方世家大族背景的文臣武將，只要統兵鎮邊，便要求他們交出妻子作爲人質，如有叛逃，便殺戮人質，甚至誅滅三族。

除此之外，孫權還任用了一批名爲「校事」、「察戰」的官員，專門負責監視文武官員的一舉一動，這些人有了這麼大的權力，自然作威作福，其中以中書典校尉呂壹最爲嚴苛，被他所陷害的官員不知凡幾。後來，雖然因爲太子孫登、大將軍陸遜、驃騎將軍步騭等人先後勸說下，才讓孫權查明了眞相，殺了呂壹，然而孫權的猜忌之心仍舊未改，使得大臣們人心惶惶。

在對待百姓的態度上，孫權也日趨苛刻，從來未曾將繁重的賦役減輕，顧雍、陸遜都曾建議他減輕賦稅，他卻說道：「如果只求鎭守江東，那麼是應該減輕賦稅了，然而，朕豈是偏安一隅之輩？爲了將來大舉北伐，還是不應該減輕賦稅！朕這樣做，也是爲了全天下啊。」誰都知道這只是他的藉口，東吳的將領早就對北伐中原失去了希望，孫權說這番場面話，只不過是不想減稅而已。

由於大家族往往掌握相當大的權力，因此可以替自己想出逃避賦稅的辦法，於是繁重的賦役，就落在本來便已貧窮的百姓身上，那些不堪於暴政統治的百姓，曾經多次起來反抗，卻都被鎭壓了下去，如此嚴重的問題，一直到孫權快要死的時候，才得到他的重視。

更大的問題來自於統治集團本身。孫權長子孫登早被立爲太子，卻沒來得及繼位便先病死，後來依照長幼順序，又立了孫和爲太子。不過，孫權不大喜歡這個新的太子，比較喜歡他的弟弟魯王孫霸，於是朝中大臣分爲兩派，一派以丞相陸遜、大將軍諸葛恪、太常顧譚等人爲代表，支持孫和；一派以驃騎將軍步騭、鎭南將軍呂岱、大司馬全琮等人爲代表，擁護孫霸。孫權個人比較偏袒孫霸，因此與魯王這一派的人物聯合起來，打擊太子派，搞得滿城風雨，連鎭守荊州二十年的陸遜，都被孫權所猜忌。

太子太傅吾粲，是陸遜的同鄉，在朝中眼見爲了廢立太子的問題，鬧得不可開交，實在看不下去，於是上了一封奏章，請孫權讓魯王出鎮夏口，並將一干以太子問題亂政的人，趕出京師。孫霸聞聽，有點害怕，便與平日所結交的名士楊竺等人商議，反誣告吾粲與陸遜結黨營私，圖謀不軌，編造了二十條罪狀。

孫權也是年邁昏庸，竟然不加詳查，就把吾粲下獄判死罪，至於陸遜，由於功高蓋世，地位重要，不便立即查辦，便派了使者前去荊州盤問陸遜。

陸遜是什麼樣的人物，哪能忍受這種羞辱？一氣之下，竟然憂憤成疾，沒多久就病死了。

這下子讓孫權知道事態嚴重，不敢再對太子問題太過著墨，免釀成大禍。心煩意亂的他，對於魯王和太子都心生厭惡，恰好這時，他特別寵愛的潘夫人替他生了一個兒子，取名孫亮，轉移了他對魯王的寵愛，於是，他不顧眾人的反對，廢掉了太子孫和，並且命令孫霸自殺，將孫亮立爲太子。

這整件事情對於年邁的孫權打擊很大，太元元年，公元二五一年冬十一月，他前往城郊祭天，受了風寒，一病不起，知道自己不久於人世，又憂心太子年幼，不知道應該託孤何人，侍中孫峻建議道：「當今朝中，沒有人能比得上大將軍諸葛恪。」

諸葛恪是前大將軍諸葛瑾的長子，聰明伶俐，才思敏捷，此時統兵鎮守武昌，孫權雖然也十分欣賞他，但又知道這人恃才傲物，不能容人，也許不是一個託孤的最佳人選，但是在孫峻的極力保薦下，孫權乃派人徵召諸葛恪入朝述職。次年四月，孫權駕崩，孫亮繼位，年僅十歲，遺詔以諸葛恪爲太傅，滕胤爲衛將軍，呂岱爲大司馬，大權落在諸葛恪的手上。

這時剛好是司馬師開始當政的時刻，他在北方聽說孫權病死，很想趁機建立自己的威望，正好接替王凌鎮守壽春的鎮東將軍諸葛誕，以及征南大將軍王昶、征東將軍胡遵、鎮南將軍毌丘儉等人，紛紛上書勸說興兵伐吳，於是司馬師動員大軍，分三路進攻，派王昶進攻南郡、毌丘儉進攻武昌、胡遵與諸葛誕率領主力七萬人攻打揚州的東興。

諸葛恪聞訊，立即率領四萬人前往東興迎敵，以驍勇善戰的丁奉爲先鋒，一舉將魏兵擊潰，另外兩路王昶與毌丘儉得知敗訊，也慌忙退兵。

這一戰獲勝，讓諸葛恪的聲望達到頂點，也讓他被沖昏了腦袋，以爲可以乘勝追擊，一舉消滅曹魏，北定中原，建立蓋世奇功。於是公元二五三年，在滿朝文武的反對聲中，動員大軍二十萬，由諸葛恪親自率領，傾全力攻打曹魏。

五月，大軍渡江，直取淮南，圍攻合肥新城。這座城池是專門用來拱衛淮南的要塞，地理位置重要，當然也興建得十分牢靠，司馬師密令守在壽春的毌丘儉按兵不動，讓諸葛恪去打新城，消耗戰力，另一方面派太尉司馬孚也領兵二十萬，前往增援。

新城之中，雖只有守軍三千人，但憑著城池的堅固，仍然苦撐了兩個多月。眼見城中軍民死傷過半，守將張特派人送了一封信給諸葛恪，信中寫道：「魏軍有軍法，凡守城過百日而援軍不到者，守將即使投降，也不會株連家人，如今新城已經守了九十天了，如果吳軍可以減緩攻擊，等到守城之日滿百，本人必定舉城投降，以免生靈塗炭！」

這番話語極有道理，諸葛恪真的放緩了攻擊的腳步，誰知卻中了張特的緩兵之計，不但讓司馬孚的大軍來臨之日更近，而且還得到了修補城牆、重整軍備的時機，待一切布置妥當，張特便派人告訴諸葛恪：「我們寧可全城戰死，也絕對不肯投降！」

諸葛恪知道上當，軍中傷亡慘重，又引發了疾病，戰死者與病死者，數也數不清，景象悽慘。正在危急時刻，又聽說魏軍司馬孚的二十萬大軍已經殺向新城，且朝廷也不斷下旨催促撤兵，萬分焦急心煩意亂的諸葛恪，只好宣布撤退。大軍拔營，受傷的士兵攙扶著生病的士兵，哀嚎連連，有些行動較慢的，都被魏軍所俘虜。

這一戰，未建寸功，卻讓吳軍損失了好幾萬人，戰敗的責任，當然全落在諸葛恪的頭上。短短半年多的時間裡，諸葛恪的聲望從鼎盛跌落至谷底。

朝中罵聲連連，不少人要求諸葛恪自行處分以示負責，然而諸葛恪戀棧權位，不肯放棄既得的利益，知道自己處境惡劣，便在身邊加派護衛，並且監視幼主，把腦筋動到禁衛軍的頭上。

掌管禁衛軍的是武衛將軍孫峻，當初諸葛恪是由他所舉薦的，兩人的關係本來十分親善，可是當諸葛恪掌權以後，便沒再把孫峻放在眼裡，事事專斷獨行，孫峻只好挾著典掌禁軍這一點，以求自保。如今諸葛恪又想動禁軍，已經直接影響到孫峻的權利，因此兩人從親密戰友成了誓不兩立的死對頭。

表面上，孫峻不動聲色，暗中卻報告小皇帝，說諸葛恪意圖造反：「陛下，您看他在您身邊安排了這麼多眼線，難道還會安什麼好心眼嗎？」說得小皇帝十分害怕，便與孫峻定下計謀，妥爲佈置，某日特地在皇宮中擺下宴席，請太傅入宮飲宴。爲了怕諸葛恪起疑，孫峻還道：「聽說太傅身體微恙，如果您平常有飲用藥酒，不妨帶來自飲。」

諸葛恪不再懷疑，放心飲宴，喝得醉醺醺，抬頭一看，猛然發現筵席之上已經不見了皇帝與孫峻的蹤影，正在驚駭之時，孫峻全身戎裝，領兵進入殿中，高聲喊道：「奉聖旨，格殺反賊諸葛恪！」不待反抗，便將諸葛恪砍得身首異處。

「反賊已除，這裡沒你們的事了。」孫峻對衝進殿來的衛兵們說道：「對了，把他的屍體裹一裹，丟到城外頭去吧！」

原本還處在權力的頂峰，不消片刻，就成了建業城南亂葬崗裡一堆血淋淋的屍塊，被野狗所分食，諸葛恪的下場，實在是他自己怎麼想也想不到的。

於是孫峻掌握了大權，自任爲丞相大將軍都督中外軍事，大作威福的程度更甚於諸葛恪，東吳的政治逐漸腐敗，國勢江河日下。

另一方面益州的蜀漢，自從公元二三四年諸葛亮死後，便始終沒有對外發動大規模的攻擊，主要的原因在於諸葛亮多次大舉出兵，對於小小的益州，是一項極爲沉重的負擔，那時蜀漢的實力，已經不容許再進行大規模的軍事行動，再加上繼任諸葛亮主持蜀漢政局的蔣琬，個性老成持重，雖說心裡很想完成丞相的心願，但朝中議論多對出兵表示反對，蔣琬也就採納了眾人的意見。

後來蔣琬病重，無法繼續主持大政，便由費禕接任，這時候發生了曹爽攻打漢中的事件，幸虧主將王平處置得宜，費禕又能迅速派兵支援，才沒有造成太大的損失，反而替蜀漢獲得一次輝煌的勝利。

費禕以大將軍益州刺史的身分主持大局，他的對外方針也是以愼重爲原則，雖說蜀中另有一員大將，便是那當年諸葛亮從天水收服的姜維，一心想要秉承諸葛丞相的遺規，屢屢計畫從隴右攻打關中，雖有小規模的勝利，卻爲費禕所牽制，無法一展長才。

費禕的理由是：蜀漢弱小，應以保境安民爲優先，不適合輕舉妄動。

姜維的身分是衛將軍涼州刺史，曾多次以涼州兵力，出兵隴右，他對西北地區的形勢十分熟悉，認爲只要朝廷能夠調派足夠的兵馬讓他率領，他必定能夠打下隴右，只要打下隴右，關中便如囊中之物，

費禕嘆道：「連當初丞相都做不到的事，我們怎能做得到呢？」

以後姜維出師，費禕最多只願意撥給他一萬人左右的兵馬，使得姜維鬱鬱不得志。

蜀漢延熙十六年，公元二五三年正月初一，大將軍費禕屯兵漢壽，大宴文武百官，宴席之間，費禕開懷暢飲，酩酊大醉。席間忽然衝出一人，手中拿著利刃，不由分說地刺進費禕的胸膛，當下就把他給刺死。

行兇之人乃魏國的降將郭脩，他在幾年前姜維用兵隴右時，兵敗被俘，投降了蜀漢，心中卻仍對曹魏效忠，常常身懷利刃，意圖刺殺蜀漢的重要將領，值此時機，一舉得手。

姜維雖然不願意看見這種結果，但終究讓他有了大展身手的機會，費禕一死，蜀漢的軍事指揮權，便落在姜維一人身上。同年夏天，他便趁著吳國大將軍諸葛恪發兵二十萬人包圍合肥新城之際，領兵數萬出石營，進攻狄道，被魏軍的雍州刺史陳泰所拒，後來因爲糧草不濟而撤退。

第二年，曹魏陣營發生了政變，中書令李豐與皇帝曹芳密謀誅除掌權的司馬師，被司馬師發現，殺掉了李豐，廢掉曹芳，改立年僅十四歲的高貴鄉公曹髦爲帝，改元爲正元元年。

鎮守在壽春的鎮東將軍毌丘儉，與李豐交情匪淺，聽說朝廷發生了這樣的事，恐懼萬分，深怕自己遭到連累，索性先發制人，與素來不喜歡司馬氏的揚州刺史文欽聯合起來，興兵聲討司馬師。

這兩個人，都是魏軍陣營的一方猛將，那毌丘儉曾經北征高麗，立下汗馬功勞，部下都是驍勇善戰的勁旅；揚州刺史文欽本人，與他的兒子文鴦，也都是勇冠三軍的猛將，這兩個人起兵叛變，實在是非同小可。這對蜀漢來說，是個天大的好機會，於是姜維再度率領精兵，從隴西攻打狄道。狄道長官李簡投降，姜維又接著攻下了河關、臨洮兩縣。

後援不濟仍是蜀軍最大的問題，雖說這次出兵小有斬獲，姜維卻沒辦法繼續前進，只好將狄道、河關與臨洮三線的百姓全部遷回西蜀，略加充實人口稀少的益州。

延熙十八年，魏正元二年秋天，壽春的叛亂尚未平定，姜維再度大舉北伐，率領征西大將軍張翼與車騎將軍夏侯霸進攻狄道。這次出兵，姜維似乎志在必得，所到之處，均發動猛烈的攻擊，讓魏國西北一帶紛紛告急。

司馬師正因為淮南叛亂搞得焦頭爛額，他的眼睛上生了瘡，還在治療當中，又親自領兵與文欽父子作戰，戰況十分艱困，好不容易把毌丘儉擊潰，班師回朝的途中，便告身故，留在洛陽的弟弟司馬昭，立即就任大將軍，接掌了司馬氏在曹魏朝廷當中的所有權力，聞聽西北吃緊，連忙增調長水校尉鄧艾前去增援。

那鄧艾字士載，早年在地方上擔任典農功曹，因被司馬懿賞識，漸漸累積功績，成為司馬氏的一名心腹幕僚，雖不善言辭，有著口吃的毛病，卻足智多謀，特別有軍事長才。他協助雍州刺史陳泰，先行佔據優勢的地理位置，營救狄道，讓姜維措手不及，頗有損傷，連忙撤兵。

後來，姜維成了蜀漢的大將軍，鄧艾因功累積為鎮西將軍督隴右諸軍事，於是兩人成為勁敵，就像當年諸葛亮與司馬懿之間的關係。往後幾年，姜維連年出兵，都被魏軍所擋下，並非是由於姜維的才能不足，實在是因為蜀漢的國力，根本無法支持這樣的軍事行動。

姜維明瞭這一點，但爲了效忠他的朝廷，爲了報答諸葛丞相的知遇之恩，他義無反顧，始終爲了不可能達成的任務而奮鬥，然而，所帶來的結果，只是更大的生靈塗炭。

司馬昭之心

作爲司馬氏的權力接班人，司馬昭一開始就面臨了許多問題，蜀漢的姜維一再興兵來犯是其中之一，這一點，因爲他重用了足智多謀的鄧艾，讓西方的局面穩定下來。

其次是他在朝廷權力鞏固的問題。皇帝曹髦似乎有意想要和他作對，兄長司馬師病危的消息傳來之時，他火速趕往許昌去迎接，只迎接到了兄長的遺體。司馬師遺命讓他接掌大將軍地位，皇帝卻來了一道聖旨：「你留在許昌督軍吧，暫時不用回來了！」顯然想將他排除在權力核心之外。

對於皇帝的聖旨，司馬昭當然不放在眼裡，他帶著大軍，浩浩蕩蕩開回洛陽，將他認爲應該屬於他的權力完全掌握。皇帝拿他一點辦法也沒有，只好讓他接掌大將軍的地位。

司馬昭對皇帝的用心知之甚詳，也就有了提防。

最大的問題是那多事的淮南地區。在司馬昭掌政後兩年，再度發生了叛變。這時接替毌丘儉鎮守壽春的，是鎮東大將軍諸葛誕，他在甘露二年，公元二五七年六月間，舉兵二十萬，藉口司馬昭擅權，宣布抗命。

名義上，諸葛誕反的是司馬昭，效忠的是曹魏朝廷。實際上，他完全是爲了自己打算。當初隨同司馬師一起討伐毌丘儉的時候，他的心中就已經有所不安，看著毌丘儉慘敗，他總想著：

「下一個該輪到我了吧？」

因此當他被司馬師發表爲鎮東大將軍，以都督揚州軍事的身分來到壽春之後，他便開始積極佈置，廣散家財，豢養了一批對他死心塌地效忠的俠士，並且招兵買馬，囤積糧食。

這種種作爲看在司馬昭眼裡，總覺得芒刺在背，卻又不敢輕易挑釁，怕戰禍蔓延開來，一發不可收拾。正好揚州刺史樂綝與諸葛誕素有嫌隙，上表參了諸葛誕一筆，司馬昭便派遣長史賈充前往壽春，名爲慰勞，實爲偵察。

賈充到了壽春，見當地兵強馬壯，果然並非易事，諸葛誕設宴款待，席間，賈充仗著兩人都有酒意，與諸葛誕談起了朝中之事，說道：「現下京師之中，很多人都希望大將軍能接受禪位，繼承大統，不知道閣下覺得怎麼樣？」

諸葛誕怒道：「你父親賈逵當年也是受了大魏的恩惠，才能讓你有今日的地位吧？說什麼禪讓不禪讓，根本是想篡位！我諸葛誕第一個就會起來爲大魏效死！」

賈充默默不語。回到洛陽，他向司馬昭秉奏：「諸葛誕在揚州樹立威望，頗得人心，大將軍可得小心提防才是。」

「這我自是知曉，」司馬昭道：「奈何淮南地處軍事顯要，諸葛誕又手握重兵，要動他，實在不容易。」

「下官有一計，不知大將軍可願聽否。」

「但說無妨。」

「大將軍可以朝廷名義，下詔諸葛誕入朝，賜之以司空的地位，如此，必可探得諸葛誕之意向！」

「這般明升暗降，諸葛誕怎麼可能上當？只怕他就會反了吧。」

「正是要逼他提前造反！」賈充道：「如今的局面是，徵召他進京，他會造反，不徵召他入京，他也會謀反。如今他羽翼尚未飽滿，造反的話，只是小禍；等將來他準備充份再反，就是大禍了。這點請大將軍明鑑。」

司馬昭同意賈充的看法，就以天子的名義，徵召諸葛誕進京爲司空。

得到詔書的諸葛誕，萬分驚懼，直覺地認爲必定是揚州刺史樂綝在和他搗鬼，於是一不做二不休，殺了樂綝，聚眾抗命，把自己的小兒子諸葛靚送去東吳當人質，請求東吳的援助。

這次淮南叛變，不比前兩次王凌與毋丘儉，乃是歷經了長期的預謀所成，其聲勢之浩大，震動天下，叛軍多達二十萬人，糧草足足可以支撐一年以上。

東吳方面，這時大將軍孫峻已經逝世，主政的是孫峻的堂弟孫綝，知道諸葛誕叛變的消息，十分欣喜，立即調動兵馬，前往援助壽春。

至於司馬昭，也是早有準備。他發動的大軍，多達二十六萬人，比諸葛誕與吳軍加起來還要浩大，由他親自率領，還把皇帝曹髦與太后一起帶來，名義上御駕親征，實際上是爲了避免皇帝在背後搞鬼。從他接掌權力那天起，他對曹家的皇帝，從沒一天尊敬過，也從沒一天信任過。

他先派遣大將王基擔任先鋒，讓他接掌諸葛誕的鎮東將軍與都督揚州、豫州諸軍軍事，先行進兵包圍壽春，正巧遇上了吳國派來的援軍，雙方激戰了一場。

吳國軍隊領兵作戰的是文欽，自從毌丘儉敗亡以後，他便投降了吳國，此時等於是和老戰友交鋒，此外尚有唐咨、全懌、全端與王祚等人的兵馬，總共有數萬人。

由於兩軍遭遇得突然，雙方都沒有準備好，因此成了一場混戰，吳國援軍正與敵人殺得難分難解之際，看見諸葛誕將壽春城門開啓，慌忙之間不及細想，便將所有的軍隊都領入城中。這下犯了一個極爲嚴重的錯誤，等於自行將淮南與吳國之間的聯絡切斷，陷入圍城之中。

王基見狀，順勢把壽春城團團圍住，後來司馬昭的主力陸續趕到，壽春城被圍得水洩不通。

諸葛誕、文欽等人被困城中，內心焦急萬分，想要突圍，奈何魏軍包圍得實在嚴密，屢次派人向吳國求救，孫綝派兵來了，又被魏軍打敗。諸葛誕的部將蔣班、焦彝不怎麼相信吳國的誠意，對諸葛誕道：「既然孫綝的救兵不來，我們何苦坐以待斃？不如一鼓作氣，衝出城去和敵人決一死戰！」

文欽卻有不同的看法：「現在衝出城去，只是找死而已！吳軍將士的家人都在南方，就算孫綝不來，吳國君臣也不會坐視，魏軍這時傾巢而出，不久必定生變，只要稍加忍耐，就會等到好時機，何必現在出去冒險？」

蔣班、焦彝與文欽爭執不下，諸葛誕不敢得罪文欽，便對部下說道：「現在的確不是出城冒險的時機，你們不要再多話了，假如再說些擾亂軍心的言語，一律軍法審判。」

蔣班、焦彝聽了，十分害怕，當夜就率領部眾出降魏軍。

壽春城中，軍心不穩。

司馬昭仍不以此爲滿足，他把中軍帳設在丘頭（今河南省沈丘縣東北），看著幾十萬的大軍團團圍著敵城，心中仍是頗爲焦急，這種情況是和時間比賽，誰能撐得久，誰就會贏，但是，他雖然將皇帝也一同帶來了，卻仍不免擔心京師之中長期無人留守，難免會有突發狀況。

黃門侍郎鍾會善用計謀，對司馬昭建議道：「如今壽春城中，尚有全懌、全端兩兄弟的部隊在其中，全懌有兩個姪兒，目前亡命我朝，大將軍不如利用這兩人，去策動全懌、全端反出。」

「很好，這件事就交給你去辦。」

鍾會讓那兩個姪兒全輝、全儀寫了一封家書，再派奸細混入壽春，將家書遞交給全懌、全端，信中內容爲吳國朝廷指責全懌兄弟作戰不力，要將全氏滿門抄斬。全懌與全端對望了一眼，十分驚懼，他們都想那孫綝是個暴力嗜殺之人，信中所言多半是眞，於是率領部眾數千人，開城投降。

蔣班、焦彝、全懌、全端分別叛變出走，前線膠著，後方無援，壽春城裡人心浮動，士氣衰落。

兩軍對峙了整整半年，王基仍然堅持著固守圍城的戰略，不動如山。城裡來自不同地區的派系，逐漸有了衝突。文欽認爲，諸葛誕當年從北伐帶來的士卒，故鄉都在北方，必定會因爲思鄉而意志動搖，應該把他們趕出城去，留下吳國援軍以及淮南當地所招募的士兵就好，諸葛誕當然不肯同意，他道：「我自己也是從北方來的啊，難道你連我都要趕出城去嗎？」

文欽也實在不識好歹，竟道：「如果意志不堅定，都應該趕出去！」

這話說得諸葛誕七竅生煙，也讓他發現文欽實在不是他可以控制的人物，於是他藉口相約文欽商討退敵大計，設宴款待，就在宴席間將文欽刺殺。

兩人之間的內訌，讓守軍的士氣幾乎瓦解，文欽的兩個兒子文鴦、文虎率兵亡命出城，不知道該往哪裡去，只好向司馬昭投降。「太好了，太好了！」司馬昭知道文鴦乃是不可多得的猛將，雖說當年曾經叛變，但如今用人之際，能得此猛將，甚有助益。拍著他的肩膀道：「你來的話，敵軍可破了。」他讓文鴦、文虎繼續擔任大將，各自率領騎兵，前往壽春城。

文鴦在城池下對著裡面的守軍高聲喊道：「諸位兄弟們別守了吧，投降朝廷吧！朝廷寬大爲懷，你們看，我文鴦是文欽之子，尚且無罪，各位如果投降的話，榮華富貴等著你們哪！」

士氣徹底瓦解，壽春城再也守不住了。司馬昭下令發動大舉進攻，親自督陣，終於在甘露三年，公元二五八年二月將城池攻破，諸葛誕死於亂軍之中，餘下的十數萬大軍，或被殺或被俘，魏軍獲得了完全的勝利。

諸葛誕生前豢養的數百名淮南死士，矢志效忠諸葛誕，如今主人身死，他們寧死不降，司馬昭命士卒讓他們排成一列，拿著亮晃晃的刀子在他們眼前，問他們肯不肯投降，只要回答：「不降！」就斬殺一人，再問第二個人投不投降，結果他們都回答：「我們願意為諸葛公效忠，就知道會有這一天了，寧死不降。」一直殺到最後一人，都是同樣的答案，在旁觀看的人都道：「這批義士真是了不起，看來那諸葛誕雖是叛徒，倒也懂得收買人心的方法。」

淮南的第三度叛變就此告一段落，卻在吳魏兩國的政壇掀起漣漪。

吳國大將軍孫綝原本專擅大權，不可一世，遭此挫敗，聲望大受打擊，讓吳主孫亮得以親政。可是孫綝不願就此喪失權力，便聯合了親信侍衛，殺掉孫亮，另立二十四歲的琅邪王孫休為皇帝。這孫休頗有謀略，即位之後先是不動聲色，暗中佈置，待時機成熟，便聯合左將軍丁奉，一舉將孫綝剷除。

至於曹魏的情況則完全相反，司馬昭擊敗吳國收復淮南之後，朝中一片歌功頌德，不少人上表請司馬昭繼承大統，司馬昭乃仿效當初曹操篡漢的典故，先晉位相國，封為晉公，並加九錫之典。這一切看在皇帝曹髦的眼中，既悲傷且憤恨，經常對著自己親信的臣子們說道：「司馬昭之心，路人皆知。」並且總是想著要討伐司馬昭。

尙書王經勸道：「陛下，如今司馬氏黨羽遍布滿朝，大權落入其手，已非一朝一夕，陛下實在不宜衝動行事。」

曹髦怒道：「事已至此，就算是讓朕死了，也比當個亡國之君好一點。」說完，把懷裡自己寫好的詔書用力一擲，轉身回宮，稟明太后：「兒臣今日要去討伐奸臣，望太后恩准。」也不等滿臉驚訝的太后會意過來，又轉身出宮，腰掛寶劍，率領著宮中的侍衛，鼓譟著往司馬昭的住處前去。

一出皇宮，就遇見了司馬昭的弟弟屯騎校尉司馬伷，司馬伷一見是皇帝親自率領的人馬，有些害怕，自行退開。不久，皇帝一行又遇見了中護軍賈充，賈充是司馬昭的親信，他帶領的人當然要保護司馬昭。

「這算什麼？御駕親征嗎？」賈充似笑非笑地說。然而眾將士看見是皇帝，都不敢動手。

太子舍人成濟問道：「這下情況緊急，該當如何？」

賈充冷冷地說道：「養你們這麼多年，不就是爲了這種時候嗎？想要立功的，就趁現在！」

成濟於是揮動他的戈，朝著皇帝神聖不可侵犯的身體刺了過去，將曹髦刺死。二十歲的皇帝，從來不知道權力的滋味，他連死了都想不透，究竟爲何自己的祖先曹操會費了那麼大的心思，去謀奪這個讓他死於非命的地位。

刺殺皇帝，雖說是個毫無實權的皇帝，但弒君大罪，仍可說比天塌下來還要嚴重，司馬昭也慌了，連忙召集群臣商討善後問題。

文武官員們沒有人遇見過這種情況，七嘴八舌的討論不出結果，司馬昭忽道：「陳泰呢？陳泰怎麼沒有來？」

那陳泰官拜尚書左僕射，乃是魏國名臣陳群的兒子，文武兼備，性情剛直，聲望極高。司馬昭派人三催四請，他才穿著喪服入朝，見了司馬昭，只是痛哭流涕，悲嘆皇帝遭遇的不幸。

司馬昭對陳泰相當倚重，問道：「你說，我應該怎麼辦才好？」

「罪魁禍首就是賈充，爲今之計，只有斬賈充以謝天下！」

賈充是司馬昭的心腹愛將，他當然不捨得殺了賈充，於是又問：「還有沒有別的辦法？」

陳泰一拱手：「臣所知者僅止於此，不知道還有什麼更好的辦法。」

司馬昭想了想，做出了決定，既然不願意殺賈充，就必須找一個代罪羔羊，那個人就是奉命殺死皇帝的成濟。「成濟大逆不道，當誅三族！」至於賈充，不但沒有獲罪，反而因爲「護主有功」，晉升爲安陽鄉侯，加散騎常侍，統領城外諸軍。任何時代，只要跟對了人，即使他做了多麼不堪的事，多半還是能春風得意，而那成濟和他的三族，在權力者的眼中，不値一提，殺了他們比捏死一隻螞蟻還要簡單。

安排妥當之後，司馬昭從曹操的後人之間，選擇了燕王曹宇的兒子常道鄉公曹奐爲帝，是爲魏元帝，同年改元爲景元元年，時値公元前二六〇年。

這時候，司馬昭稱帝之路前面，幾乎已經沒有阻礙了，唯一需要在意的，就是那兩個敵對的政權，長年以來積弱不振的蜀國與宮廷之中亂象紛迭的吳國。

於是，他開始積極的籌劃。

滅蜀篡魏

司馬昭打算先對付弱小的蜀國。

蜀國還有個姜維，從來不肯放棄希望。他矢志完成諸葛亮的遺願，領兵作戰，不遺餘力，然而，連續兩度出兵，都敗在魏國名將鄧艾的手上。這不是姜維的錯，實在是因爲他能夠動員的兵力太少，蜀國的戰力太弱，無力採取主動的攻勢。

因此姜維使了一記險招，他把兵力全部集中在漢壽、漢樂兩座城裡，讓秦嶺南麓的門戶洞開，企圖引鄧艾進入漢中，然後再做決戰，只可惜鄧艾並不上當，按兵不動，堅守陣地。

對抗強敵，讓姜維心力交瘁，然而更大的憂患來自蜀漢內部。

長年統兵在外，對於國內政事，姜維自然無法多問，於是權力逐漸落在佞臣陳祇的手上。陳祇的一切作爲，只求讓那個才智低劣的皇帝劉禪高興，自然不能有所作爲。

所幸陳祇的命不長，在他死後，尚有義陽人董厥以及諸葛亮的兒子諸葛瞻，忠心爲國，稍微替姜維分憂解勞。可是那個將父親顏面丟盡的劉禪，偏偏又寵信宦官黃皓，把宮廷中的許多大權都交給黃皓去處理。黃皓只會帶著劉禪鬥蟋蟀、偷鳥蛋，除此之外，就是欺上瞞下，作威作福，朝中大臣看他得勢，紛紛附和他，於是朝政日趨敗壞。

景耀四年，姜維入朝晉見皇帝。董厥與諸葛瞻將黃皓的所作所爲告訴了姜維，讓他悲憤不已，連忙稟奏後主劉禪道：「中常侍黃皓，奸佞狡猾，恣意專權，請陛下將其正法，以正視聽。」

劉禪笑著安撫道：「黃皓只不過是朕跟前的一個小人物罷了，何需勞煩大將軍掛念啊？」轉頭對黃皓道：「來，你惹得大將軍不高興啦，快向他賠不是吧。」

「大將軍，小臣這廂給您賠罪啦！」

黃皓說得言不由衷，臉上的表情帶著怨恨。姜維看在眼裡，有些擔心，也有些後悔，他知道這些年來黃皓在朝中已經培養了很大的勢力，如今得罪了黃皓，恐怕會對他的北伐大業帶來極大的困擾。

於是第二年，姜維不顧右車騎將軍廖化的勸阻，再度出兵北伐，爲了完成他的大志，也爲了躲避朝中的紛擾。十月間，行軍至洮陽，又被鄧艾所擊敗。姜維屢次出兵都沒有建立功勳，又得罪了黃皓，姜維不敢再返回成都，於是將軍隊帶往沓中，屯田操兵，伺機而動。

公元二六三年，蜀漢景耀五年，魏元帝景元三年，魏國的元氣已從五年前的淮南叛變中恢復。司馬昭決定大舉討伐蜀國，對他而言，這是一個好機會，他已經是晉公，這次不管有沒有成果，他都可以藉機讓自己成爲晉王，再來就是皇帝的寶座。

司馬昭志在必得，動員了比蜀國全國兵力還要多的人馬，讓自己的心腹大將鍾會率領十萬人，與鄧艾的三萬人、雍州刺史諸葛緒的三萬人，兵分三路，全力攻打漢中。作戰計畫如下：鄧艾的三萬人，前往攻打沓中，牽制住蜀漢唯一的戰力；諸葛緒的三萬人從祁山進攻武街、橋頭，切斷姜維與漢中的聯絡道路；最後，以鍾會的主力部隊，翻越秦嶺，攻打漢中。

這樣的安排顯然是對鍾會有所偏袒，鄧艾雖不情願，卻也只有領旨。

其實在魏軍大舉進攻之前，姜維就已經得到消息了，他派出的密探，發現鍾會的大軍屯駐關中，日夜操練，必定有所企圖，於是立即奏明後主，請他派遣左右車騎將軍張翼、廖化提早準備，領兵把守要塞，以防止變亂。然而，他所上的奏表，竟然被黃皓壓制下來，以致延誤了軍機，直到魏軍已經開始行動，後主才連忙派了廖化等人去幫助姜維。

鍾會領軍十萬，三路並進，沿途並未遭遇到太大的抵抗，便打進了漢中。當初姜維只在漢中的漢壽、漢樂留有兵馬，兩地這時分別只有五千人，遇上了十萬大軍，哪是對手？鍾會又將陽安關打下，於是漢中失陷。

鄧艾的任務，只是在沓中牽制住姜維，所以打得索然無味，後來姜維聞聽漢中已被魏軍攻下的消息，當機立斷，放棄沓中，回師救援。此舉正合鄧艾的心意，他也就沒有追擊姜維，只領著兵馬在後面遠遠跟著。

姜維行至中途，發覺退路被諸葛緒所截斷，因此心生一計，作勢繞道迂迴向北前進，那諸葛緒見狀，急忙引兵北向去阻擋姜維，姜維得知諸葛緒軍隊已經開始動作，便又折返回原路，仍從武街、橋頭穿過，兜了一圈，終於將諸葛緒騙過。不久，他與成都來的援軍廖化、張翼、董厥等人會合，欲救漢中，卻發現陽安關已失，便退守劍閣，作爲第二道防線。

諸葛緒唯一的任務就是阻斷姜維的退路，想不到輕易即被騙過，十分懊惱，不得已之下，只好與鍾會會師。鍾會早就想獨攬所有的大權，見了諸葛緒，怒道：「上面派給你一個最簡單的任務，你都做不好，要你何用？來人哪，押下去，綁回洛陽，請晉公去處置。」

鍾會名正言順的接收了諸葛緒的軍隊，便大舉南下進攻劍閣。

劍閣地形險要，群山萬壑直入雲霄，遠望如同一排排長劍直指天際，因此才有這樣的名字。姜維集中兵力，死守在唯一的通道上，雖說鍾會的兵力遠遠超過好幾倍，兩軍之間竟然暫時打成平手，因而膠著在當地。

鄧艾肩負起對抗姜維的使命，已經有好幾年，對於蜀漢的地形，終於略有瞭解，他跟著姜維到達陰平（今甘肅文縣），發覺此地雖然地形險惡，卻是無人看守，他的口才雖差，腦筋卻很靈光，心想：「爲何我非得走前人走過的路不可？難道不能自己開路嗎？」等到姜維和鍾會在劍閣相持不下之時，他便率領著人馬，直接從陰平翻山越嶺，向南方前進。

從陰平到益州，中間有七百多里無人地帶，全都是地勢崎嶇山巒起伏的荒蕪地帶，鄧艾讓大軍分散前進，自己身先士卒，逢山開路，遇水造橋，到了連開路造橋都沒辦法的時候，就用毛毯把身體裹起來，翻滾而下，如此連續幾天幾夜，終於將七百里山路趕完，分散的軍隊在益州的江油會合。

蜀國完全沒有料到，竟然會有一支天降神兵突然出現在他們的面前，江油守將馬邈不戰而降，鄧艾軍隊如入無人之境，一路打到涪縣，才碰上了趕忙從成都趕來的諸葛瞻。兩軍強弱懸殊，諸葛瞻敗退綿竹（今四川德陽縣），鄧艾繼續追擊，並且致書勸降：「如果你答應投降，我一定會代你表奏朝廷，封你爲王侯！」

諸葛瞻是諸葛亮的兒子，對蜀漢忠心耿耿，只恨自己不能與父親一同北伐中原，哪會投降？於是一場激戰之後，諸葛瞻與他的兒子諸葛尚，一同陣亡。諸葛亮家族三代，都爲了蜀漢政權犧牲，眞應驗了當初諸葛亮「鞠躬盡瘁，死而後已」的承諾。

諸葛瞻陣亡後，蜀國內部已經沒有兵力，綿竹與成都之間相隔僅兩百多里，蜀漢朝廷大爲震動，許多百姓也倉皇逃出城外避難。後主召集群臣商議，有人主張後主應當投奔東吳，有人主張應該撤退到南中繼續抵抗，七嘴八舌，討論不出結果。

蜀漢政府本身是個外來的政權，國內的政情複雜，早年掌權者多爲劉備從荊州與北方帶來的老部屬，但是歷經了數十年，老臣凋零，新一代當政者，有許多出身自益州的地方豪族，在他們眼中，蜀漢的政府是否存在，並不重要，也許這個政府滅亡了，反而可以幫助他們驅逐外來的勢力，帶來更大的利益。

光祿大夫譙周就是其中的代表，他對後主道：「如今的局面已經至此，除了投降以外，別無他法。」

懦弱的劉禪，心裡其實比較傾向投降，經譙周等人一說，立刻便同意，派了使者前往鄧艾軍中，表達投降的意願。鄧艾大軍長驅直入，此時已逼近成都，接見蜀國使者後，甚表欣慰，到了成都，看見後主劉禪以下文武百官，跪在路旁，自縛請罪，微笑著將劉禪的繩索解了，說道：「足下不必惶恐，我鄧士載豈是殺降之人。」

他讓後主行車騎將軍事，仍住在宮中，文武官員各司其職，並訓令三軍將士不得騷擾百姓，貼出告示，宣慰民眾，令百姓不必驚慌，就這樣，劉備所建立的王朝，傳國四十三年，便告滅亡。

在劍閣，兩軍對峙尚未有結果，姜維聽說鄧艾偷渡陰平，諸葛瞻陣亡，成都狀況不明，大為驚慌，為了避免兩面受敵，急忙撤退，打算回去救援，鍾會大軍於是越過了劍閣，持續追擊。這時姜維忽然得到了後主的詔書，囑咐他停止作戰，立刻投降，他眼中含著淚水，將詔書的內容告訴三軍將士，嘆道：「大勢已去，大勢已去！」

那些為了自己的朝廷長年在外辛苦的將領士卒，聽見後方投降，氣憤得痛哭流涕，更有人拔起刀劍往路旁的石頭上猛砍出氣。

姜維迫於無奈，便與廖化、張翼、董厥等人，率眾向鍾會投降。

鄧艾立下大功，逐漸驕傲起來，凡事獨斷獨行，自以爲功勳蓋世的神態，溢於言表，他除了上奏告知捷報之外，甚至還上書司馬昭，討論起天下大事的處置來：「如今蜀國已滅，吳國必定驚恐萬分，然而將士疲憊，不宜馬上出兵，要滅吳國，得晚一點來。臣以爲應當善待劉禪，讓吳國人看在眼裡，將來伐吳之時，必可省去不少力氣。至於如何善待劉禪，微臣以爲應當把劉禪接去京師居住，封給他扶風王的地位，如此必可使吳國軍民，望風而從。」

這番話不無道理，卻讓司馬昭很不是味道：「鄧士載也太過自大！這些事輪得到他來管嗎？」

鍾會也是個野心勃勃之人，原本這次滅蜀之役，他已將首功視作囊中之物，卻不料鄧艾發動奇襲，滅掉蜀國，把他的功勞全搶了去，心裡十分怨恨。姜維投降之後，原本那一腔熱血，頓時成空，如今看見鍾會的模樣，知道魏軍之間的矛盾，又重新燃起了希望。

姜維刻意接近鍾會，事事迎合，顯示出竭盡效忠的模樣。鍾會對於姜維的才幹與膽識，也十分欣賞，兩人不久之後，便結爲莫逆之交，無話不談。

有一次，姜維故意對鍾會說道：「我聽說閣下自從淮南之叛後以來，立下無數汗馬功勞，如今又平定蜀漢，功勳蓋世，將來有一天，大晉取代了大魏，閣下必定是出力最多之人。」

「哈哈，伯約取笑了，平定蜀漢的，乃是那鄧士載，我有什麼功勞？」

「功勞是一定有的，鄧艾不過用了詭計，那能和你相提並論。」姜維道：「但有句不中聽的話，所謂功高震主，將來天下一統之日，那司馬氏豈能容你？不如效法當年陶朱公，功成身退，明哲保身。」

「既然你有保全之道，那也就不用老夫煩心啦！」

「你說得太遠了吧！」鍾會笑道：「更何況將來會怎麼樣，還很難說呢！」

鍾會微笑著，沒有說話。

後來兩人得知司馬昭對鄧艾在成都的所作所爲大爲不滿，甚至命人監視，顯然是起了疑心，於是便商量對策，誣告鄧艾謀反。

司馬昭聞訊大怒，立即下令將鄧艾逮捕，押送回京師，並且命令鍾會進駐成都。結果在半路上，鄧艾就被刺客所暗殺，到底是誰所派的刺客，沒有人知道。

鍾會得意萬分的進了成都，一切都在姜維的計畫下執行。

司馬昭對鍾會也不是完全信任，他派了賈充擔任護軍，領兵萬人，前往斜谷作爲後援，自己則調動大軍，帶著皇帝，進駐長安，那態勢彷彿是要和敵國作戰一般。左右不解，問道：「鍾會大軍比鄧艾多出五六倍，晉公何必親自前往？」

司馬昭答道：「事情很難說，我以誠信待人也希望人以誠信待我，不久前賈充就曾經問我，派了那麼多兵力給鍾會，會不會擔心他圖謀不軌，我反問他，如今我派兵給你，是不是也要擔心你圖謀不軌啊？總之等我到了長安，自然會明白。」

這番話充分顯示出當時朝中上下猜忌，誰也不相信誰的情況。

鍾會的確是懷有異志的，打從率領十萬人進入漢中以來，他便愈發的不可一世，再加上姜維不斷從旁慫恿，終於讓他的野心徹底展露。剛好這時，他收到了司馬昭的手諭，上面寫著：「爲恐鄧艾不肯就範，今特命賈充爲中護軍，領兵萬人入斜谷，吾親率十萬屯駐長安，不久便可相見。」

「那鄧艾都已經死了，還要這麼勞師動眾幹嘛？就算司馬昭不知道鄧艾死訊，要讓鄧艾就範，交給我處理就好了！」鍾會尋思：「這其中必定有鬼，既然如此，我得要快點起事，事成可以得天下，就算不成，也可以和當年劉備一樣，退保巴蜀，靜觀其變！」

於是他召集了中級以上的將領，聚集在成都，對他們說道：「本人在此有要事宣布！日前郭太后逝世，臨終之前，郭太后囑人轉告我，說司馬昭專權欺君，希望我能爲朝廷除奸，今日我便要率兵勤王，除掉司馬昭！」

將領們面面相覷，不以爲然，他們對鍾會沒有那麼大的信心，也不願意跟著鍾會抵抗權傾天下的司馬昭，他們擔心將來鍾會被司馬昭擊敗，自己也會受到連累，所以都一言不發。

鍾會見狀，連忙說道：「今日之事，到此爲止，所談之事，不得傳出去，望各位仔細思量，切莫自誤！」

但是他召集了這麼多人，怎麼可能不把事情傳出去？軍中議論紛紛，人心惶惶。鍾會只好把大部分將領調換，換上自己可以信任的人。

姜維勸道：「如今你還可以相信誰呢？那些與你一同前來的將領都是司馬昭的走狗，他們不會聽你的！不如把他們都殺了，換上我們蜀國的將領，保證會替將軍賣命。」

「這樣牽連太大，萬萬不可。」

鍾會只把其中一些特別不聽話的將領囚禁起來，以防不測。

這些遭到囚禁的將領中，有一人名叫胡烈，作戰十分勇猛，對於自己遭到如此對待，很不能諒解，於是他寫了一封信，偷偷傳遞給自己在軍中的兒子胡淵以及好友丘建，讓他們散布謠言：

「鍾會現在誰的話也不聽，只聽姜維的，那姜維與我軍作戰了多少年？哪會善待我等！他已經建議鍾會將我軍全數坑殺，鍾會也同意了，如今城外已經掘了許多大坑，到時候我們全都會被活埋！」

在人人不安的情況下，謠言傳得最快。城外十幾萬大軍聽說了這個消息，都鼓譟起來，紛紛叫道：「只聽說打敗的人被坑殺，哪有打了勝仗還要被殺的道理！」

胡淵率領自己的部屬，搶先發難，其他人見狀，跟著響應，頓時大軍一起譁變，搖旗吶喊，衝進成都。

鍾會在城裡聽見喧鬧之聲，問道發生何事，屬下回答：「城外兵變，已經殺進城裡來啦！」

「好端端的，怎麼會這樣？」

姜維在一旁略加推想，已知大概，連忙道：「快將收押的將領全部處決，以防止他們裡應外合。」

然而這時城外叛兵已經殺了進來，逢人便殺，四處縱火，他們殺進鍾會大營，被收押的那些將領也都被放了出來，圍攻鍾會。鍾會與姜維取出佩劍與亂兵格鬥，那能敵得過潮水般的叛軍？不消片刻，雙雙死在亂刀之下。

姜維這一生，努力繼承諸葛亮的志願，多次北伐，都以失敗告終，到最後企圖利用鍾會，東山再起，卻也功敗垂成，一代名將，就此殞落。而那鍾會、鄧艾，在立下了大功之後，也都以死告終，令人不禁懷疑，這個時代究竟有沒有所謂的正義與公理，值得人們效忠。

鍾會既死，蜀中的變亂，在監軍衛瓘的指揮之下，很快地平撫下來。

這一年是魏元帝咸熙元年正月，公元二六四年。從去年五月大軍出兵伐蜀，到變亂平定，前前後後不過九個月的光景，魏、蜀、吳三國鼎立的時代，漸漸畫上休止符。

兩個月後，司馬昭晉位為晉王，加封十郡領地。他特別表奏劉禪為安樂公，招其全家入朝，其實他是想看一看劉備的兒子，是不是有能力做為號召，會不會成為他霸業的隱憂。

願意跟隨劉禪入朝的，除了家人，只有老臣秘書令郤正與殿中督張通二人而已。剛到洛陽時，劉禪十分害怕，整天提心吊膽，坐立不安，後來看見司馬昭待他不錯，豪宅美食，應有盡有，也就放心下來，眞的當起他的安樂公。

某日司馬昭宴請劉禪，故意找來蜀中的倡優，表演蜀中的聲樂技藝，劉禪的家人難過得掉下眼淚，唯獨劉禪看得十分高興，不時開懷大笑。

司馬昭問道：「安樂公啊，你很想念蜀中吧？」

劉禪答道：「我在這裡高興得很，哪會想念蜀中啊！」

司馬昭這時確認了劉禪只是個草包，不會對他構成威脅。

郤正在一旁聽了，十分難堪，宴會之後，對劉禪說道：「您不應該這麼說的啊，以後假如晉王再問您同樣的問題，您應該流著眼淚回答說：您先人的墳墓都在蜀中，您日日夜夜都在想念著。」

果然過沒幾天，司馬昭又問同樣的問題，劉禪想著郤正教導的話，一字不漏的說道：「先人的墳墓都在蜀中，我日日夜夜都在想念著……」想到應該要掉眼淚，郤只是閉著眼睛，半滴眼淚也擠不出來。

司馬昭笑道：「這不大像你的語氣啊，怎麼有點像郤正說的話呢？」

劉禪睜開眼睛，訝異地道：「對啊，晉王您眞厲害，就是郤正教我這麼說的。」

司馬昭身邊的人，都忍不住笑了起來，那劉禪也跟著傻笑。

此時滿朝文武都已將司馬昭視爲天子，沒人把皇帝曹奐放在眼裡，只剩下什麼時候把皇帝的寶座讓出來而已。可是，司馬昭似乎沒有當皇帝的命，成爲晉王以後的一年又五個月，也就是咸熙二年八月，他便一病身亡，由太子司馬炎繼任晉王。

三個多月後，魏元帝宣布將皇位禪讓給司馬炎，司馬炎理所當然的接受，是爲晉武帝。朝中上下沒什麼人覺得不對，於是改國號爲晉，年號太始，仍定都洛陽，史稱西晉。

至於魏朝這個由曹操一手打造的朝代，傳國至此，共四十六年而亡。

司馬氏掌控了四分之三的天下，江東孫氏，已是無足輕重。

三分歸一統

司馬炎即位之後的第一件事，便是大封宗室爲王，他一共封了二十七位親戚，都授與軍政大權。主要的原因，首先在於司馬炎認爲曹魏之所以迅速滅亡，就是因爲沒有宗室的屛障；其次，在當時，是個門閥政治的時代，許多大家族在政治社會上的威望，甚至凌駕於皇室。司馬炎這麼做，無非是希望拉抬司馬家的聲勢，以使政權更爲鞏固。

但司馬炎萬萬沒有料到，此舉正是西晉政局動盪的禍源之一。

第二件事，便是一統天下了。這件事，司馬炎花了十五年才完成，原因在於改朝換代之初，許多事情必須先行處理，而朝廷內部又有許多種不同的聲音，因此伐吳之事便延宕了下來。

吳國在司馬炎接受禪讓的前一年，景帝孫休去世。吳國太子年幼，朝中大臣一致認爲，蜀漢滅亡，國事艱困，必須立一位年長的君主，才能帶領國家度過難關，他們看上了前太子孫和之子，二十三歲的烏程侯孫皓，便將其迎立皇帝。

他們沒想到，這個孫皓竟然是個無比兇殘貪暴之人，比起史上任何一位暴君，都是不遑多讓。貪酒好色自是不在話下，還嗜殺成性，經常無故處死大臣。在一次飲宴之上，一名大臣喝醉了酒，孫皓命人將他抬了出去，但他不久後即酒醒回到宴席上，這惹來孫皓盛怒，認為他嘲弄君主，旋即將他斬首，並將大臣的首級拋進山谷之中，要文武百官們和他一同觀看野獸爭食的場面，相當引以為樂。

有這樣的統治者，東吳怎還有希望？

之所以又讓東吳延續了十多年的國祚，大致有兩個原因：第一個原因，乃是因為東吳坐鎮荊州的名將陸抗，調度得宜；第二個原因，則是因為晉朝西北地區，發生了鮮卑人樹機能的動亂，使得晉朝暫時無暇南顧。

西晉泰始六年，公元二七〇年，居住在西北秦州、涼州一帶的鮮卑禿髮氏領袖樹機能，因為不滿於晉朝對待他們的方式，因而率眾起事。當時的秦州刺史，是幾年前帶頭將鍾會殺掉的猛將胡烈，他雖然是個猛將，卻沒麼政治長才，與樹機能的一場激戰，竟然兵敗陣亡，這使得西北地區的動亂持續擴大，朝廷接連派遣許多人前往鎮壓，都以失敗告終，甚至連北地郡的匈奴人也起來響應，情況十分危急。

晉武帝甚爲憂慮，臨朝之時與大臣們討論起這個問題，這時有個侍中名叫任愷的奏道：「秦涼之亂，必得有一位德高望重、智略百出的重臣前往，方能平定。」

「此人是誰？」

「賈充。」

一旁的河南尹庾純拍手叫好。晉武帝雖然不知道賈充有什麼才幹，不過既然眾望所歸，因此也就同意了，便以賈充爲車騎將軍都督秦涼州軍事，派他去討伐樹機能。

賈充除了靠著權謀狡詐，獲得司馬昭的寵幸之外，哪來什麼眞才實學？原來任愷、庾純就是因爲看不慣賈充平日囂張的模樣，才會故意推薦他去擔任這項不適合的工作。賈充很氣，但他並不曾反省，只覺得自己和當今皇帝的關係不夠好，才會得不到皇帝的袒護，於是他想盡辦法，把自己的女兒賈南風嫁給了太子，期望可以藉此擺脫西北前線那種赴湯蹈火的艱苦工作。

結果就因爲這樣的拖拖拉拉，樹機能的動亂整整花了十年的時間，才告平定。

西北動亂之外，尙有南方交州的爭奪。除交州位於今日的滇緬北越一帶，向來隸屬於吳國，但對吳國而言，此地如同化外之地。蜀漢滅亡那年，交州百姓受不了當地吳國官員的貪瀆殘暴，因而起來反抗，他們聽說劉禪投降，便也向魏國請降，於是遠在南端的領土，竟成爲北方政權所有。兩年後晉朝受禪，晉武帝仍把交州諸郡，視爲北方的領土，只不過因爲西北情勢危急的緣故，並沒有積極治理此地。

孫皓對此很不甘心，這種情況使得吳國面臨三面包圍的窘境，於是發動全國兵力，大舉攻打交州，前前後後歷經八年，費盡千辛萬苦，才終於將交州奪回，但是也讓吳國元氣大傷。

這一南一北兩起動亂，讓當時天下僅剩的兩個政權，都消耗了相當大的國力，這兩端的戰爭方告結束，南北之間的最終決戰於是來臨。

吳國最後幾年，幾乎都是靠著鎮軍大將軍陸抗撐起半片天。陸抗駐軍在荊州的樂鄉，與屯兵在襄陽的晉朝都督羊祜遙遙相望。對於北方的局勢，陸抗了然於胸，他知道兩國目前實力懸殊，吳國只可以求自保，千萬不可以輕舉妄動，因此他整軍經武，皆以防備為最高原則。他知道那羊祜，並不是一個好惹的人物。

羊祜向來是極力主張伐吳的。他從晉泰始五年，公元二六九年開始接掌荊州防務之後，便在當地展開一連串的整頓工作。

羊祜設立了堅實的防務，不讓吳國有可乘之機，接著抽調軍隊在當地開墾荒地，得到良田八百多畝，使得軍隊存糧多達十年。那時襄陽地方官流行著一種不好的習俗，就是前任地方官死後，繼任的地方官覺得舊官府不吉利，總要拆毀了蓋新的，羊祜認為：「人的死活乃是天命，與房舍有何關係？」下令禁止這種作法，減少興建官府時對於百姓的騷擾。

羊祜為官廉潔，注意吏治，自己府中的侍衛從來不超過十人，視察各地時也大多微服出訪，不騷擾地方。他的種種作為，無非是期望以恩德懷柔當地的人心，而他的作法，也十分具有成效。襄陽一帶的百姓，對他十分愛戴，每每提到他，都不直呼其名，而是敬重地稱呼為羊公。

荊州地方有羊祜鎮守。蜀漢投降以後的巴蜀之地，晉武帝則起用了羊祜所推薦的王濬。

王濬本來只是羊祜軍中的一名參軍，羊祜看中了他的才能，認為他足可以擔當方面大員，因而積極向晉武帝推薦，因而王濬乃以車騎從事中郎的身分，出任巴郡太守，短短幾年，就建立了相當高的威望，也很受到巴蜀百姓的愛戴，因此又晉升為益州刺史，督益梁諸州軍事。

他在益州大舉訓練水軍，修建戰船，所造出來的戰船，每艘可容納士兵兩千人，規模宏大。東吳方面有人得知此一消息，奏明吳主孫皓，請他加強長江上游的防備，孫皓卻不為所動。地方官只好自己動手，打造許多大鐵鍊，橫阻在江中，並在水底布置鐵錐，以阻擋晉軍戰船來訪。

公元二七二年，晉泰始八年，吳鳳凰元年秋天，吳國西陵都督步闡突然接到朝廷徵召他入朝的指示，大為震恐，他擔心有人在孫皓前面說他壞話，又擔心昏庸的孫皓會對他不利，因此便遣使洛陽，投降晉朝。

這西陵乃是專門為了防禦北方所興建的戰略要塞，地理位置重要，易守難攻，步闡投降了晉朝，無疑對雙方戰略造成極大影響，晉武帝立即下詔，拜步闡為衛將軍，儀同三司，封宜都公，都督西陵軍事，並遣荊州刺史楊肇率兵前往支援，同時命令羊祜攻打江陵，以作為西陵的後援。

陸抗對於西陵的重要性深為瞭解，當初修造西陵城的時候，他也曾經參與，因此不敢輕忽，立即命令諸軍在西陵北方修建防禦工事，堵住步闡與北方的聯繫。後來聽說羊祜的大軍南下攻打江陵，眾將官十分驚惶，認爲江陵歷來都是荊州重鎮，萬萬不可有失，紛紛勸陸抗移兵前往抵禦。

陸抗說道：「江陵城池堅固，無須多派兵馬，反倒是西陵城必須守住，如果被晉人所得，後果不堪設想。」

他毫不慌亂，堅定自己的戰略，指揮若定，親自統帥大軍去和楊肇的兵馬作戰。兩軍交鋒前夕，忽然有人來報，說是部將朱喬、都督俞贊叛逃，投降了晉軍，陸抗吃了一驚，忖道：「那兩人必會將我軍情況告訴敵人，如此對我軍甚爲不利！」他毫不猶豫，連夜將軍中陣形部署，重新安排。

結果第二天，晉軍大舉進攻，所進攻的地點全都是原有的部署，陸抗指揮若定，發動奇襲，一場血戰之下，讓晉軍損失慘重。

兩軍互相攻戰了一個月，終因爲楊肇軍補給線過長，支撐不住，只好撤退。

晉軍一退，西陵成了一座孤城，完全沒有鬥志，陸抗不戰而勝，逮捕了步闡，將他斬首，至於跟隨他起來作亂的人，只有同謀的幾十人遭到處置，剩下的幾萬軍民，全都赦免。

羊祜方面，從襄陽趕往江陵，途中被陸抗所阻擋，始終沒有趕到目的地，大軍才到江陵，就聽說楊肇的主力已經失敗，羊祜不敢戀戰，當下率軍撤退，沒有勝利，卻也沒有損傷。

經此一勝，讓陸抗的聲譽卓著。第二年春天，朝廷就發表他爲大司馬、荊州牧，總西陲軍事，執掌整個東吳西半國土的軍政大權。

這讓東吳又延長了幾年的國運，也讓吳主孫皓更加驕矜自滿，行爲更殘暴不仁。

羊祜在這次荊州之役的失敗中，承擔了部分責任，他被貶爲平南將軍，仍然坐鎮襄陽，算是戴罪立功。他瞭解到陸抗的厲害，知道想要伐吳，絕對不能急躁，因而改採穩紮穩打的策略。

「用兵之道，攻心爲上。」這是孫子兵法裡的要點之一，羊祜十分瞭解，所以他對吳人也採取懷德的方式，遵守信義，絕不偷襲，只要雙方有戰爭，必先約定日期，方才開打，己方將領有獻上詭計陰謀的，一律不採納。

如果有士兵割了吳國人民的稻穀，一律照價賠償，出來打獵，假如打到的野獸，是由吳國人所傷，必定讓士兵送往吳國。

如此一來，連吳國軍民也漸漸的對羊祜產生好感。

陸抗當然知道羊祜的用意，但他只是笑著道：「他這麼收買人心，的確很厲害，但能做到這樣，也眞不簡單啊！」

羊祜與陸抗之間，也發展出亦敵亦友的關係。羊祜知道陸抗向來身體不好，便派人送藥去給陸抗。陸抗毫不懷疑，命左右將藥煎煮後，便要服用。

「將軍，這藥是敵人送來的，萬萬不可服用啊！」

「怎麼了？」陸抗笑道：「北方地大物博，送來的藥必然比吳國土產的有效，怎叫我不可服用呢？」

「萬一他們在藥中下毒……」

「胡說！羊祜將軍怎麼可能幹這種低三下四的勾當。」說著便把湯藥飲盡。

過了幾日，陸抗服藥果見成效，便派使者餽贈給羊祜幾罈美酒。

羊祜很是高興，揭開了罈子上的封泥，聞了聞，說道：「這是上好的佳釀，今日大家有口福了。」他也從不擔心陸抗會用詭計對付他。

兩人之間的對壘，如此注重信義，成爲爾虞我詐的戰爭史中，一段難得的佳話。

但是孫皓並不能理解這種信義，他從荊州官員口中，聽見陸抗和羊祜之間書信史者往來頗爲密切，感到十分懷疑，多次下旨催促陸抗作戰，「那是敵人啊，講什麼信義？兵不厭詐沒聽過嗎？」

陸抗上書陳情：「就連一般百姓之間，都應該講求信義，何況是兩國之間的對抗？羊祜以信義待我，我便以信義待羊祜，不這樣，只會顯得我國氣度狹小。」

孫皓聽不進這樣的話，但他也不至於笨到把陸抗給撤換了，自毀長城，「你不肯打，朕自己打！」多次率兵從長江下游對北方發動攻擊，卻都遭到敗北，徒增損傷。

陸抗多次上表，勸孫皓不可輕啓戰端，孫皓卻是不聽。眼見國勢日漸走下坡，原本身體就差的陸抗，憂心忡忡，竟然積勞成疾，公元二七四年，陸抗病死在荊州，臨死之前，還不忘記荊州的防務，囑咐孫皓千萬不可輕忽。然而，東吳在長江上游的防禦，終究還是因爲陸抗的死而鬆懈下來。

陸抗之死，讓羊祜悲喜參半，悲的是少了一個可敬的對手，喜的是伐吳大計終於可以實現。這些年來由於北方樹機能的叛變，使得朝廷總是延後伐吳的日子，儘管羊祜一再上表，卻都遭到駁回。

陸抗死後三年，西北動亂有了重大的勝利，晉武帝十分高興，大封功臣，連羊祜也得到封賞，但是羊祜拒絕了：「西北之亂雖有勝利，但仍未完全平定，再者我未建寸功，怎可獲封？」倒是又提起了伐吳的計畫。

他曾經說過：「當年平定蜀漢，天下人就已認爲吳國也該跟著滅亡，如今這麼多年過去了，江淮不如劍閣險惡，孫皓殘暴遠勝於劉禪，吳國比當年的巴蜀更加困頓，而我大晉之兵強馬盛更勝當時，這正是統一天下的好時機，只要從長江上游水陸並進，一定能夠成功。」

晉武帝對羊祜十分信賴，也認爲應該要對南方用兵了，偏偏朝中重臣賈充、荀勖等人一直以西北局勢不穩爲理由，從中阻撓，伐吳計畫繼續延宕。

公元二七八年，晉武帝咸寧四年，羊祜終於也病倒了，晉武帝對他的病情十分關切，派人接他回洛陽就醫。到了洛陽，羊祜的病情惡化，連路都不能走了，見了武帝，仍然懇切陳述他的計畫。

「如今孫皓殘暴無道，大失人心，只要南征，必可不戰而勝。如果孫皓不幸在這時候死了，吳人立了一位賢君，到時候吳國上下團結，這一統天下的大業就難成功了！請陛下一定要抓緊時機，否則稍縱即逝。」

晉武帝道：「將軍身體不好，而且，襄陽軍務全靠將軍一人承擔，如果朕揮軍南下，不知將軍可否抱病統帥？」

羊祜知道自己病情嚴重，恐怕是好不起來，於是說道：「想要伐吳，不需要臣前往，也能成功，只是在平定吳國之後，就要由陛下煩心治理了。」

「那麼，誰可以代替將軍統攝荊州軍務？」

「度支尚書杜預可以。」

杜預字元凱，博學多聞，富有謀略，只因爲他的父親杜恕與司馬懿不合，因此長期不受重用，等司馬昭當政以後，杜預的才幹才漸漸被發掘。武帝即位以後，杜預先後擔任過河南尹、秦州刺史等職，不過官運始終不大順遂。羊祜看出他有領兵作戰的能力，因此保薦他來接替自己。

這年冬天，羊祜去世，晉武帝悲痛之餘，遵從他的遺願，任用杜預爲鎭南大將軍，都督荊州諸軍事。羊祜的死訊傳到荊州，當地軍民人人悲痛萬分，甚至連吳國的軍士也感到哀傷。

杜預到任以後，立即開始積極籌畫伐吳的事業。

建業方面每天都有人傳來消息，說吳主孫皓的殘暴不仁，已經到了匪夷所思的地步，不但百姓苦不堪言，連公卿大臣也每天都生活在恐懼當中。因此咸寧五年，益州刺史王濬上表，促請武帝及早伐吳，他的理由和當初羊祜所言一致：「吳國有這樣的暴君，此時出兵討伐，正是弔民伐罪，萬一到時候孫皓死了，事情就會趨於複雜了。」此外，他又說道：「老臣年已七十，來日不多，只求能親眼看見天下一統。當初老臣所造戰船，始終派不上用場，如今已漸漸腐朽，只願陛下能速速決斷，莫讓老臣含恨而終。」

杜預很贊成這樣的說法，他也上表道：「東吳國力只夠他們苟延殘喘，我軍兩面出擊，他們只能守住一面而已，如果陛下因爲朝中若干大臣的閒言閒語，就放棄伐吳大業，那實在是太可惜了。」

可惜，晉武帝仍因爲賈充等人極言伐吳之不利，遲遲無法作出決斷。

眼見自己上表如石沉大海，杜預繼續上奏道：「如今的局面，伐吳之利，十有八九，不利之處僅十之一二，如果要所有朝臣一致認爲伐吳有利，那也不可能，只因爲這項計畫不是他們提的，功勞不是他們的，所以他們只好堅持自己的立場。自從陛下命我都督荊州軍事以來，我軍計畫已經漸漸被敵人所知悉，如果現在中止，將來孫皓有了防備，那就太遲了。」

接到這份奏章之時，晉武帝正在和中書令張華下棋，張華當下推開棋盤，對晉武帝說道：「陛下聖明，國富兵強；吳主暴虐，誅殺賢能，如今對吳用兵，不費吹灰之力，請陛下莫再猶豫了。」

晉武帝終於決定對吳國用兵。

公元二七九年，晉咸寧五年十一月，晉武帝下詔大舉伐吳，動員兵力多達二十萬，兵分六路，琅邪王司馬伷出兵塗中；安東將軍王渾出兵江西；建威將軍王戎出兵武昌；平南將軍胡奮出兵夏口；鎮南大將軍杜預自襄陽下江陵；龍驤將軍王濬從巴蜀率水師溯江而下。六路大軍，以排山倒海之勢，壓向江東。

各路大軍進展迅速，尤其以杜預和王濬兩路攻勢最猛。

王濬督造多年的大戰艦，這時候終於派上了用場，面對橫阻在江中的鐵鎖鐵錐，王濬想出一個對付的辦法，他命人編造許多大木筏，上面擺了一些稻草人，順著長江三峽湍急的水勢流下，兩岸吳國士兵以爲是晉軍的戰艦，不停地放箭，都射在稻草人身上，而木筏巨大的衝力，一接觸到河床上的鐵錐，便將鐵錐拔起，順流而去。至於橫在江面上的鐵鎖，則被王濬安置在戰艦前端的大火炬燒斷，水師浩浩蕩蕩的前進，長驅直下，所到之處，吳人皆望風而降。

杜預發動奇襲，以疑兵騙出了守在樂鄉城裡的軍士，隨即兵不血刃地將這座先前由陸抗坐鎭的戰略要地奪下，俘虜吳國都督孫歆。八天之後，杜預殺死吳國江陵都督伍延，攻陷江陵城，與王濬的大軍在荊州會師。

另外幾路兵馬也十分順利，先後將夏口、武昌等地攻佔，於是出兵不到一個月，整個荊州便已完全底定。

面對晉軍，吳國不是沒有抵抗，而是根本抵抗不過。荊州已失，吳國只剩一個揚州，孫皓聽說王渾的主力大軍已經鋪天蓋地的南下，越過淮南，直驅江西，派了丞相張悌、丹陽太守沈瑩、護軍將軍孫震、副軍師諸葛靚等人，湊齊了三萬兵馬，渡江迎戰。沈瑩說道：「晉人取了荊州，順江東下，我軍應該積極防衛京師，怎可傾全力渡江北上，去和敵人的主力對決？如果有什麼萬一，那就全盤皆輸了。」

張悌對時局認識較爲清楚，他嘆道：「我方士氣已經不振，如果坐以待斃，等敵人從荊州、淮南兩面夾攻，到時候我軍必定不戰而敗，不如渡江去和晉軍一搏，如果敗了，大家爲國壯烈犧牲；如果勝了，說不定還可以扭轉乾坤。」

吳軍十分勇敢，但是敵人太過強大，以卵擊石的結果，乾坤難以扭轉，他們都壯烈的爲國犧牲了。

晉朝的六路大軍裡，走淮南、江西一線的王渾算是主力，從益州發兵順江而下的王濬，算是支援部隊，朝廷似乎有意不讓王濬多建功勞，因爲晉武帝曾經下詔，命王濬進佔荊州之後，必須接受杜預的調度，從荊州攻向建業時，則須受到王濬的指揮。

杜預性格開朗，不喜歡和人爭功，當他知道王濬水師進展順利時，笑道：「王濬水師，勢如破竹，他如攻下建平，建立功勳，怎會願意受我指揮？如果攻不下建平，我想指揮也指揮不成啊！」

後來聽說王濬不但攻下建平，還贏得了西陵的輝煌勝利，索性做個順水人情，寫信給王濬，說道：「吾兄既然已獲大勝，當一鼓作氣，攻佔建業，解救吳人百姓於生靈塗炭，此乃蓋世之功業！」意思就是王濬可以直接揮軍，根本不必受他杜預的指揮。

王濬得到此書，心中的大石落地，與杜預會師江陵之後，略加致意，便繼續前進。長江江面寬廣，王濬水師旌旗蔽日，兩岸的吳軍看了，根本沒有鬥志，不是逃走，便是投降，連從建業來的吳國水師都不戰而降，龐大的艦隊就這樣毫無阻礙的殺向吳國的都城。

安東江軍王渾就不如杜預那般豁然大度，他其實早就已經屯駐在長江北岸，隨時可以殺進建業，但他為人謹慎，因為接到的詔書要他等待王濬前來會師，他就遲遲不肯進兵，部下勸他：「將在外，君命有所不受，龍驍將軍率領百戰雄師，怎肯受您調度？您身為上將軍，應見機行事，不要坐失建立頭功的良機。」王渾卻根本聽不進去。

等到王濬真的從王渾眼前把打下建業的首功搶去，他才開始緊張了，連忙送信給王濬，要他前來會面。王濬的回答是：「長江風勢太急，船艦無法停靠北岸！」王渾又氣又急，卻一點辦法也沒有。

公元二八〇年，晉咸寧六年三月十五日，王濬大軍將建業團團圍住，吳主孫皓率領文武官員，開城請降，從江東小霸王孫策創業起，至今五十七年，東吳政權終告滅亡。

勝利的消息傳到洛陽，滿朝上下一片歡欣，雖說不久之前，晉武帝又接到了王渾的奏表，彈劾王濬違背聖旨，不聽節度，私自進兵，然而晉武帝之所以下詔，無非是希望能夠成功的擊敗吳國，如今目的已經達成，他也不會在乎誰不肯聽他的旨意了。

「不聽號令，的確不應該。」晉武帝道：「但是過不掩功，王濬的表現很好。」後來他擢昇王濬爲輔國大將軍，封襄陽縣侯，肯定王濬的功勞。

對於投降的孫皓，晉武帝的處置也十分寬大，把他一家人接來洛陽，封爲歸命侯。同年，大赦天下，改元太康，以表示天下從此太平康樂，分裂了數十年的天下，至今終於回歸統一。

寒門與世族

歷史上的魏晉南北朝，是一段長達三百多年的政治分裂時期，唯一的大一統時代，只有西晉滅了吳國之後的這一段時間，然而統一的時間只僅僅數十年，西晉隨後宣告滅亡，這並不是因爲西晉的國勢衰弱，而是有著政治、社會與經濟多方面的因素。

在政治方面，自從晉武帝統一天下，改元太康之後，他眞的認爲天下從此可以太平了。因此，他宣布「偃武修文」，裁撤天下各州郡的兵馬，大郡設置武官一百人，小郡只安排五十人，這樣的兵力，連維持地方治安都成問題，而他登基的時候，又分封司馬氏爲諸王，准許他們擁有自己的武裝力量，這種現象，終於在幾年之後，衍生出嚴重的問題。

統治階層迅速腐化，也是西晉王朝短命的原因之一，從晉武帝開始以至公卿百官，人人都以奢華爲尚。

一般而言，一個朝代的開國之君，多少應該有著「英明睿智」的形象與治理國家的宏觀眼光，這些在晉武帝身上卻看不到，因爲他之所以成爲開國之君，完全只是單純地從他父親那裡接下所有的權力。晉朝的建立，不過是政權的轉移，不管是社會與政治，都沒有歷經一番變化，而晉武帝本人也只是一個公子哥兒，對於治理國家，沒有多大的理想。

早在平定吳國之前，晉武帝就已經挑選了許多民女成爲他的後宮佳麗。平定吳國之後，他把孫皓的後宮完全接手，妻妾宮女的人數，一下子暴增至萬人，讓他自己都拿不定主意該特別寵愛誰。因此，他想出了一個辦法，晚上就寢之前，他親自駕著小小的羊車，在後宮裡打轉，羊車停在哪位妃子的宮門前，他便在那位妃子那裡留宿。妃子們爲了爭取皇帝的寵幸，紛紛在房門口插上嫩竹，或是在羊車會經過的道路上灑了鹽汁，吸引羊兒停在自己的門口。

上樑不正下樑歪，皇帝如此荒淫，底下的臣子也就清廉不到哪裡去。

歷任鎮北將軍、太尉、太傅和太宰的老臣何曾，便是一個奢侈淫華的代表。當然，他能夠累積如此豐厚的經歷與官位，得到晉朝皇室的尊崇，也不是完全沒有原因的。在行政工作上，他有著一定的才幹，同時對於晉武帝缺乏深謀遠慮，感到憂心忡忡，他曾經對兒子說過：「天子應有千秋大業的宏圖，可是每當我蒙受皇上召見，總聽他在說一些家常瑣事，從來沒聽他提過經略國家的大計，這可不是一個好現象！」

但是，何曾自己也不能以身作則，留給後代一個好榜樣，他的奢靡可說是有點過分，日常使用的幃帳、車馬與服飾，都是極盡精雕細琢之能事，走在門外，金碧輝煌，回到家裡，雕梁畫棟。他特別講究吃，每餐的花費都在萬錢以上，面對滿桌佳餚，他還洋洋自得的說：「這麼多菜，都不知道從哪裡先下筷子啦！」

何曾的奢華，甚至連皇帝的排場都比不上他，每當他受武帝邀請進宮飲宴，都不吃宮裡準備的食物，而是自己帶著家中廚房所精心調製的美食。晉武帝對這種現象似乎也不以爲忤，有人彈劾何曾過度浪費，他也從不追究。

王渾的兒子王濟，娶了晉武帝的女兒長山公主爲妻，他也是一個奢侈的代表。府邸當中的馬廄地上都鋪設著小錢，每當沖洗馬廄的時候，小錢就順著水流出去，號稱爲「金溝」。晉武帝覺得很新鮮，便到王濟家中作客。

招待的是皇帝，又是他的岳父，王濟不敢怠慢，擺出最豪華的排場，讓晉武帝大開眼界。吃飯的時候，身穿綾羅綢緞的美貌婢女百餘人，手裡捧著當時最爲昂貴稀有的琉璃器皿，裡面盛著各式各樣的美味佳餚，其中有一道清蒸乳豬，吃起來異常肥美，晉武帝問道：「皇宮裡也常吃得到這道菜，怎麼卻沒有這麼好吃呢？」

王濟笑著答道：「啓稟陛下，這小豬在飼養的時候，是用人乳餵大的，所以吃起來特別肥嫩。」

何曾與王濟已經如此奢侈，卻還比不上洛陽城裡另外三位富豪——中護軍羊琇、後將軍王愷以及散騎常侍石崇，羊琇和王愷都是外戚，在權力上比石崇來得大，但是誇耀起財富，似乎又比不上石崇了。

石崇的財富來得不大正當，那是他在擔任荊州刺史的時候，在當地所搜刮來的民脂民膏，甚至有相當大的一部分，是如同強盜一般劫掠而來，不過總而言之，他調回京師任職的時候，已經是首屈一指的大富豪。

王愷是晉武帝的舅舅，向來喜歡炫耀自己的財富，廚房裡洗鍋子不用水，用的是麥芽糖，也不管這樣洗是不是洗得乾淨。石崇聽說這件事，有心和他比一比，於是便用蠟燭當柴火燒，用來煮飯。

這樣，人們都覺得石崇比較富有了。王愷不服氣，便在自己家門前兩側的大道上，用紫色的絲綢編織成屛障，一共綿延了四十里，誰要上他家，誰就得經過這四十里的屛障。石崇不甘示弱，使用比紫絲更爲昂貴的彩緞，編織了五十里的屛障，又把王愷給比了下去。

王愷氣不過，找了自己的外甥晉武帝幫忙。晉武帝對他們之間鬥富的較勁頗感興趣，便道：

「日前有人獻了一株珊瑚，有兩尺多高，你就拿去讓石崇看一看吧！」

這株珊瑚色澤均勻，通體粉紅，一看就知道是稀世珍寶，王愷很得意，請了許多官員來家中作客，石崇當然在受邀之列，酒過三巡，王愷提議把珊瑚拿出來，讓大家欣賞。眾人看著那珊瑚，紛紛讚不絕口，可是石崇卻一句話也不說。

王愷有意無意地靠近石崇，洋洋自得地問道：「你覺得怎麼樣啊？」誰知那石崇竟然二話不說，順手抄起身旁的鐵如意，喀啦一聲，把那株令王愷家滿室生輝的珊瑚給打碎了。

「你……你好大的膽子，你……」王愷既驚訝且憤怒，張著嘴巴，瞪著石崇，氣得說不出話。

石崇笑道：「將軍您別生氣，不過就是一株珊瑚嘛，我賠給你就是。」這麼名貴的珊瑚，王愷連看都沒看過，他根本不相信石崇能夠賠得起，於是道：「好，你賠……你賠不起的話……惟你是問！」

石崇向隨從吩咐幾聲，隨從連忙離去，他本人則繼續坐在大廳，好整以暇地面對眾人的驚訝與王愷的憤怒。

片刻後，隨從帶著一群家僕回來了，家僕當然都是石崇家裡的人，每個人一組，小心翼翼地合力端著一株珊瑚，前前後後端進了十幾株，王愷一看，便洩了氣，知道自己再也無力和對方拚財力。那時幾株珊瑚，每一株都是晶瑩剔透，最高的有四五尺，最矮的也和王愷的那株一樣有兩尺，登時滿室光華，令人不敢逼視。

石崇道：「這些珊瑚，王將軍您隨便挑一株，不，您如果喜歡的話，挑個兩三株去也不要緊的，任何一株，都應該可以賠您被我打碎的那株了吧！」

兩人之間的財力比拚終於告一段落，不過奢靡淫華的風氣，卻仍不斷的上演。

他們之所以會如此富有，並非因爲當時的經濟蓬勃發展，相反的，西晉初年的經濟狀況，已經由市場經濟演變爲莊園經濟，財富集中在少數世家大族手裡，絕大多數的百姓，貧無立錐之地，只好依附在大家族底下生存，惡性循環之下，貧富差距越來越大。

世家大族的發展，從西漢末年便已奠定基礎。他們有些是出身自官僚體系，有些是大商人，有了錢就想要有權，有了權就開始兼併土地，家族擴大之後，爲了自保，便發展出武裝組織，吸收平民百姓前來依附，當保鑣、佃農，形成所謂的「部曲」、佃客。

政治上的腐敗，更促成這種現象的盛行，繁重的賦稅與勞役，讓僅能靠著耕種度日的貧苦農民難以生存，逼不得已的情況下，他們只好投靠世家大族。雖說他們在世家大族的莊園內，也需要服勞役，有時甚至要協助作戰，生活仍舊清苦，但是終究比中央政府的壓榨減輕許多，所以歷經整個東漢，這種莊園經濟發展得相當迅速。

東漢末年，群雄割據，爲了擴張勢力，群雄都對各地的世家大族極盡拉攏。曹操的部將許褚、李典，孫權的部下魯肅、甘寧，劉備的部下糜竺、霍峻，都是本身擁有許多部曲的世家大族出身，而三國鼎立的局面，正是靠著這些大家族的支持，才得以實現。

公元二二〇年，曹丕繼承曹操的地位，準備稱帝。當時，世族出身的尚書陳群，向曹丕提出了「九品官人法」，作爲選拔官吏的依據，用來取代兩漢所實施的「徵辟」和「察舉」。

「九品官人法」立意本爲良善，因爲「徵辟」、「察舉」的方式演變久了，已經成爲私相授受，官官相護的工具，況且東漢末年開始，天下大亂，地方上的基礎行政組織，已告瓦解，察舉、徵辟已經很難執行，而九品官人法，則在各地州郡設立中正官，依據轄區內人物的品德，分爲各種不同的品級，只要評選爲上品，那就有任職官吏的機會。

「蓋以論人才優劣，非爲世族高卑」，正是九品官人法的原意，但是連曹丕也知道，這個辦法一旦實施，將來各地中正官必定仍由世家大族所把持，可是，他爲了要受禪稱帝，不得不對世家大族做出妥協，因此九品官人法就此通過。果不其然，實施了沒多久，便造成「上品無寒門，下品無世族」的現象，世家大族的政治力量，更爲雄厚，連中央政府都無權過問。

晉武帝初即位的時候，曾經試圖抑制這種現象的發展，他下詔世家大族禁止招募佃客，因爲農民如果都跑去依附在莊園之中，中央政府的稅收來源便成問題。他的命令雖然短時間內奏效，然而時間一久，隨著政局再度陷於動盪，世家大族與莊園經濟依舊根深蒂固。

西晉初年政治風氣的敗壞，還有一個原因，那就是長年壟斷思想界的儒家思想，在此時開始動搖。

長久以來，「徵辟」、「察舉」所依據的，乃是地方士人之間的「清議」，一個人的品德或者才幹，便是由這種清議所略窺一二，東漢末年許劭說曹操是「治世之能臣，亂世之奸雄」，便是清議的一種表現。後來九品官人法實施，清議不再有影響性，於是「清談」繼之而起，他們不再評論大人物，轉而討論玄妙深奧的哲學思想。

經年累月的戰亂，使得人們開始懷疑儒家學說的可行性，代之而起的，是主張「清靜」、「無爲」的黃老思想。魏帝曹芳正始年間，何晏、王弼等人，好談老莊，並且建立了日後被泛稱爲「玄學」的哲學思辨系統。

當然，他們喜歡談論老莊，和西漢初年崇尚黃老之學，有著本質上的不同。西漢初年以黃老治國，凡事清靜無爲，主要的目的在與民休息，培養國力。魏晉時代的玄學家，把老子、莊子和易經的內容加以延伸，統稱「三玄」，結果成了貴族階層用來替自己找藉口的依據。

清談成爲風尚的結果，導致士大夫對於國家政治多不掛心，更有甚者，把縱慾放蕩，奢侈靡爛的生活，當作一種風雅的事。

一個朝代在建立之初，便已經成了這副模樣，如此怎可長久？

智障與潑婦

晉武帝死於公元二九〇年，就在晉統一天下後的整整十年，遺詔由太子司馬衷繼位，是爲晉惠帝。惠帝是他的謚號，中國歷史上的皇帝，大凡死後被稱作惠帝的，不是生性懦弱，便是資質平庸，晉惠帝算是資質平庸的代表。

晉惠帝不只是資質平庸，甚至有人懷疑他是個低能兒，聽見百姓貧困沒有飯吃，他竟然說得出「何不食肉糜」這樣的話，其智慧低落可見一斑。

其實，晉惠帝算是環境的犧牲者，驕奢淫逸的貴族生活，讓他沒有機會好好學習，平庸的資質就變得更爲愚劣。在他還是太子的時候，整天只知道玩樂，也沒什麼人教導他，有一回他在後宮玩耍，聽見池塘裡傳來陣陣蛤蟆叫聲，他便問身旁的太監：「這蛤蟆是官家的，還是私家的啊？」

太監也不知道該怎麼回答，只好哄著他說道：「在官家池塘裡叫的，就是官家的，在私家池塘裡叫的，就是私家的。」

太子的表現，朝中大臣們看在眼裡，心中都十分憂慮。許多人紛紛委婉地勸說，希望晉武帝能夠對將來的繼承人多做考慮，然而每次晉武帝聽了，總是一言不發。有一次，晉武帝在宮裡舉行宴會，老臣衛瓘藉著酒意，壯了膽子對晉武帝說道：「陛下，臣有事稟奏。」

「衛公有話但說無妨。」

「這個……」

衛瓘幾次鼓起勇氣想說，但是話到了嘴邊，又硬生生地被他吞了回去。畢竟廢立太子之事，茲事體大，誰也不願意承擔這樣的責任，包括衛瓘在內，因此他猶豫了半天，最後只是輕輕地撫摸著皇帝的寶座，嘆著氣說道：「眞是可惜了這張寶座。」

晉武帝當然知道他想說什麼，卻只是笑了笑，揮揮手道：「衛公眞的喝醉了。」

其實晉武帝何嘗不知道自己的兒子不適合接掌帝位，他比較屬意的是齊王司馬攸。司馬攸是司馬昭的另一個兒子，也就是晉武帝的同胞兄弟，但是過繼給沒有子嗣的司馬師，當初司馬昭繼承司馬師的事業，認爲天下是司馬師讓給他的，所以很希望將天下還給司馬攸，因此曾經對還是太子的晉武帝說：「你們將來，一定要互相友愛。」

但是當他把這件事提出來，徵詢楊皇后的意見時，楊皇后的回答卻是：「古有明訓，立嫡以長不以賢，如果亂了祖宗家法，必定會造成無可彌補的災禍。」晉惠帝是她姊姊所生，她是晉惠帝的姨母，自然反對另立太子。

此外，向來爲晉武帝所倚重的賈充，是晉惠帝的岳父，他和他那一夥朋黨，向來站在太子那邊，當然反對司馬攸，這時候賈充已死，以荀勖爲首的太子黨，極力建言萬萬不可任意廢立，並慫恿晉武帝將司馬攸遣回封國。司馬攸悲憤異常，吐血而死。

其實晉惠帝只是笨，並不算太壞，如果他生在一個國家制度運作完善的年代裡，說不定可以成爲一位仁慈的君主，但是偏偏他所處的時代，必須要有絕對強勢的作爲，才有可能維繫王朝的穩定。在治國的智慧上，他是欠缺的，而他的登基，卻帶來了一個災難，一個多餘的災難。

這個災難是他的皇后，賈充的女兒賈南風。

當初晉武帝指派賈充出陣關中，但是賈充不想離開權力核心，在同黨荀勖的策劃下，把自己的女兒推薦給晉武帝當太子妃，又在楊皇后面前，說自己的女兒有多美麗賢淑，絕對是母儀天下的不二人選。晉武帝沒見過賈充的女兒，聽了這樣的話，便同意這樁安排。

誰知道這位太子妃娶進門以後，眾人才發現她不但相貌醜陋，皮膚黝黑、身材矮小，而且生性兇惡忌妒，權力慾極高。膽小的太子根本不是她的對手，對她敬畏萬分，從來不敢忤逆。

她的太子妃地位，開始的時候是很危險的，因為許多大臣如衛瓘等人都想找太子的麻煩，認為太子太笨，應當另立賢嗣。幸好晉武帝在這一點站在她這邊，有心要讓大臣們知道自己的兒子其實沒有那麼笨，因此安排了一次測試。某次宴請文武百官，並將東宮官員全部找來，只把太子留在東宮，然後派人送去一疊公文，請太子裁示。太子傻呼呼的看不懂那是什麼，便拿給太子妃觀看。

太子妃一看大驚，說道：「這是在考驗你啊，還弄不清楚怎麼回事！」連忙找了自己親信的部下張泓，請他從宮外找人來代筆。

代筆的人文采斐然，引經據典地做出批示，張泓在一旁看了，對太子妃道：「太子從來不讀古書的，這樣寫，恐怕會在皇上那裡露出馬腳，不然直接了當一點比較好。」

太子妃一想也對，便叫代筆之人用口語重寫一遍，然後再叫太子照抄一份，送去給晉武帝。

晉武帝看了以後大喜，說道：「你們看，誰說太子愚笨？這份批示，雖說文路不通，錯字也有一些，但批示的內容可都頭頭是道啊！看來太子是大器晚成，你們也就別再嫌棄他了。」如此，堵住了衛瓘等人的口，太子的地位也因而穩固。

等到太子妃成了皇后，那就更不得了了，她也知道自己的丈夫難成大事，因此事事皆有自己的主張，這也並非壞事，可是偏偏她喜歡玩弄權謀，而玩弄權謀的技巧又十分拙劣，因此把朝政搞得烏煙瘴氣，大亂隨之而起。

晉惠帝即位的時候，軍政大權操縱在楊太后的父親太傅楊駿的手上。楊駿在晉武帝晚年，便已掌握了許多權力，他趁著晉武帝病重之際，暗中部署，排除異己。晉武帝知道楊駿權力慾望極大，於是在他彌留之際，還突然醒過來交代遺言，下詔汝南王司馬亮與楊駿共同輔政，企圖多引進一股力量，與楊駿互相制衡，維持他家族的地位。

但是，楊駿知道晉武帝日子不多了，便與女兒楊皇后密謀，將晉武帝的詔書押下來，等過了幾天，晉武帝去世，楊駿便排除了司馬亮，獨攬大權。這惹來許多大臣不滿，甚至有人建議司馬亮起來討伐楊駿，可是，司馬亮膽小怕事，只求保命，索性逃出洛陽，前往他豫州都督的任所許昌。

也是楊駿太過跋扈，朝中上下都安排了自己的人馬，一副專權到底的模樣，他眼中最大的敵人就是視權如命的賈后，因此他派了許多人嚴密監視皇宮，規定往後皇帝下詔必須由楊太后審閱，才得以頒發。

楊駿以為這樣便可以高枕無憂，殊不知適得其反，他的跋扈行徑惹來朝中絕大部分大臣的不滿。

賈后就是利用這一點，秘密聯絡楚王司馬瑋、東安公司馬繇等對楊駿不滿的皇室成員，伺機而動。

一年後，發動宮廷政變，楚王率禁軍殺死了掌權的楊駿兄弟，其黨羽數千人全遭處死，連當初力保晉惠帝的楊太后也不肯放過，被賈后廢爲庶人，幽禁在洛陽西北的一座小城裡，活活餓死。

這場政變算是相當成功，然而，賈后卻沒有得到她想要的權力，朝廷共同推舉汝南王司馬亮以及元老衛瓘共同執掌朝政，而楚王司馬瑋自然也成爲權力核心之一。這些人在賈后的眼中，都成了必須剷除而後快的人物。

同年六月，賈后看出司馬瑋始終覺得自己功勞最大，對於司馬亮和衛瓘十分不滿，因此她讓晉惠帝下了一份手詔給司馬瑋，命令他率領北軍，誅殺司馬亮與衛瓘。

司馬瑋十分高興，心想這既然是皇帝的命令，便照著執行，將來還可以此邀功，沒想到等他把司馬亮和衛瓘殺掉了，賈后又突然翻臉不認帳，指責司馬瑋心懷不軌，擅殺大臣，並以此爲藉口，除掉了司馬瑋。

就這樣，賈后掌握了最大的權力。

一旦掌權，自己家裡的人就必定會分到許多好處，賈后的族兄賈模、內姪賈謐、母舅郭彰等人，都獲得高位，掌握大權。除了這些人之外，賈后還任用了名士張華為司空，王戎為司徒，世族裴頠為尚書僕射，裴楷為中書令。這些人具有一定的行政經驗，而且頗得賈后的敬重，因此一時之間，朝廷內外十分穩定。

然而這對潑婦與智障的政治組合，畢竟難以永久維持，九年之後，做得太過分的賈后，終於還是讓手裡握著兵權的諸王看不下去，從而爆發了動亂。

八王之亂

八王之亂是一場極嚴重的宮廷鬥爭，司馬家族的同室操戈，演變為諸王的混戰，西晉的早早滅亡，實肇因於此。

一般所指的八王，是指汝南王司馬亮、楚王司馬瑋、趙王司馬倫、齊王司馬冏、長沙王司馬乂、成都王司馬穎、河間王司馬顒、東海王司馬越。換言之，歷史上的八王之亂，從楚王司馬瑋殺楊駿，汝南王司馬亮當政開始，便已算在八王之亂的時間範圍之內。

不過，從事實上來看，自賈后於公元二九一年六月殺了司馬瑋，開始擅政以後的整整九年，局面都算穩定，稱不上一個「亂」字，要說亂，也只有賈后本人生活上的淫亂了吧！而從公元三〇〇年動盪眞正開始，諸王混戰，造成天下大亂，先後參與的諸侯王也不止八人，因此「八王之亂」只是一個習慣上的用法而已。

賈后沒有替晉惠帝生下後代，總讓她覺得自己皇后的地位不怎麼踏實，然而，她刻意忽略晉惠帝已經與其他妃子生下子嗣的事情，一昧認定她之所以無法懷孕，完全是晉惠帝的錯。

因此，她先和太醫令程據等人私通，企圖懷一個孩子，但沒有成功，之後便命人到各處搜尋美貌少年，只要找到合適的，便送入宮中來和她交媾，可是仍然沒有成功。久而久之，她似乎喜歡上這種勾當，成爲她享受權力慾望外的另一種嗜好。

賈后打從心裡瞧不起晉惠帝，因此她做這些事的時候，從來不怕讓晉惠帝知道。對於皇后送來的這一頂綠油油的帽子，晉惠帝怡然自得地把它戴上了，反正只要皇后不對他惡言相向，少對他頤指氣使，他就覺得很滿足了，哪管皇后是不是穢亂宮廷。

不過賈后做得也太過誇張，經常光明正大地在後宮裡亂來，到後來張華、賈模、裴頠這些重臣們也都知道她幹下的好事，內心感到十分憂慮，聚在一起議論紛紛，卻也想不出一個對策。

裴頠說道：「皇后如此，實乃國家之大不幸，要不要咱們幾個聯合起來，請皇上另立嫻淑女子爲后……」

張華道：「你別做夢了，你得知道，當今天下的皇上可不是皇上，正是皇后啊！要廢后，先把你自己給廢了吧！」

他和賈模都不願意承擔風險，裴頠也不算是敢於以性命相拚的人物，只好對賈后「曉以大義」，請賈后的母親郭槐告誡賈后，但是賈后總是聽不進去，反而漸漸和這些重臣疏遠起來。

最致命的倒不是賈后無窮盡的慾望，如果賈后的嫉妒心沒有如此強烈，那麼她背負的罪名也許就僅止於「穢亂宮廷」，而非「亂政」了。她開始把太子司馬遹看成自己最大的敵人，並且將太子的生母謝妃視爲眼中釘。

這樣的事其實在賈后當年還是太子妃的時候，就已經做過了。她向來對太子其他的侍妾十分嫉妒，尤其對懷有身孕的妃子恨之入骨，曾經害死其中幾個，甚至親自動手，以鐵器毆打懷孕妃子的腹部，使她們流產。

晉武帝當時曾經氣得想要將賈太子妃廢掉，多虧許多大臣不斷爲她說情，以及後來被她所害死的楊皇后也向晉武帝說好話：「賈充乃朝廷大功臣，這賈妃是他的女兒，嫉妒之心人皆有之，就算陛下氣不過賈妃的嫉妒，也別忘了當年賈充對朝廷的奉獻啊！」晉武帝這才收回成命。

現在，這位賈后又準備拿太子來開刀了。

太子司馬遹，小時候十分聰明，很能得到晉武帝的歡心，他想雖然兒子愚笨，但是總有一天這個孫子會接任，那麼情況也許不會太糟糕，這也是晉武帝決定把帝位傳給笨兒子的原因之一。

可是這個太子後來長大了，卻變得不愛唸書，只知道整天帶著隨從到處遊玩，而且脾氣非常暴躁，像個十足的不良少年。西晉皇室的教育之差，在此可見一斑，他父親已經是犧牲品，現在他也成了這種樣子。

賈后看在眼哩，心中暗自高興，不但不加以勸說，反而讓宮裡的太監引誘太子繼續玩樂，讓太子變得越來越糟糕。

太子的侍從杜錫眼見太子日益驕狂傲慢，簡直不像話，因此經常在太子耳邊諄諄教誨。太子聽不進去，反而覺得杜錫很煩人，想要整一整他，便讓人在杜錫的坐墊之中，放了縫衣針進去，結果杜錫一坐下去，屁股和大腿便被刺得鮮血直流，太子則在一旁哈哈大笑。

賈后的姪子賈謐向來和太子處不好，在賈后一旁說道：「這太子不但品德低落，結交小人，而且還聽說他積蓄財富，處心積慮想要對付咱們賈家。如果有一天給他當了皇帝，他要像當年我們殺楊駿那樣除掉我們，簡直易如反掌，我看倒不如找機會先下手為強，除掉太子，另立一位聽話的人選。」

這些話句句刺中賈后的心坎，於是與她的同黨開始散播謠言，說太子與朝中許多奸臣打算聯手篡位，並對賈家人不利。賈后為了將自己成功地塑造成受害者的形象，便宣稱自己有了身孕，這麼一來，欺負孕婦的太子，就更為可惡了。

可是賈后並沒有懷孕，為了掩飾這個假象，她也費了一番功夫，每天把自己的肚子裹起來，過一陣子便裹得厚一點，等到應該要生產了，就把自己妹妹生的兒子抱來，謊稱是自己所生。

經過長時間的策劃，一切準備就緒，賈后正式要對太子下手。

公元二九九年，晉元康九年十二月，晉惠帝生了一點小病，賈后便十分誇張地對外宣稱惠帝病危，急召太子進宮，交待繼承大事。

太子到了宮裡，沒看見「病危」的父親，只看見一群花枝招展的宮女，對著他眉開眼笑，一會兒恭賀他即將榮登大寶，一會兒又勸他喝酒，太子被捧得飄飄然，渾然忘記自己進宮來究竟是爲了什麼，開懷暢飲，喝得酩酊大醉。

趁著太子爛醉如泥的當下，賈后拿著一份手稿進來，囑咐宮女們不得作聲，並讓太子劃押。醉得分不清美醜的太子，以爲賈后也是宮女之一，要他做什麼他都願意，便在手稿上面劃了押。

誰知這份手稿，竟是奪去他性命的藉口。

手稿上面清楚地寫著：「皇帝昏庸無能，皇后亂政，我已備妥兵馬，請皇帝與皇后自行了斷，如果猶豫不決，我將率兵進入宮中。剷除昏君，掌握大權。」

這份手稿，賈后隨即展現在文武百官面前，並且說道：「太子陰謀，罪證確鑿，如不懲戒這樣的忤逆子，將來的天下，怎能永保太平？」

大臣們懾於賈后淫威，誰也不敢說話，太子司馬遹的罪名就這樣認定了。他被賈后以皇帝的名義廢爲庶人，幽禁起來。

賈后再度展現了她玩弄權謀的技能，可是，這一次，她卻玩過了頭，她陷害太子，人人心知肚明，因此這件事，可說是群情激憤。

直接受到影響的便是太子東宮中的成員。太子被陷害，他們的前程，他們的生計，甚至他們的性命，都遭到危害，所以他們都想起來對付賈后，但是，他們的地位和聲望，都難以讓他們有什麼作爲，因此，他們決定共同推舉一位有號召力，有影響力的人，來當他們的領袖。

他們看上的，是趙王司馬倫。

司馬倫是司馬懿的第九個兒子，沒什麼才智，卻十分貪戀權位。他在賈后底下當官，做到了右將軍，禁軍統帥的位置，東宮的官員前來稍加慫恿，司馬倫便按捺不住，找來自己的心腹孫秀商量。

孫秀是許多年前從吳國流亡而來的，吳國滅亡以前，孫秀極受禮遇，吳國滅亡之後，孫秀倍受冷落，經過這許多年，孫秀總想要有一番作爲，剛巧此時司馬倫向他提及此事，孫秀見機不可失，便說道：「現在起事，正是最好的機會，可是，人人都以爲您和賈后是同黨，這時就算把太子請回來，恐怕太子也會注意您。唯今之計，只有借賈后之手，除掉太子，然後您再以替太子復仇之名，剷除賈后，如此，必可大權在握。」

「那我該怎麼做呢？」

「先散播風聲，說東宮官員將復立太子，對賈后不利，如此賈后必定會受不了刺激。」

司馬倫依計而行，果然賈后忍受不了這樣的謠言，便將太子毒死，讓她成了眾矢之的。

公元三〇〇年，永康元年四月，司馬倫與齊王司馬冏、梁王司馬肜合謀，率兵入宮，逮捕賈后，並將賈謐、張華、裴頠、董猛等人，一一收捕斬首，將賈氏黨羽全部剷除，最後並將賈后也毒死。

司馬倫沒有什麼主見，所做所爲全憑孫秀安排。孫秀似乎被壓抑久了，一旦掌權，便爲所欲爲，朝廷裡的官員一再遭到更換，全憑孫秀好惡，眾人怨聲載道。孫秀和齊王司馬冏不合，因此故意讓司馬冏加領鎮東將軍，鎮守許昌，將他排除在京師權力中心之外。

而司馬倫也想要嘗嘗皇帝的滋味，便在孫秀策劃下，於第二年正月，奉惠帝爲太上皇，自己登基稱帝。他的地位，名不正言不順，只讓眾人白眼以對。

被孫秀排擠的齊王司馬冏，自從被趕出京城之後，始終忿忿不平，等到司馬倫稱帝，他立刻和成都王司馬穎、長沙王司馬乂以及新野公司馬歆等人聯合起來，共同宣布司馬倫與孫秀的罪狀，並且同時起兵攻打洛陽。

司馬冏自許昌北上，司馬穎自鄴城領兵南下，兩路兵馬多達數十萬人。後來，出鎮關中的河間王司馬顒，看見反對趙王的聲勢浩大，便改變了原本支持趙王的態度，也宣布討伐司馬倫。司馬倫大驚失色，連忙分兵抵抗，結果一南一北均遭到失敗，死傷慘重。

大軍漸漸逼近洛陽，城中大亂，結果左衛將軍王輿發動兵變，殺了孫秀，並且帶兵進入宮中，強迫趙王司馬倫下台，重新迎立惠帝繼位。這時梁王司馬肜上奏，說司馬倫大逆不道，應當賜死。惠帝答應了，司馬倫被殺，然而洛陽的大混亂，才正要展開。

司馬穎、司馬顒、司馬乂以及司馬冏，各自領著大軍，浩浩蕩蕩進入洛陽，他們手握重兵，豐厚的賞賜自然是免不了的。齊王司馬冏受封爲大司馬，並且加以最榮寵的九錫，成都王司馬穎受封爲大都督，河間王司馬顒爲侍中太尉，梁王則爲太宰。

不久之後，成都王和河間王先後離開洛陽，回到他們自己的封地繼續鎮守，而梁王司馬彤又在次年病死，於是，齊王司馬冏便成了總攬大權的人物。他遺傳到司馬懿子孫的權力慾望，卻沒能遺傳到才幹，掌握大權之後，開始作威作福，縱情酒色。有了司馬倫的前車之鑑，他是不敢稱帝了，但是，他卻希望由自己來扶植未來的皇帝。

剛好這時，太子司馬遹的第三個兒子，皇太孫司馬尚病死，晉惠帝所有的後代都死光了，照理說，這時候成都王司馬穎的聲望和輩份，比任何人都來得高，皇帝繼承人理論上非他莫屬。但司馬冏不這麼認爲，他要扶立一個將來能聽他話的人，幾經挑選，最後他立了年僅八歲的司馬覃爲太子，這樣便與成都王決裂，也造成長沙王司馬乂對他的不滿。

當時有個河間王的長史名叫李含，在洛陽擔任翊軍校尉，因爲和齊王底下的人處不好，就偷偷離開洛陽，跑回長安，對河間王司馬顒說道：「下官奉皇上命令，來與大王聯繫，請大王聲討齊王！」

司馬顒也看不慣齊王在京中跋扈囂張的模樣，審度了情勢之後，認爲成都王必定會和他合作，於是上表陳述齊王罪狀，說自己已經和成都王司馬穎、新野王司馬歆等人聯合起來，屯兵十餘萬，即將向洛陽進發。同時，他也發了檄文給人在洛陽的長沙王司馬乂，請他從朝中起義，一同討伐司馬冏。

「這小子當初就是個騎牆派，如今想來討伐我？」司馬冏怒道，他看著散發天下的檄文，說道：「裡面還有司馬乂啊？我立太子，他對我不滿已久，這傢伙留在京中，的確是個禍害。」他決定先下手爲強，發兵攻打司馬乂，卻沒料到司馬乂早有防備，而且兵力不輸給他。兩個王各自率兵在洛陽城中火拼，激戰了三天三夜，死傷狼藉，最後竟然是齊王司馬冏兵敗被殺。

如此的結果，是河間王和成都王所始料未及的，他們原本以爲，司馬乂勢單力薄，不會是齊王的對手，正好可以藉由齊王之手，先除掉這個障礙，然後，再由他們兩人進京消滅齊王。

誰知長沙王一舉獲勝，而河間王的根據地在長安，成都王的根據地在鄴城，兩人都不願意離開根據地，前去長沙王掌控下的洛陽，索性就讓司馬乂在洛陽執政，由成都王領大將軍名義，在鄴城遙控政局。

這樣的安排自然不能讓人滿意，最有實力的人竟被排除在權力之外。河間王原本另有打算，他希望將惠帝廢黜，立成都王爲帝，自己當宰相，以掌握大權；成都王的想法則是，雖不一定立刻就要取惠帝而代之，但是，至少也應該宣布他爲皇太弟，作爲皇位的接班人。誰知道多次和司馬乂提起這件事，司馬乂全然相應不理。

這讓司馬穎和司馬顒十分生氣，因此互相討論，決定除掉司馬乂。公元三〇三年，晉惠帝太安二年八月，河間王司馬顒統領精兵七萬，自關中經函谷關向洛陽進發；成都王司馬顒調動大軍二十多萬，以東吳名將陸抗之子陸機爲前鋒都督，從鄴城出發，渡河直撲洛陽。

長沙王司馬乂連忙整軍備戰，統帥數萬兵馬，嚴密把守洛陽城池。這三方人馬總數加起來超過三十萬，是近年一連串動亂中，規模最大的一次。

成都王大軍統帥陸機，雖是名將之後，且爲人正直，文采不凡，但是並沒有遺傳到父親的軍事天分，底下的將領都與他不甚合拍，因此在洛陽建春門外，與司馬乂軍隊一經交鋒，便遭到大敗。

不過，畢竟交戰雙方兵力過於懸殊，這一場失敗對成都王沒有多大的影響，兩軍將洛陽團團包圍得水洩不通，城裡沒有囤積糧食，米價暴漲至每石萬錢，於是，城中的領導階層之間也爆發了衝突。

擔任司空的東海王司馬越，先前因爲參與誅殺楊駿有功，漸漸在洛陽權力中心嶄露頭角，這幾年諸王之間的相互征戰，他都因爲自己羽翼未豐，沒有捲入漩渦當中。這時洛陽情況危急，司馬越發覺，這是個好時機，便和部分禁軍將領秘密協商，於次年正月的一個夜晚，趁著月色，發兵一舉逮捕司馬乂，隨即開城門迎接成都王大軍入城。

成都王得到了他期待以久的皇太弟位置，並且當了宰相，總攬朝政，可是他仍然返回了自己的根據地鄴城，政治中心一時之間轉移至鄴城。然而成都王司馬穎雖然長得相貌堂堂，卻是個不愛唸書的草包，自以爲功績卓越，便驕奢無比，行政秩序大亂，比以前司馬冏、司馬乂的情況還差，讓大家見識到，永遠有更糟糕的執政者。

司馬越野心勃勃，他掌握禁軍，皇帝又在他身邊，便以為自己具有足夠的號召力，可以和成都王一搏。公元三〇四年七月，東海王司馬越統領著禁軍，向天下發佈檄文，指責成都王敗壞政治，並挾持著晉惠帝，一路攻往鄴城。

從洛陽到鄴城幾天的路上，歸附司馬越的軍隊越來越多，最後已多達十餘萬，他自以為聲勢浩大，便放鬆了防備，以為成都王會不戰而降，誰知道卻突然遭到成都王部將的突擊，頓時潰不成軍，惠帝被成都王所俘虜，東海王落荒逃回自己的封地，不過他仍未完全失敗，還有不少勢力效忠於他。

在長安聲援成都王的河間王司馬顒，伺機而動，見東海王兵敗，立即命令部將張方率兵佔領洛陽。這時候，雄據北方幽州地區（今北京市）的平北將軍王浚，由於和成都王不合，率領了幽州所有兵馬，聯合當地少數民族烏桓、鮮卑的兵力，響應東海王，大舉南征，攻向鄴城，將成都王打垮。

這短時間之內的變化，令人措手不及，成都王帶著惠帝逃往洛陽，竟然被張方所劫持，送往關中。一向與成都王合作的河間王，見成都王已經失去利用價值，便將他皇太弟的身分廢黜，另立司馬炎第二十五子，豫章王司馬熾為皇太弟。

河間王為了安撫東方，派人去請司馬越回來，繼續當他的司空，並且還任命他為太傅，想要拉攏他，然而司馬越哪是這樣就能滿足之人？遂於公元三〇五年七月，在山東起兵，號召平北將軍王浚、范陽王司馬琥、東平王司馬楙等人，一同攻向關中，在歷經了一場慘烈的混戰之後，河間王戰敗，與成都王先後被殺，東海王司馬越迎立惠帝，重新返回洛陽，掌握大權。

不到半年之後，可憐的晉惠帝就被東海王毒死，司馬熾繼位，是爲晉懷帝，一切的權力，仍然控制在東海王的手裡。

這時，手握重兵的諸侯王已經死傷殆盡，八王之亂可以算是結束了，然而司馬家兄弟之間連年兵戎相向，範圍遍及整個華北地區，生靈之塗炭，空前未有。西晉帝國的國勢就此頽靡不振，從兩京到山東，一片赤地千里，到處都有饑荒，每天都有餓死的人。

然而，世家大族之間的遊戲，仍在進行著。更大的災禍，也即將隨之而來……

第三章：南方與北方

西晉的黑暗統治讓無數人民起來反抗，八王之亂更把西晉王朝完全拖垮，一些居住在中國北方的少數民族，先後在中原建立屬於自己的政權，甚而消滅了西晉，從此中國北方再度陷於動亂。

吳國當年被西晉所滅，江東地區成為西晉的版圖，然而當西晉被匈奴王劉淵所滅之時，江東地區卻成為延續晉朝國祚的場所。琅邪王司馬睿，在世家大族的協助下，在建業成立了東晉政權。

概略說來，往後近三百年的中國版圖，大致以長江淮河流域為界，劃分成南北兩個不同的區域，各自懷抱著不同的期望，馳騁著統治者們的理想和野心，摧殘著千萬蒼生的幸福和希望。

永嘉之禍

時值八王之亂如火如荼的年代，大家族之間的火拚，完全不曾顧慮到平民百姓的生計，朱門酒肉臭，路有凍死骨，天下百姓，民不聊生。

關中和洛陽之間，每年都有戰亂，再加上這幾年農作物收成不好，因而爆發了大饑荒，餓死了無數的百姓。那些僥倖活著的，聚集在一起，聽說益州巴蜀乃是天府之國，且戰亂未曾波及，便一同流亡尋求一線生機。

災民有十幾萬人，當中不乏曾經是大家族的一份子，現在沒落了，便與下品寒門沒什麼兩樣。

「聽說不只是關中，連山東、江淮，甚至是江南，到處都有和咱們一樣活不下去的人哪！」

「朝廷如此敗壞，天下蒼生會有這樣的結果，實在不足爲奇。」

說話的是兄弟五人，兄長名叫李特，他是氐族人的後代，擅長騎馬射箭，甚爲武勇，年輕的時候當過州郡小官，現在也生存不下去，與百姓一同流亡。他們的祖先李虎，當年居住在漢中，曹操平定張魯，李虎率眾歸附，因而受命爲將軍，遷往略陽（今甘肅秦安東南）。所以算起來，李特兄弟五人，也是貴族出身的。

有著這樣的背景，說話的時候自然大聲一點，當十幾萬流民來到蜀中，李特看著劍閣的天險，忽然嘆道：「劉阿斗有這樣的地方，卻率眾投降，實在是個天大的傻瓜啊！」

他兄弟李庠說道：「這麼說的話，如果你是阿斗，你就不會投降囉？」

「當然！」李特毫不考慮地說道。

「哈哈！」他們的另一名兄弟李流笑道：「大話誰都會說，但是，現在能夠活下去就不錯啦。」

兄弟五人似乎都有著天生的領導能力，饑民當中，有許多人都奉他們為領袖，跟隨他們進入號稱天府之國的蜀中。

此時益州刺史名叫趙廞，對這些流亡而來的饑民很好，盡量給予他們需要的幫助。「算起來，咱們還是同鄉呢！」他對李特等人說道：「你們能來，是瞧得起我們益州啊。」

趙廞之所以如此，倒不是全然的好心，某一部分也是為了建立自己的聲望。偏偏他的企圖，被朝廷所知悉，於是徵召他回京述職，另外派遣成都內史耿滕接替趙廞的地位。

趙廞很生氣，不願意自己籌畫許久的計謀的破壞，索性殺掉耿滕，正式起兵反叛，自稱大將軍、大都督，領益州牧。反正現在朝廷當中也正亂成一團，根本沒有人有時間來管他。李特、李庠等人，自然成了他的主要幹部之一，分別統領不少兵馬。

李庠善於用兵，在軍中很得人心，軍紀嚴整，這讓趙廞很不放心，趙廞的部下杜淑、張粲等人便趁機進言：「將軍剛剛起兵，就把軍馬大權交給一個外來者，有道是非我族類，其心必異，將軍您這麼做，實在是很危險，不如設法將李庠給除掉。」

趙廞一下子就同意了，便與杜淑等人商量，安排了李庠一個「大逆不道，企圖謀反」的罪名，將他和他的家人全部誅殺。這時李特、李流都領兵在外，趙廞為了避免他們反抗，派人安撫他們：「李庠心生叛意，這才將他處死，與你們兄弟並不相關。」

李特、李流哪能相信這樣的話？他們悲憤異常決心為兄弟報仇，便領兵偷襲駐紮在綿竹的趙歐部將費遠，他們趁著黑夜，放火燒營，順利擊敗費遠，便且收編了他的軍隊，隨即進軍成都。

趙廞沒想到李特兄弟來得這麼快，他已經沒有兵力了，倉皇之間，帶著家小逃出成都，半路上被部下所殺。

李特進入成都，大開殺戒，把趙廞所任命的官吏全部殺死。

「接下來，該怎麼著？」替兄弟報了仇，李特心中有些空虛。

「向朝廷報告這件事，就說趙廞罪無可赦，我們爲國除奸，這樣，或許可以得到封賞。」李流說道。

朝廷沒有理會一個流民出身之人的話，早在趙廞宣布叛亂，他們就已經派了梁州刺史羅尙，率領蜀郡太守徐儉、廣漢太守辛冉等人，領兵七千餘人入蜀。李特對他們心存懷疑，卻也不便多說些什麼。

羅尙一到成都，便以朝廷名義宣布道：「你們這些當初從外地來的流民，朝廷有命，限你們三個月內，回歸本鄉。」

「這……大人，此事恐有不妥……」李特道：「當初從秦州、雍州來這裡討生活的人，現在多半在各地幫人家做工，前些日子，田裡才播了種，三個月內，糧食沒法收成，就算朝廷要咱們上路，也沒有盤纏哪。」

「這我管不著。」羅尙道：「我只管宣達朝廷旨意。你也是外鄉來的吧？到時候可也得要回本鄉。」

辛冉等官吏比羅尚更糟糕，他們想趁火打劫，一再以朝廷的名義，殺害各地流民首領，霸佔他們辛苦積蓄的財產。流民們生存不下去，他們感激李特爲他們說話，紛紛投效到他的麾下，不多久，李特部眾已經多達兩萬人。

這麼一來，李特也成了辛冉眼中的肥羊，辛冉不等羅尚命令，私自率領三萬軍隊，前去攻擊李特的軍營，卻被李特殺得大敗，死傷慘重。

「這是逼我謀反啊！」李特怒道。一戰既勝，正式宣布反抗西晉朝廷，李特自己擔任鎮北大將軍，李流爲鎮東大將軍，另兩個兄弟，李輔爲驃騎將軍，李驤爲驍騎將軍，起兵以後，迅速占領廣漢，隨即圍攻成都。

羅尚在李特包圍下，屢屢戰敗，只好退守河邊，與李特對峙，並且派人去向朝廷求救。朝廷派了荊州刺史宗岱、建平太守孫阜，率領水陸大軍三萬人增援羅尚。正好這時，李特的軍隊缺糧，只好讓軍隊分散籌糧，如此，便苦了當地的世家大族，因爲有糧食的只有他們，軍隊籌糧，找的就是他們。

這些大家族爲了自保，表面上與李特合作，實際上很反對李特。羅尚派人和他們暗中聯繫，約定日期，裡應外合，偷襲李特，李特猝不及防，竟與兄弟李輔雙雙戰死，這是公元三〇三年二月發生的事。

李特雖死，流民所組的軍隊卻沒有一哄而散，分別由李流以及李特之子李雄繼續領導。第二年，李流病死，李雄繼任爲大都督、大將軍，領導流民義軍，奮勇作戰，身先士卒，最後終於將荊州軍隊擊潰，並且攻陷了成都。

西晉永興元年，公元三〇四年十月，李雄自稱爲成都王，在益州建立了文武百官的制度，到了公元三〇六年，李雄稱帝，國號大成，形成了一股割據的勢力，史稱成漢，爲西晉統一天下之後，再度出現的第一個分裂政權。

這只是天下大亂的一個小小插曲。這一年，八王之亂名義上已經結束，朝政由東海王司馬越所掌控，不久之後，他扶植了新的皇帝，也就是晉懷帝。

這個晉懷帝，算是貪婪驕奢的司馬家族裡少有的特例，即位之前，他很少與人來往，生活也還算樸實，平時最大的嗜好便是鑽研經典史籍，家中偶爾舉行宴會，也是和眾人討論經籍的內容。也許，他會是一個太平時代的仁君，不幸卻生在這樣的時代裡。

八王之亂末期，除了李雄在成都稱帝之外，還有江夏地區的張昌之亂，江東地區的陳敏之亂，南陽地區的王如之亂，湘州地區的杜弢之亂，東北地區又有鮮卑人慕容氏、宇文氏、拓拔氏，不奉晉廷號令，相互攻伐征戰。最嚴重的，則是平陽地區匈奴貴族劉淵的起兵。

劉淵起兵叛晉，有其歷史背景。匈奴向來是中國的死敵，當年漢武帝不知耗費了多少財力與匈奴周旋。後來，匈奴分爲南北兩部，北匈奴被竇憲趕走，南匈奴歸附漢朝，從那之後，多年以來，匈奴始終地位尷尬，他們有時被視作居住在北疆的化外之民，有時卻被中國當作驅使的對象。

東漢末年，戰亂頻仍，中國人口銳減，爲了保持國力與兵源，魏晉的統治者紛紛將中國北部與西北部的少數民族遷往內地，這些少數民族包括了鮮卑人、羯人、氐人與羌人，匈奴當然也在其中。

這些民族雖然遷入中國，卻因爲文化、血統與生活的因素，無法立刻融入中國的文化圈中，他們的境遇十分可憐，不是成爲編戶齊民，就是淪爲中原世家大族底下的農民，甚至奴隸。也就是說，他們雖然住在中國，卻不被看做中國人，雖然替中國的世家大族做了很多事，卻仍不被接納，仍然過著受壓迫的生活。

他們甚至也不被允許擁有自己原有的生活，統治者們經常利用他們之間的衝突，挑撥離間，讓他們更加困苦。匈奴部族，就這樣被分隔爲五部，嚴禁互相往來，各有領導人，一舉一動都受到漢族嚴密的監控。

八王之亂如火如荼，朝廷的監控似乎放鬆了一些，這些長年受到壓抑的少數民族，自然會趁機起來，爭取他們應有的權利。

劉淵就是在這種背景下崛起的。他是匈奴呼廚泉單于的孫子，爲匈奴北部都尉，從小就博覽經籍，尤其喜好兵法，有文武全才之稱。晉武帝伐吳的時候，就有人向晉武帝建議，應該讓劉淵擔任統帥，這樣一定可以輕而易舉蕩平東吳，可見他在那個時候已經很有名了。

被強制劃分為五部的匈奴貴族們，把劉淵看成心中的希望，祕密將劉淵推舉為大單于。

在八王之亂中，劉淵依附最有實力的成都王司馬穎，同時擴張自己的力量。當時幽州刺史王浚率領著鮮卑、烏丸的兵馬，起兵南下攻打鄴城，劉淵趁機向司馬穎表示，自己願意率領匈奴部眾，與王浚對壘，並請司馬穎以皇太弟的名義，封他為北單于，參丞相軍事。

劉淵的計畫是參與西晉諸王的內戰，在皇太弟司馬穎的掩護下，迅速擴張勢力，等到晉室因內戰損耗了力量，彼消我長之下，待時機一成熟，便可以奪取中原江山。劉淵把匈奴貴族們找來，將這樣的計畫告訴他們。

其中一名部族領袖堅決反對劉淵的計畫，他道：「中原那些漢族，向來將我們當作外族，既然我們是外族，為何要幫助漢人，來攻打同樣是外族的烏丸、鮮卑呢？」

劉淵愣了一下，問道：「那你覺得……」

「司馬氏自相殘殺，元氣大傷，正是我們復興的好時機，不如我們打出匈奴大單于的旗號，號召鮮卑、烏丸等族，與那暴虐無道的司馬氏來一場正面的對決，重振我們匈奴人當年的輝煌。」

這番話給劉淵很大的啓發，他仔細想想，現在的確到了獨樹一幟的時機了，成功的話，可以席捲天下，就算不濟，也能像曹操那樣，割據一方。「可是……」他想起一個很現實的問題：

「匈奴究竟有多少人？能與漢人相比嗎？打出大單于的旗號，號召得了多少人呢？」

劉淵不是那種沉湎在過去光榮裡的人，他關注的是眼前的利益，於是，他的旗號打出來了，赫然是當初將匈奴摧殘得無以復加的「漢」。公元三〇四年，劉淵自稱爲漢王，劉宣爲丞相，族子劉曜爲建武將軍，不但國號爲漢，軍政建置也仿效漢人。

天下百姓，十之八九都是漢人，他們歷經西晉的黑暗統治，都很懷念兩漢時代的盛世，劉淵以漢爲國號，就是企圖用這種方式，吸引更多的跟隨者。不過一開始，並非十分順利，東海王司馬越以劉琨爲并州刺史來牽制劉淵，劉淵多次與之交手，都遭到失敗，勢力被侷限在并州南部，直到石勒、王彌先後率領部眾前來投靠以後，劉淵才得以進一步擴張勢力。

石勒是上黨郡武鄉地區的羯人，祖先是小部落的領袖，小時候當過小販，長大後生得孔武有力，卻因家境貧困，難以生存，只好投靠到世家大族底下幫傭，曾經一度被賣身爲奴。逃出來以後，他參加了冀州并州一帶的盜賊團體，轉戰各地，後來因爲遭到朝廷圍剿，戰況不利，於是投靠劉淵。劉淵封他爲平晉王、輔漢將軍，都督山東軍事。

王彌則出身於沒落的世家大族，因爲仕途不順，家道中落，又值天下大亂，只好參加青州、徐州一帶的流民起義，後來成了領導人，在當地十分活躍，一度攻佔過許昌，後來在進攻洛陽的過程中失利，便與趙、魏一帶的盜賊領袖劉靈一同投靠了劉淵。劉淵封其爲鎮東大將軍、司隸校尉，領青州徐州牧。

這一年是晉懷帝永嘉二年，公元三〇八年，對劉淵而言，前景一片大好。於是，他便在平陽（今山西臨汾）築起祭壇，正式宣布登基稱帝。

趁著晉室局面不穩，劉淵四處征戰，並分別派遣石勒、王彌各自發展。石勒在河北地區活動，短短一年，軍隊便發展到十萬人以上；王彌則在青州、徐州作戰，勢力發展也十分迅速，經常出入洛陽許昌附近。

不過劉淵終究無法在有生之年達成理想，因爲他企圖藉由模仿兩漢制度來號召漢族人民對抗西晉的作法，反而讓他在匈奴內部不受歡迎，在逼不得已之下，他只好設立單于台，以兒子劉聰爲大單于，採取胡漢分治的政策。這麼一來，漢人也看出劉淵終究不過是個胡人，因而對他有了提防之心，致使劉淵兩面不討好。

永嘉四年，公元三一〇年，劉淵病死，太子劉和繼位。劉和十分猜忌手握重兵的弟弟劉聰，劉聰也對劉和心有不服，經過一番宮廷政變，劉聰把劉和殺死，搶來了皇帝的寶座，仍然以劉曜、石勒與王彌爲大將，繼續攻打洛陽。

大軍一再進逼，洛陽情況危急，城中缺兵也缺糧。晉懷帝急得像熱鍋上的螞蟻，連忙派了使者向手握軍隊的各地藩王將軍們求救，並且叮囑使者道：「你和他們說，請他們快一點派兵來救援，來得早，或許還有救，來得晚了，恐怕就沒希望了。」

想不到那些權貴們內鬥內行、外鬥外行，竟然一個兵也不派。掌握大權的司馬越更沒出息，他不想出力保衛朝廷，反而積極佈署，打算撤往江淮，建立自己的割據勢力，於是在永嘉四年十月，劉聰對洛陽的包圍網即將完成之際，司馬越藉口出兵討伐石勒，率領了十幾萬精兵，開始往自己的封地移動。

晉懷帝的使者連忙追了上來：「大王您不能走啊！朝廷有難，正是需要您保衛國家的時候。」

「我……我是要去打石勒啊，怎說我不是在保衛國家？」司馬越說得有點心虛。

「那您也別把軍隊都帶走啊，如此一來，洛陽空虛，萬一有變，情況不堪設想。」

「誰說我把軍隊都帶走了？」司馬越道：「我不是留了李惲下來守洛陽了嗎？別再囉嗦，否則以延誤軍情論處。」

他只留給龍驤將軍李惲少數的老弱殘兵，這樣的兵力，連負責皇宮安全都不夠，更遑論保衛洛陽。不過使者也不再多說，他只是以一種失望與鄙夷的眼神，目送司馬越離去。

司馬越以討伐石勒爲名義出兵，可是實際上，卻是石勒在後面追趕他。也許他的心中，眞的懷抱著幾絲愧疚，軍至中途，他便生了病，不久之後病死。

跟在他身旁的太尉王衍，出身自琅邪郡的王氏大家族，由於家世背景顯赫，地位崇高，就被推舉爲領導人；不過他一點帶兵的經驗也沒有，過不了多久就被石勒趕上，一場大戰下來，十幾萬大軍全數遭到坑殺，隨軍的四十八名王公大臣無一倖免。

臨刑之前，王衍向石勒苦苦哀求道：「饒我一命吧，我琅邪王家的地位，比司馬家還要高，只要我起來號召，一定可以說服中原世族，擁戴您當皇帝的。」

石勒對這些世家大族向來瞧不起，之所以殘酷對待這些貴族，也是這個緣故，他怒道：「世家大族？我呸！你們整天只知道清談，國家有難，你們逃得比誰都快！如果我們是在洛陽包圍戰中見面，也許我可以饒你，但是現在看見你們的嘴臉，我就覺得噁心。來人哪！把他給我活埋了。」

京城已如同不設防城市，皇宮無人守衛，各衙門官府只好挖掘壕溝自保。東海王死訊傳來，洛陽更亂，龍驤將軍王惲把剩下的一點點殘兵也帶走了，逃之夭夭。晉懷帝本來就不對他抱希望，也沒說什麼，派人去向鎮守在青州、徐州的征東大將軍苟晞求救。

苟晞是派救兵來了，可是只來了五百人。領軍之人對晉懷帝道：「大將軍說了，請皇上下旨遷都，洛陽情勢危急，只怕守不住。」

晉懷帝哭笑不得地說道：「要是有地方遷都，朕不是早就遷都了嗎？現在的世道，朕能夠遷到哪裡去啊？」隨即長嘆一聲：「好，朕這就下旨遷都，就看看能不能遷得出去吧。」

遷都的旨意一下，洛陽城中的公卿貴族，急急忙忙地開始搬運他們多年以來聚斂的財物，然而可用的車船多半已被司馬越帶走，這些公卿貴族，偏偏又把財貨看得比性命還要重要，於是當他們好不容易收拾妥當，城外的大軍已經展開猛攻。

永嘉五年六月，劉曜、石勒與王彌，輕而易舉地攻陷了洛陽，十之八九的官吏已經逃光，剩下來和洛陽共存亡的人們，遭到無情的屠殺，王公軍民三萬多人被殺害，皇宮官府被放火燒毀，司馬氏的祖墳也被挖開，沒人保護的晉懷帝遭到俘虜，被送往平陽。洛陽城自從漢末被董卓焚毀，歷經魏晉兩代慘澹經營，如今再度化為灰燼。

晉懷帝被送往平陽，路上受盡侮辱，名義上他被劉聰封了一個會稽公的地位，實際上卻成了匈奴貴族之間的笑柄。每當舉行宴會，劉聰等人就會把會稽公找來，命他替席間諸人斟酒，然後指指點點。有些晉朝舊臣看了，痛哭失聲，這讓劉聰很不高興，沒多久，便將這個供他們娛樂的會稽公給殺了。

這場浩劫，史稱「永嘉之禍」，實際上等於宣告了西晉的滅亡，不過西晉仍由於某些原因多支持了幾年。

其實，京師雖然淪陷，西晉各地殘餘的勢力也還算強盛，然而他們從來沒想過要團結起來共赴國難，只想著擴大自己的權力。司空荀藩與河南尹華會共同推舉琅邪王司馬睿為領袖，自行封賞官吏；荀晞擁立晉懷帝的兒子司馬瑞為太子，自稱為太傅、太保、大都督；豫州刺史閻鼎與雍州刺史賈疋共同擁立武帝的孫子司馬鄴為太子，並以長安為都。

晉懷帝被俘的消息傳來，賈疋等人搶先一步，推舉司馬鄴為皇帝，是為晉愍帝，聚集十幾萬大軍，固守著關中。洛陽城破之後，劉曜繼續進兵長安，賈疋等人仗著關中天險，倒還打勝了幾場仗。劉曜暫時無法攻破長安，便俘虜了關中百姓八萬餘人，強迫他們遷往平陽。

這個長安的朝廷地位很不穩，爲了拉攏當地世家大族的支持，不斷授與他們各種榮譽和地位，然而卻沒有一個長遠的建設計畫，只把關中弄得更加烏煙瘴氣。四年之後，公元三一六年十一月，劉曜再度前來攻打，這一次，終於把長安攻破了，俘虜了晉愍帝。

於是，傳國五十一年的西晉政權，至此眞正滅亡。

王與馬共天下

永嘉之亂爆發的時候，江東偏安的政權已經建立了起來，琅邪王司馬睿在王導、王敦等世家大族的擁戴下，在建業形成了一番局面。愍帝即位之後，爲了避諱，將建業改名爲建康，依舊是半獨立的狀態。

建興四年，長安陷落，愍帝被俘，第二年，也就是公元三一七年，從長安逃出來的平東將軍宋哲，帶著愍帝的「聖旨」，來到建康，宣布琅邪王統攝萬機，於是司馬睿晉位爲晉王。不久之後，愍帝的死訊傳來，百官勸進，司馬睿即位稱帝，是爲晉元帝，定都建康，歷史上的東晉，便以當年吳國勢力範圍爲疆域，正式展開。

乍看之下，晉的國祚似乎延續下來，實際上，這只是陰錯陽差的結果。

當初，東海王司馬越把持朝政，但他並非直系的王家血統，號召力不足，司馬越爲此刻意拉攏當時最有聲望的世家大族琅邪王氏，作爲其執掌政權的後盾，王衍就是在這種情況下，獲得高官厚祿，一路做到了司空、司徒，幾乎是司馬越之下最大的權臣。

那時朝中人人知道，西晉已經無法維持，必須替自己安排後路。王衍於是建議司馬越道：「如今局面風雨飄搖，必須派遣親信，出鎮各地，方能穩定局勢。」司馬越并不相信什麼眞的能穩定局勢的辦法，但他也不道破，就由王衍去安排，王衍便安排自己的弟弟王澄爲荊州刺史，族弟王敦爲青州刺史，後來又調爲揚州刺史，並且讓關係與王家不錯的琅邪王司馬睿擔任安東將軍，都督揚州江南諸軍事。

王衍這麼安排，很顯然已經是另有打算了。在他的計畫當中，也許將來洛陽守不住了，他可以和司馬越一同逃往江南，重新建立一個朝廷，以他琅邪王氏的聲望和司馬越的權利，這樣的目的不難達到。不過後來他的願望落空，司馬越病死，他被石勒殺死。

倒是司馬睿能夠成爲偏安政權的皇帝，連他自己都始料未及。

琅邪王司馬睿在諸王之間，地位相當低，甚至有許多人根本不知道他是何許人物，也因此他並未捲入八王之亂中。只因他承襲自父親的封地琅邪郡，與司馬越的封地東海郡相鄰，他才和司馬越、琅邪王氏的交情匪淺。

王家當中，和司馬睿交情最好、堪稱莫逆的是王衍的另一名族弟王導。此人極富政治頭腦，司馬睿受封爲安東將軍，任命王導爲軍司馬，王導便建議司馬睿：「既然你有著都督江南軍事的職責，就應該要移居江南，這也是爲了將來做打算。」

「上頭沒這樣命令，我怎好擅自行動？」

「沒有命令，你可以請命啊！」王導笑道：「朝廷那邊，還怕會不答應你的要求嗎？這樣的世道，誰不想著自保？你有這麼好的機會，如不早做安排，那實在太可惜了。」

「嗯，那我這便上表請命。」司馬睿遲疑片刻，道：「我該出鎮何處比較妥當？」

「要不就是荊州，要不就是揚州。」王導道：「還是揚州吧！建業是個財賦豐沛之區，又有長江天險，當初孫吳可以保有江東以觀天下成敗，不是沒有原因的，嗯，就是建業了！如果以後……哈哈，以後的事以後再說吧。」

司馬睿便在這樣的情況下，渡江來到建業。

江東的情勢，並不如想像中簡單，世家大族在此把持地方政治的情況，比中原還要嚴重。東吳滅亡，江東世家大族的地位，絲毫沒有動搖，他們擁有廣大的莊園，雄厚的財力與強大的武裝力量。西晉時期，江南曾經爆發三次動亂，江東世家大族，僅靠著自身的武力，沒有依賴朝廷，就把動亂給平定了，所以對他們來說，西晉王朝的存續與否，並不是什麼重要的事。

名不見經傳的司馬睿來到江東，世家大族不把他放在眼裡，竟然沒有一個人來拜訪這位江東最高軍政長官。

「這怎麼行呢？」王導忖道：「假如得不到這些人的支持，將來也難以在此地站穩腳跟。」

他把族兄王敦找來商量，王敦道：「江東世族地位再高，高得過咱們王家嗎？只要我們兄弟二人，合力演一齣戲給江東大家族看，保證他們會對琅邪王刮目相看。」

「這主意很妙！」王導微笑道：「三月初三那天，咱們的安東將軍，要去巡視建業了。」之所以選在三月初三，是因爲這一天江東官紳都會出遊，到城郊河邊洗滌一番，象徵袪病消災，算是一項固定的儀式，也是一個盛大的節日。這一天的天氣不錯，都督揚州諸軍事的安東將軍司馬睿，在華麗車帳的簇擁之下，也來到建業城郊外。

江東大家族領袖之一的顧榮，遠遠在一旁瞧著，眼中流露出輕蔑，用拂塵遮著嘴，輕聲對一旁的另一位家族領袖賀循說道：「喲，您瞧啊，這不是咱們的安東大將軍嗎？姓司馬是不是？朝廷可瞧不起咱們江東啊！居然派個聽都沒聽過的傢伙來。咦……等等，那是……」他的目光轉爲訝異，因爲他看見車帳後面，畢恭畢敬地跟隨著兩個人。

「是王敦和王導啊！」賀循幾乎嚷了出來，隨即發現這樣不合他的身分，又輕聲細語地說了一遍：「是王敦和王導。」

「琅邪王氏，非同小可，不去拜見拜見，可就失禮了。」顧榮整了整衣冠。

「你等會兒。」賀循說道：「你確定咱們該繞過正主兒，去拜見那兩個跟班？那安東將軍司馬睿，看樣子不是簡單的人物啊！」

「是……那自然是應該要拜見的。」

兩人走向司馬睿車帳之前，王導早已經提好了詞：「這兩位可都是江東世家大族裡的大人物啊，將軍您可得和他們親近親近。」

司馬睿的表現不錯，對顧榮、賀循不卑不亢，王導、王敦又在一旁不停說好話，讓兩人對司馬睿建立良好的印象，隨即替司馬睿引見了江東其他世家大族，司馬睿展現了萬分的誠意，請他們來他的大將軍府中任職，而且擔任相當重要的地位。自從東吳滅亡後，江東的世家大族在政治界備受冷落，從來沒有這般光榮的日子。

「看樣子，這位安東大將軍，應當會是日後的江東之主啊！」顧榮等人嘆道。他們終於接受了司馬睿。

成功拉攏了江東的世家大族，使司馬睿站穩了腳跟，不過王導等人又擔心江東大家族勢力太龐大，到時候尾大不掉，正好這時乃北方戰亂頻仍之際，不少中原世家大族紛紛渡江南下，遷居江東，因此王導也吸收了他們的力量，用來制衡江東世家大族的勢力。

總之司馬睿之所以能在江東建立偏安政權，完全是依靠了王導的運籌帷幄，並且得到南北世家大族的支持所導致的結果。東晉政權建立之後，王導執掌政令，制訂國策，平衡南北世家大族之間的權利衝突；王敦執掌兵權，都督江、揚、荊、湘、交、廣六州軍事，坐鎮荊州，擁有這個新政權幾乎全部的兵權。「王與馬，共天下」這句話產生的背景，就是如此。

甚至可以說，東晉政權根本就是王導兄弟一手建立起來的，司馬睿這個皇帝，不過是徒有其名而已。

後來成了「中興之主」的晉元帝司馬睿很明白這一點，因此當新皇帝登基大典熱熱鬧鬧在建康城舉行的那一天，文武百官高呼萬歲，晉元帝一再邀請王導一同登上皇帝的寶座，表示願意與王導共同治理天下。「這天下，是你所建立的，你當然可以接受群臣歡呼啊！」

王導雖然是「開國功臣」，但他很明白自己的立場，他不能因爲貪戀權位，而將他辛苦建立起來的權力平衡破壞掉。「天無二日，民無二主。」王導仍站在百官之間，恭敬地說道：「皇上就如同太陽，臣等如同萬物，萬物豈能與太陽爭輝？願皇上收回成命。」

這番話確立了君臣名分，卻無法改變東晉政權的本質。這是個經由大家族之間權力妥協後的產物，門閥治國的特色比西晉還明顯。

王導的治國原則，就是「清靜爲政，撫綏新舊」，世家大族的清談，展現到政治層面上，而「新」、「舊」指的就是新進從北方移居而來的世家大族，與舊有江東世家大族之間的權力分配，這也許能在一時之間獲得穩定，但背後仍存在著許多問題。

「舉賢不出世族，用法不及權貴」，社會上充滿著不公平的現象，建國之初，建康城的倉米，短少了一百萬斛，經查證，是當地的豪族所偷，官府不敢辦，只好把看守倉庫的小吏殺了，當作交差。

平民百姓絲毫沒有翻身的機會，他們除了依附世家大族之外，別無謀生之道，江南的萬頃良田與江河湖泊，都被世家大族所佔領，一般的百姓想要耕種，想要捕魚，都被嚴格禁止，有人偷偷的在湖中撒了網，要是被發現，立刻將他捕魚的器具全部沒收，如果百姓不付錢去贖，就不歸還。對於這種現象，東晉政府不曾干涉，也無力干涉。

這樣的政權，實在很難有什麼光明的未來。

北伐的企圖

洛陽、長安相繼淪陷，東晉在江東建立起來，許多北方世家大族與平民百姓，紛紛流亡前來，這是中國歷史上第一次大規模的人口南移，史稱「衣冠南渡」。

有一次，從北方流亡來的名士周顗、桓彝等人，與王導共同前往建康城郊外的新亭遊玩，那裡的風景優美，遼闊的江面蒼茫如畫，周顗長嘆一聲，道：「這裡的風景就如同洛陽那般美好，但是，只看得見長江，卻看不見黃河，這裡畢竟不是我們的故土！」這番話激起了在場許多人的懷鄉之情，大家相互對視，淚流滿面。

王導看著，臉色沉了下來，說道：「我們大家應當共同起來，效忠朝廷，收復中原，怎麼可以像個亡國奴一樣，相對哭泣呢？」這番話說得義正詞嚴，卻也指出了世家大族各爲私利，罔顧國家的特性。

宮廷之中，晉元帝接見一位從長安前來的客人，那時，司馬紹年紀還很小，坐在皇帝的膝蓋上，與父親一同聆聽客人敘述兩京方面的消息。

「那景象眞慘哪！堂堂兩位皇帝，先後被異族俘虜去，繁華的大城，一夕之間被燒得乾乾淨淨……」

晉元帝聽了，忍不住掉下眼淚。

太子看著身爲皇帝的父親，竟然哭了，覺得很奇怪，便問父親爲何哭泣。晉元帝便將五胡亂華，晉室南渡的原委，告訴了他。小小的太子瞪著眼睛聽著，也不知道他聽得懂聽不懂，於是晉元帝問他：「你覺得，長安比較遠，還是太陽比較遠呀？」

「當然是太陽比較遠。」太子以稚嫩的聲音說道。

「何以見得？」

「只聽過有人從長安來這裡，沒聽過有人從太陽來這裡，可見太陽比較遠呀！」

魏晉清談，講究探討一些深奧的哲理。太子小小年紀，竟能說出這麼一番富有哲理的話，頗具名士之風，晉元帝很得意，打算向大臣們炫耀一番，便在第二天，宴請群臣，把太子所說的話，向大家說了一遍，又再問了太子一次。

可是太子這次的回答完全不一樣：「長安比較遠。」

「這……」晉元帝拉下了臉：「怎麼和你昨天說的不一樣呀？」

「我抬起頭來，看得見太陽，卻看不見長安。」

小小年紀的孩童，竟能說出這番發人深省的言語，可見當時朝廷之中，並非沒有人主張北伐。然而，北伐終究無法成爲全國上下一致的目標，自然是因爲世家大族的利益，無法在北伐的行動中，得到平衡之故。

晉元帝本人費盡千辛萬苦，才拉攏了江東世家大族對他效忠，因此他也不希望回到北方，去面對另一個全然不同的局面。

其實東晉建立之初，並非沒有北伐的契機，那時候匈奴劉聰的勢力，不過在今日的河北、河南與山西的部分地區；石勒想要向南推進，卻遭到失敗，只好轉而經略河北；巴蜀漢中又有李雄所建立的成漢獨立政權。

西晉的殘餘勢力，散佈在各地，并州刺史劉琨屯駐晉陽，屢敗劉聰；滎陽太守李矩在新鄭建立塢堡，與劉漢政權對抗；東郡人魏浚父子領導數百家流民，在洛陽附近築起防禦工事，和劉曜相抗衡。眾人不顧自身力量薄弱，以寡敵眾，多次立下輝煌的戰果。李矩的軍隊，更曾經擊敗劉聰的大軍，一度收復洛陽，把劉聰活活氣死。劉聰一死，底下的劉曜、石勒誰也不服誰，紛紛獨立，局面更加混亂。另外，遼東、遼西與代郡的鮮卑族領袖，也以東晉爲宗主，和劉曜、石勒等人對抗。

由此可見，東晉如果眞的想要北伐，恢復中原，在當時仍是大有可爲的。不過眞正實踐了北伐的，只有范陽人祖逖而已。

祖逖與并州刺史劉琨是多年老友，年少時常在一起討論天下大事，並且相互惕勵，要以有爲之軀，做有用之事。每日凌晨，只要聽見雞啼之聲，祖逖便會把劉琨叫起來，對他說道：「雞啼了，正是催人奮發向上的聲音啊！」然後兩人便到庭中拔劍起舞，鍛鍊體魄。「聞雞起舞」，指的就是祖逖和劉琨少年時代的奮發向上。

洛陽陷落之時，祖逖跟隨自己的宗族親戚與流民數百家南下避難，他讓老弱殘疾乘坐車馬，自己步行，所攜帶的糧食藥品，也一定與眾人分享，正因爲他爲人公正又富謀略，因此被推舉爲領袖。一行人到了南方，祖逖就被那時還是琅邪王的晉元帝封爲徐州刺史。

公元三一三年，那時東晉政權還未正式成立，祖逖卻已經在江南待了兩年，目睹國家傾覆，他胸中的大志從未平息，因此向琅邪王司馬睿提出北伐的請求，他道：「國家動盪，都是因爲皇室爭權奪利，才給夷狄可乘之機，如今黎民百姓深受戰亂之苦，人人想要奮起殺敵，如果大王能下令出兵，並以我爲統帥，必能使各地豪傑聞風響應，洗雪國家恥辱，恢復中原！」

當時司馬睿正忙著和江東世家大族打好關係，根本沒時間理會這種事，但他也不好意思斷然拒絕這種義正詞嚴的要求，於是封祖逖爲奮威將軍、豫州刺史，並且象徵性地賞給他一千人份的糧食和麻布三千匹，不給他一兵一卒，讓他自己去想辦法。

祖逖能夠體諒這位日後的皇帝，目前正忙著穩定江東的局面，因此他也不在意，懷著豪情壯志，率領著當初和他一同南下的數百家宗族部曲，重新返回江北，渡江之時，他慷慨激昂地發誓：「如果此去不能肅清中原，就如這滔滔江水一般，一去不復返！」

到了江北，祖逖先屯駐在淮陰鑄造兵器，並陸續招募了兩千多人，隨後推進到雍丘（今河南杞縣），在黃河南邊與石勒對峙。北方的將領如李矩、郭默、上官巳等人，從前很不團結，有時甚至互相征戰，這時皆願意接受祖逖的指揮。他的老朋友劉琨聽到他的消息，十分興奮地說道：「我枕戈待旦，等的就是這一天啊！我得趕快行動才是，可不能輸給他了。」

祖逖本身的力量不強，但他很懂得招攬人心來壯大自己的力量，李矩等人就是在他的百般勸說下才願意與他配合。此後幾年，祖逖不斷出擊，收復了黃河以南的大部分地區。他也因功晉升為鎮西將軍，但仍舊過著儉樸的生活，屯田耕種，都由他親自率領，自食其力。

居住在黃河邊上的一些百姓，為求自保，經常同時歸附石勒與祖逖；對這一點，祖逖很能體諒，不但不追究，還替他們掩飾，假裝率軍去征討他們，讓石勒以為這些百姓並未歸附自己，因此當地百姓對祖逖也十分愛戴，一些老人流著眼淚說道：「我們這些快要入土的人，能在死前遇見祖將軍這樣的人物，眞是死而無憾了。」

就連祖逖的對手石勒，也十分欽佩他，他派人去把祖逖故鄉的祖墳重新修復，又寫信給祖逖，請他允許在交界之處互相貿易，以通有無。

祖逖看完信，覺得自己力量不夠，相互貿易也許是個好辦法；然而，若是公開答應，只怕會影響部下同仇敵慨之心，這對將來的北伐事業會有不良影響，於是他表面上拒絕石勒的要求，實際上又默許邊界的互市，時間一長，獲利極高，祖逖軍需從不短缺，兵強馬壯，物資充沛。

有一次，祖逖的一個部下犯了罪，叛逃前往石勒處投降，石勒下令將此人斬首，並派使者將首級送還給祖逖，說道：「我最痛恨叛賊，相信將軍您也是如此，祖將軍厭惡之人，也就是我石勒厭惡之人。」

「石勒以信義待我，我也將以信義待他。」祖逖下令，從今以後，凡從石勒那邊叛逃而來之人，一概不予接納，同時嚴令禁止騷擾石勒轄區內的百姓。

兩軍對峙，邊境之間竟然出現了相對安定的局面。

祖逖的強大，並沒有讓東晉政府感到欣慰，相反的，竟同時招來晉元帝與王敦的疑心。晉元帝怕他功高難制，千方百計想要壓制他的地位；王敦則擔心他兵馬日盛，有一天會取代自己的地位。而這時晉元帝和王敦之間，又產生了衝突，因此分別都想藉由祖逖的力量來防備對方。

眼見後方即將爆發一場內亂，祖逖內心憂慮萬分。不久之後，晉元帝以自己的親信戴淵出任征西將軍，都督司、兗、豫、冀、并、雍六州軍事，擺明了要來牽制祖逖。

祖逖嘆道：「就算讓人取代我，又有什麼關係？只是這戴淵雖有聲譽，卻是個目光短淺之輩，怎能繼續北伐大業？朝廷明知如此，卻又不懂得團結一致，這時候還要明爭暗鬥，唉！」他幾乎流下眼淚：「眼前的一切，只怕就要成爲泡影了。」

公元三二一年，祖逖在憂憤之中病逝，享年五十六歲，兵馬交由他的弟弟祖約繼續領導。河南的百姓聞聽祖逖死訊，痛哭失聲，如喪考妣，替他建立祠堂，四時祭奠。而祖逖死後不久，東晉內部就爆發了動亂，他辛苦收復的土地，黃河以南淮河以北的地區，又被石勒所占有。

變亂紛呈

晉元帝立足江東，王敦、王導兄弟立下最大的功勞，可是當晉元帝的寶座坐穩了，卻又不能接受王家的人與他「共天下」的事實，尤其是王敦，手握重兵，坐鎮荊州，威脅中央，且日益驕縱，根本不把他這個皇帝放在眼裡。

因此晉元帝登基之後，便開始著手布置，逐步削弱王氏的權勢。他冷落王導，以侍中劉隗與尚書令刁協爲心腹，共同商量，將揚州境內淪爲世家大族童僕佃客的北方流民釋放，組成軍隊，用來增強中央的軍力，並以戴淵爲征西將軍，劉隗爲鎮北將軍，分別坐鎮合肥、泗口，名義上抵禦石勒，實際上監視王敦。

王導對自己所受的待遇泰然自若，淡泊以對，每日仍與周顗等名士清談爲樂，可是王敦卻不能忍受，他經常吟唱曹操所做的詩句：「老驥伏櫪，志在千里；烈士暮年，壯心不已。」又上表替王導申冤：「當初皇上說得漂亮，什麼王與馬共天下，如今卻忘得一乾二淨，只怕這樣會讓人心浮動，遠近失望！」

晉元帝看了奏章，反而更加積極佈署行動。這下子終於惹火了王敦，於是永昌元年，公元三二二年，王敦以「清君側」爲名，自武昌起兵，檄文中指出，晉元帝受到劉隗等人的蠱惑，致使舉措失當，百姓怨聲載道，他之所以發兵，乃是爲了社稷之福，以免國家如同當年東吳那樣，走向滅亡之路。

「這混蛋，竟然眞的造反！」晉元帝憤怒異常，急召戴淵、劉隗火速趕回建康，全力抵抗。王敦與晉元帝撕破臉，最尷尬的就是王導。刁協、劉隗又在晉元帝耳邊不斷進言，勸他把王家滿門抄斬，以免後患。滿朝文武與王導有交情的，都替王導捏一把冷汗。

爲了避禍，王導每天一大早，都會誠惶誠恐地帶著家中子姪二十餘人，前往皇帝上朝的台城之前請罪，晉元帝起初眞的想採納刁協的建議，多虧周顗不斷在晉元帝前面說王導的好話，褒揚他立國的功勞，才讓晉元帝打消這樣的念頭，赦免了王導。

王導感激涕零，叩頭謝恩：「歷朝歷代，亂臣賊子所在多有，想不到如今竟出在臣的家族。」

晉元帝也想起王導從前對他的恩惠，上前拉住王導的手說道：「你說這些做什麼？朕還要把重任託付給你呢。」逐命王導爲前鋒大都督。

然而過不了幾天，王敦的大軍就兵臨城下了，戴淵、劉隗根本不是他的對手，三兩下就被他所擊潰，官員四散逃命，晉元帝這才後悔自己與王家做對，嘆道：「如果想要謀奪我的地位，那就早說嘛，我回琅邪去不就好了，何必起兵造成生靈塗炭呢？」

劉隗、刁協狼狽不堪地前來晉見，晉元帝握著他們的手道：「王敦起兵，就是要殺你們啊，你們還是快點逃吧！」兩人先是不肯，晉元帝又道：「朕自顧不暇，保不了你們了，你們不出城避禍，那只有死路一條。」兩人這才揮淚與元帝告別。後來，劉隗投奔了石勒；刁協逃到半路，被追兵趕上，割下首級，送給王敦。

王敦大軍進入建康城，燒殺擄掠了一番，逮捕了戴淵與周顗。他顧慮到周顗與王導的交情，於是前來徵詢王導的意見：「這兩人名冠天下，留他們下來，至少也能當個太尉、司徒什麼的吧？」

王導默不作聲。

王敦又問：「太尉司徒不行，尚書令行不行？」

王導仍然一聲不吭。

王敦不耐煩了，便說道：「連這樣也不行，那只好把他們殺了。」

王導還是一句話也沒有說。

本來，只要王導一開口，就可以救他們兩人一命的。戴淵也就罷了，周顗與王導算是老交情了，只不過，王導的腦海之中，浮現了這樣一幕場景：

那時，王導可憐兮兮領著宗族子弟二十多人，前往晉元帝令台之前請罪，正好看見周顗走來，連忙向他打招呼：「伯仁啊，我一家大小的性命，全靠你幫忙了。」

周顗瞪了王導一眼，沒說話，逕自向宮中走去。良久，待周顗從宮中出來，王導還等在那裡，見了周顗，又對他說道：「伯仁，這次您一定要幫我，我一家大小……」不等王導說完，周顗冷哼一聲，便已離去。

王導並不知道，周顗進宮去，正是在晉元帝面前，說盡他的好話，讓晉元帝決定饒恕他。等到後來，王導整理宮中文件，發現了周顗替自己申冤的奏章，這才知道自己心胸狹窄，完全誤會了這位個性耿直的多年老友。

周顗被殺的時候，毫無懼色，口中不斷痛斥王敦：「逆臣賊子，顛覆社稷，枉殺忠臣，肆虐天下，如果上天有靈，就應該殺了王敦！」押解他的人爲了讓他閉嘴，不斷拿利刃往他嘴裡戳，戳得他滿口鮮血，但他依舊破口大罵，一句替自己求情辯駁的話也不說。

王導事後回想起來，不禁痛哭流涕，他懊悔地說道：「我不殺伯仁，伯仁卻因我而死！」這件事，成爲他心中永遠的悔恨。

王敦對王導說道：「司馬睿那小子忘恩負義，咱們要不要另外立一個聽話的皇帝？或者，乾脆取而代之？」

王導堅決不肯，說道：「這番大逆不道的言語豈能說得的？如今你已經達成清君側的目的，應該知足了。回荊州去吧，別再多說了。」

「哼，你就知道作好人，黑鍋都由我來背！」王敦道：「你不肯聽我的話，差點弄到家破人亡，替人做牛做馬，很高興嗎？還是多替自己打算打算吧。」

王導執意不肯，王敦也沒轍，只好退回武昌，繼續以一個手握重兵的權臣身分，遙控朝政。

這一年的十一月，晉元帝在憂憤之中逝世，太子司馬紹即位，是爲晉明帝，王導受詔輔政，擔任司徒；王敦仍然執掌天下兵馬大權，他見明帝年少好欺負，便在入朝之時，趁機脅迫明帝，讓他將大軍移往姑孰（今安徽當塗）屯駐，如此，便可以同時控制長江上下游，進而威逼朝廷。

晉明帝從小就聰明，長大後自然也不會甘願受王敦如此脅迫，不過表面上，他仍對王敦禮遇有加，給予王敦入朝不趨、劍履上殿、奏事不名等等一切權臣所該有的禮遇，這讓王敦的戒心稍減。私底下，他卻和世家大族領袖紀瞻、庾皇后的兄長庾亮密謀，打算削弱王家力量，進一步剷除王敦。

紀瞻向晉明帝建議，屯駐在江淮一帶的流民統領郗鑒，可以重用。郗鑒當初率領北方流民南渡，歷經千辛萬苦，久經陣戰，旗下具有相當強大的武裝力量。晉明帝同意了紀瞻的看法，下詔郗鑒爲兗州刺史，都督揚州以西諸軍事，並且移駐合肥。

對於晉明帝這樣的動作，王敦當然知道是針對他，於是他也決定拉攏郗鑒，表舉郗鑒爲尚書令，請他協助自己。

郗鑒也是世家大族出身的，不過他的門第不高，照說根本沒有機會擔任高官。王敦所提的條件，對他而言的確是個很大的誘惑，但他最後還是選擇了投效晉明帝。在他的影響下，一些實力堅強的流民集團領袖如桓彝、蘇峻、劉遐等人，也都投向晉明帝這一邊。

精明幹練的王導，十分敏銳地察覺到局面的變化，他知道，這時候如果還偏袒王敦，只會讓自己的處境越來越艱困，況且他也擔心萬一王敦篡位，自己的地位也將不保，因此他索性也加入了密謀消滅王敦的集團裡面，到後來，甚至成爲主謀者。在他寫給王敦之兄王含的信中說道：「我王導寧可身爲忠臣而死，也不願意以一個叛逆苟活，我要爲安定國家，竭盡我所有的力量。」

王敦已經是眾叛親離了。

公元三二四年，東晉太寧二年，王敦病重，晉明帝立即發表王導爲大都督，並以溫嶠爲秦淮河以北都督，與卞壼鎮守建康城要塞石頭城，應詹爲朱雀橋南都督。晉明帝親率郗鑒、庾亮共同出動，聲討王敦，並且徵召臨淮太守蘇峻、豫州刺史祖約、兗州刺史劉遐、廣陵太守陶瞻等人進京保衛首都。

王敦並非完全沒有準備，但他接到晉明帝討伐他的詔書時，依然氣憤無比，「趁我身體這麼差，就來偷襲我，司馬家沒一個好東西！」他很快的調動了五萬兵馬，進駐江寧南岸，自己無法帶兵，便由兄長王含率領，抵禦朝廷的進攻。

王含根本沒帶過兵，哪裡是朝廷大軍的對手？再加上出兵之前，王導到處散播謠言，說王敦已死，還替王敦發喪，搞得軍心不穩，一戰之下，王含一敗塗地。

王敦接到戰情報告，氣急敗壞的大罵：「這個笨兄長，一點屁用也沒有！」他掙扎著想從床上跳起來自己領兵作戰，奈何病情實在嚴重，不久之後便一病身亡。

王敦之亂平定，王導以司徒晉位太保，王氏家族，依舊高官厚祿，聲勢不墜，穩居東晉首屈一指的大家族地位。

儘管如此，晉明帝已不能如同他父親那般信任王導了，他以歷任廣州、江州與湘州刺史的陶侃擔任征西將軍，都督荊湘雍梁四州軍事；荊州刺史應詹爲平南將軍，都督江州軍事；江州刺史王舒爲安南將軍，都督廣州軍事，並兼任廣州刺史，這麼做分散了荊州刺史的力量，但也使荊州的軍事暫時不能對首都構成威脅。

至於中央決策權，則逐漸落入中書令庾亮之手。

庾亮生得英俊瀟灑，玉樹臨風，對於老子莊子，經常能在清談之間，提出發人深思的意見，算是東晉初期玄學界的大師人物，也是個標準的名士，再加上他的妹妹又是晉明帝的皇后，與晉明帝向來交情甚篤，因此他的掌權，被視爲一個新的穩定力量誕生。

晉明帝在王敦之亂第二年就年紀輕輕的死了，太子司馬衍即位，是爲晉成帝，只有五歲，只好讓王導、卞壼、郗鑒、庾亮、陸曄、溫嶠等人爲輔政大臣。這種時候，庾亮自然因爲外戚的地位優勢，較易於接近權力核心，再加上王導年老多病，凡事多半由庾亮來決定。

庾亮是高門士族出身，因此他不大看得起當時手握重兵的祖約、陶侃、蘇峻等人。祖約爲豫州刺史，守在壽春；陶侃爲鎭西大將軍，坐鎭荊州；蘇峻爲歷陽內史，屯兵歷陽（今安徽和縣）。這三個人都是王敦之亂時立下大功的人，功勞最大的就是陶侃。

陶侃爲人正直，且聰明幹練，勤奮不懈。在荊州任內，致力於農業的開發，曾經有一次，陶侃出巡，看見一個路人，手裡拿著一束尚未成熟的穀子，便問那人：「你拿著這個幹什麼？」

那人答道：「沒幹什麼，路上看到，順手抓了一把。」

陶侃很生氣，怒道：「別人辛辛苦苦種的作物，是讓你這樣糟蹋的嗎？」說著把那人狠狠處罰了一頓。荊州在他的治理之下，家家自足，路不拾遺，百姓都對他十分愛戴。

祖約率領著祖逖舊部，駐紮在壽春。當年，東晉朝廷對他哥哥祖逖百般阻撓，才讓他哥哥辛苦打下的大片江山又拱手送人，祖約在旁看著，對於東晉朝廷，他打從心眼裡怨恨，再加上他頗有野心，晉明帝死後，受詔輔政的名單裡竟然沒有他，而是庾亮那個看起來手無縛雞之力的人獨攬大權，祖約更加憤恨不已。

至於蘇峻，雖頗有才學，爲人卻十分狂妄，北方淪於胡人之手，蘇峻帶著青州流民數百戶，浮海來到南方，後來又協助平定王敦之亂，擁有精兵萬人，還不斷招兵買馬。他自以爲功勞大，因此對朝廷需索無度，只要稍有不順心，就會破口大罵，根本不把少年得志的庾亮和小皇帝放在眼裡。

庾亮很想對付這三人，仔細想想，三人之中，陶侃的勢力最大，蘇峻最弱，所以他決定先敷衍陶侃，等到將蘇峻、祖約解決掉之後，再對付他。他先派自己的好友溫嶠擔任江州刺史，他知道溫嶠和陶侃關係不錯，如此必能穩住陶侃，隨即大修石頭城，防備上游的攻勢。

對蘇峻的處置，庾亮比較直接。他以皇帝的名義，擬了一份詔書，拿去給王導、溫嶠等人看，並問道：「我想把蘇峻調來京中當大司農，好讓他不再擁兵自重，你們覺得如何？」

兩人都反對，王導道：「這蘇峻的性格，你也清楚。不錯，是應該解除他的兵權，但這麼做，未免操之過急。」

溫嶠也道：「當心逼得他狗急跳牆！」

庾亮不聽，眞的把詔書送了出去。

蘇峻起先還只想替自己辯駁，上表奏稱：「當年明帝拉著我的手，囑咐我北伐胡虜，如今中原未定，我怎敢苟且偷安？望朝廷給我一片荒地，讓我自己經營，以效犬馬之勞。」

庾亮否決這項要求。

蘇峻無奈，想要收拾行裝，進京當他的大司農，卻被部下勸阻：「將軍，您這一進京，還有生路嗎？朝廷裡只有上品士族有機會，哪是您能待的地方？不如反了吧。」蘇峻心想這也沒錯，大司農這樣的高官，豈是眞的能讓他這種門第的人當的？於是他說道：「這叫狡兔死，走狗烹，是朝廷逼我，不是我對不起朝廷。」他知道祖約也怨恨朝廷，便去拉攏祖約共同起兵。

祖約怨恨庾亮，早就等著這一天了，蘇峻不反，他也要反，知道蘇峻很推崇自己，欣然同意共同起兵。

也是那庾亮太不懂得用兵之道了，兩軍合力，居然一舉就將他整修許久的城給攻破了。進了建康城，蘇峻放縱大軍，大肆燒殺擄掠，身穿戎裝者一概不留活口，高門世族家中女子，慘遭姦淫者不計其數，連庾太后都遭到羞辱，京城府庫，被洗劫一空。

早在城破之前，庾亮便已領著幾個弟弟逃出，前去投靠江州的溫嶠。

「當初不聽你的勸告，才會有今天，唉！」庾亮灰頭土臉地說道。

溫嶠見他有自責之意，也就不再數落他，說道：「現在講這些做什麼？只有盡力想辦法補救了。可是我只有七千兵馬，幹不了大事，只希望陶侃願意幫忙。」

庾亮聽見陶侃的名字，怔了一下，沒有說話。

他們向天下發佈檄文，討伐蘇峻。檄文自然傳到了陶侃之手，然而陶侃記恨庾亮，遲遲不肯發兵，還回信給溫嶠說道：「我只是個外臣，不敢越權過問朝廷之事。」

溫嶠接到了信，很生氣，回信去罵陶侃：「你這樣做，是想讓我去送死嗎？很好，我就讓你稱心如意！」

參軍毛寶在一旁說道：「這種時刻，應該要人人團結，怎可國賊未滅，就先亂了陣腳？」

溫嶠想想也對，重新寫了一封措辭委婉的信，好言相勸，並說蘇峻在建康城，已將陶侃的兒子陶瞻殺死，你作父親的，難道不為兒子報仇？

送信的人名叫王愆期，能說善道，他見陶侃看了信仍未表態，便在旁曉以大義：「蘇峻性如豺狼，如果讓他奪得大權，將來哪有你立足的餘地？」

陶侃沉吟片刻，笑了笑：「回去轉達吧，就說我的兵馬，即刻便去和他們會合。」

溫嶠成功說服陶侃這樣有力的後援，庾亮反而有些七上八下。身爲老友，溫嶠如何看不出來？笑道：「你就別矜持了，大丈夫能屈能伸，那陶士行也並非眞心與你作對，只因你對他猜忌，他才這般對你，只要你把姿態擺低一點，相信以他的個性，不會讓你下不了台的。」

庾亮接受溫嶠的意見，仿效當年廉頗、藺相如的典故，負荊請罪，見了陶侃，再三爲自己過去的所作所爲致歉，並且不斷表揚陶侃的功績。

千穿萬穿，馬屁不穿，原本板著一張臉的陶侃，神色逐漸緩和下來，微微笑道：「像庾元規你這般風流瀟灑之人，會瞧不起我，也情有可原。過去的事就別提了，今後我們應當共同努力，爲朝廷盡忠。」

兩人盡釋前嫌，大軍即刻從荊州出發，順流而下，猛攻建康城。郗鑒、魏該、桓彝等人，也紛紛起兵響應。

然而戰況並不如想像中順利，蘇峻部下都是些亡命之徒，作戰起來勇猛無敵，幾次交鋒，荊州軍隊都遭敗北。後來還是北方的勢力介入，這才扭轉戰局。

原來此時，石勒已經統一黃河南北，建立後趙政權，眼見東晉內亂，便趁機南下，偷襲壽春，擊潰了祖約，並將壽春劫掠一空。

這對蘇峻來說，是一項沉重的打擊，後來，溫嶠部將毛寶又用計謀，燒了蘇峻的糧食，使建康城糧食短缺，公元三二九年正月，庾亮終於攻破石頭城，將蘇峻之亂平定。

丞相王導在這場內亂中沒有任何功勞，反而帶著家人躲避到安全的地方，陶侃對他很氣憤，他也深感愧疚，於是戰後復原的工作，便落在他的身上。當時建康殘破不堪，許多人建議遷都，王導堅決反對，他道：「此地古稱金陵，乃帝王龍興之處，此時北方強敵虎視眈眈，如果遷都示弱，他們就會乘機騷擾。只要咱們節省一點，何必害怕首都殘破？」

打開府庫，裡面的金銀財寶都被蘇峻的部下搬空，不知去向，只剩下一大堆不值錢的粗麻布。「粗麻布又如何？難道不能拿來穿嗎？」王導率先用這種看起來很寒酸的布料當作朝服，並慫恿朝廷大臣們跟進，居然出現了意想不到的結果：建康附近的世族公子，看見他們所崇拜的王導這麼穿，也紛紛仿效，一時之間，粗麻布的價格水漲船高。

王導趁機下令拋售庫存的粗麻布，替國庫賺了不少錢。

這位東晉的開國功臣，再一次讓國家度過了難關。

兵禍連年

東晉從開國起便內亂不斷，之所以能維持政權，完全是因爲北方也限於長年戰亂的緣故。

當年劉聰分別派遣部將劉曜、劉粲、王彌、石勒等人先後攻破了洛陽、長安，掌握關中及大河南北之地，可是部將紛紛立功的同時，彼此之間也逐漸爆發了不合的現象。

王彌和劉曜攻入洛陽，石勒為了不搶功，退守許昌，王彌搶先進入洛陽，把金銀財寶洗劫一空，然後才建議遷都洛陽。慢了一步的劉曜憤怒異常，索性放了一把火把洛陽燒得乾乾淨淨。王彌大罵：「你們這些匈奴人，畢竟是胡虜，一點帝王氣象也沒有。」言下之意，他自己才是有帝王氣象之人。

幾個人裡石勒比較沉得住氣，他不去說什麼帝王不帝王的話，專心攻城掠地，逐步將北方的西晉勢力剷除，並且佯裝與王彌友好，協助他消滅敵人，後來在慶功宴上，就當場把王彌斬殺，接收了王彌的軍隊。至於劉曜，則立下了擄獲晉愍帝的功勞，在劉漢政權裡，官拜相國，都督中外軍事，並且坐鎮長安，將關中地區視為自己的地盤。

對於底下將領各自割據一方的現象，皇帝劉聰似乎不怎麼在意，在他的都城平陽大肆修造皇宮，娶了一大群后妃，還不斷以各種名目賞賜大臣，把國庫都花光了，以為這樣就能抓住部下的心。長安淪陷三年之後，即公元三一八年，晉元帝大興元年，劉聰逝世，他的兒子劉粲繼位。

比起劉聰，劉粲的奢侈荒淫更勝一籌，他依照匈奴習俗，將父親的小老婆全部納為己有，而且還繼續尋找美貌女子充實後宮，從來不過問國家大事，完全委託給他所寵信的靳準，而且只要靳準有什麼要求，劉粲無不答應。

靳準野心勃勃，慫恿劉粲替他把所有的政敵都殺了，隨即自己帶兵造反，殺了劉粲，自己號稱大將軍、漢天王，並且將所有的劉氏宗族全部殺死，打算自己登基稱帝。

劉曜與石勒聞聽政變的消息，雙雙發兵前往平陽，兩人都是醉翁之意不在酒，劉曜行至途中，便自立爲帝，並且下詔封石勒爲趙公、大司馬。

石勒得到封賞，一點也不高興，反而覺得被劉曜搶先一步，心裡很嘔，那時他已經包圍了平陽，索性在附近大肆擄掠，他擄掠的不是財貨，而是人力，那裡有羌、羯部落十餘萬人，都受到匈奴的控制，石勒本身是羯人，因此有號召力，半強迫半拉攏地把這些人遷往自己的根據地。

平陽城中亂成一團，靳準派遣侍中卜泰前去向石勒求和，石勒在局勢不明朗的情況下，採取觀望態度，於是把卜泰抓起來送去給劉曜。劉曜將卜泰送回平陽，囑咐他勸靳準投降。靳準猶豫不決，被部下所殺，另立靳準之弟靳明爲領袖，並且再派卜泰帶著劉漢的傳國玉璽，前去送給劉曜。

石勒很生氣，怒道：「賣他一個好，把卜泰送去給他。結果竟給我玩陰的？要是沒有我，他們劉家能有今天？居然算計到我頭上來了！傳國玉璽又如何，我就不信沒有得到玉璽，就不能當皇帝！」他發兵攻進平陽城，焚燒宮室，旋即撤兵返回根據地襄國，正式與劉曜翻臉。

這時平陽已經成爲一片焦土，靳明率領部下投奔劉曜，卻被劉曜殺死。既然劉曜已經得到了他想要的傳國玉璽，平陽怎麼樣，已與他無關，便帶著大軍，回到關中，訂長安爲國都，改國號爲趙。

石勒擁有幽、冀、兗、青、徐五州以及并州的大部分土地，實力比劉曜強大，自然不願意讓劉曜專美於前，於是在公元三一九年，自稱趙王，在襄國建都，與西方劉曜的趙國，南方的東晉，益州的成漢，形成四方割據的局面。

北方有兩個趙國，依照稱帝先後順序，史家多將劉曜所建之趙稱爲前趙，石勒所創之趙，稱爲後趙。前趙、後趙互不相容，洛陽附近成爲它們之間的戰場。

公元三二五年，石勒部將石生攻陷洛陽，劉曜派遣劉岳率領一萬五千人渡過黃河，包圍洛陽，石勒派兒子石虎領兵四萬來救，將劉岳擊敗，劉曜親自領兵前來，將石虎部將石聰打敗，隨後便要反攻洛陽，奈何軍中不斷發生夜驚，只好退回長安。

軍隊夜驚，史書上常有記載，發生的原因很多，有時候是某個做了惡夢的士兵從床上跳起來大聲叫嚷，惹來其他士兵的驚恐；有時是軍中有人受不了壓力，拿著刀胡亂砍殺，造成死傷；也有敵方細作刻意造成軍心不穩，在軍營中製造恐怖氣氛。三更半夜，出征的士兵在惶惶不安中睡著，突然發生驚擾，很容易引起連鎖反應，甚至會互相砍殺，造成嚴重的死傷。

劉曜就是敗在這種情況下。當他退卻之後，石虎趁勢進攻，將劉岳全軍擊潰，並且收編了其中大部分精銳。前趙損失慘重，元氣大傷。

公元三二八年，石虎領兵四萬，進攻前趙河東軍防重地蒲阪，附近五十多縣紛紛投降。蒲阪是關中的門戶，一旦陷落，長安恐怕不保，劉曜迫於形勢親自率兵迎戰，他傾巢而出，帶領大軍十萬人，奮力一擊，大破石虎，伏屍兩百餘里。石虎退守朝歌，劉曜繼續追擊，並且反攻洛陽。

石虎是石勒的從子，爲人殘暴，但驍勇善戰，是石勒帳下第一猛將，連石虎都失敗了，石勒心想：「這下該由我親自出馬了。」但他並不立刻出兵，他知道，洛陽城池堅固，一時半刻還攻不下來，一直等到十二月才領著步騎八萬七千人往洛陽移動。

「劉曜帶著十萬人包圍洛陽三個多月，此時必定師老兵疲，我軍此役，必當攻其不備！」石勒下令：「將我的旗幟全部收起來，並且通令三軍，若有人將我親臨前線的消息洩露，一律斬首！」

石勒很擔心劉曜會守在戰略要地成臯（今河南滎陽縣西北），嚴陣以待，然而當大軍抵達成臯之時，竟然連一兵一卒都沒看見，石勒高興地喊道：「這是兵家必爭之地，想不到劉曜一點防備都沒有，看來，上天註定要我得勝了啊！」繼續向洛陽進發，得到前方軍情，知道劉曜的十萬大軍動也沒動，仍然固守在洛陽附近，大喜過望，對左右說道：「各位可以開始舉杯慶賀了，此戰我軍必定獲勝。」

到洛陽後，石勒命令石虎、石聰、石堪等人分別統領兵馬，向劉曜各軍發動猛攻。

劉曜嗜酒如命，前線督戰，仍然每天開懷暢飲，他只怕石勒，只要石勒不來，他就有必勝的把握，所以經常喝得爛醉如泥，還不准部下勸阻，凡是勸阻他喝酒的人，都會被他所殺。因此，部下雖有人早已懷疑敵方是由石勒親自率領，卻也不敢向劉曜報告，直到有一天，劉曜逮捕了一名後趙逃兵，才從逃兵口中，得知這個消息。

「石勒自己來了？」那時劉曜還在喝酒，頭昏腦脹中，也知道事態嚴重，連忙下令沿著洛水布置防線，一面下令，一面又灌了一斗酒，「不知道來不來得及啊，哈哈！」他這是爲了壯膽，卻忘記自己已經喝了太多，肥胖的身軀好不容易騎上馬背就醉倒了，根本沒有能力指揮，頓時之間，前趙軍隊陣形大亂。

前趙軍的亂象連石勒都看傻了，「劉曜就算再不濟，也不至於如此啊……嗯，一定是他又喝醉了，這小子挺幫忙的啊！」高聲下令道：「全軍進攻！」

沒有主帥指揮的軍隊，那能是石勒精兵的對手？前趙軍隊潰不成軍，不是投降，就是四散逃命。慌亂之中，劉曜打算逃跑，卻因爲太過肥胖，上不了馬，結果被石勒生擒活捉，旋即斬殺。

次年，石虎領兵攻入關中，將前趙殘餘勢力掃蕩完畢，前趙就此滅亡。

又過一年，也就是公元三三〇年，石勒正式稱帝。他豪情萬丈，算是一個頗有作爲的君主，他致力蒐羅人才，恢復舊有制度，設立學校，制訂律法，大力提倡佛教，並且獎勵人民從事耕種，在位期間，算是北方比較穩定的時期。

曾經有一次宴會上，他問部下：「朕與古代君主相比，不知如何？」

中書令徐光拍馬屁道：「陛下英明神武，秦皇漢高所不及，後世更無來者。」

石勒哈哈大笑道：「做人豈能沒有自知之明？你把朕抬舉得太高了。如果遇見劉邦那樣的人物，朕當奉其爲主，與韓信、彭越等人並列；如果遇見光武帝劉秀的話，朕當與他一爭雌雄，只不知鹿死誰手！」

這位雄才大略的君主很可惜在位時間太短，只當了四年皇帝便因病逝世，而且因爲後繼無人，戰亂重起，北方再度變回混亂的地獄。

石勒死後，太子石弘繼位，以石虎爲丞相。石弘個性懦弱，在位不到兩年，就被石虎所殺。石虎自立爲趙天王，遷都鄴城，並且大舉北伐遼西段氏，南征東晉，擴張了許多版圖，建立後趙最爲強盛的時期。

石虎雖然能征善戰，可是爲人極度狂暴殘忍，當年替石勒打天下的時候，所到之處便是殘酷的屠殺。奪得皇帝寶座之後，他的性格更加展現無遺，完全不懂得愛惜民力。爲了自己的私慾，調動四十萬百姓，在洛陽、長安與鄴城大修宮室，還到處搶奪民女，讓自己的後宮人數，多達十萬，遠超過當年晉武帝的紀錄。晉武帝駕著羊車巡幸後宮，石虎則把後宮佳麗當作軍隊來訓練，教她們騎馬射箭，做爲自己的侍衛。

他喜歡打獵，規定北起靈昌津，南至滎陽，東至陽都的一大片區域，全部作爲他私人的狩獵場，百姓一率不得捕殺野獸，違者處死。造成這一帶全部成爲猛獸出沒之地，人煙絕跡。

他在位期間，窮兵黷武，下令南邊四州爲南征做準備，東邊三州爲東征做準備，西北四州爲西征做準備。全後趙的天下沒有一州能夠得到安寧，每家每戶有三名男丁的，徵發兩名，有五名男丁的則徵發三名，替他大軍鑄造甲冑武器的有五十萬人，操舟駕船的則有十七萬人，這些百姓在強徵的過程中，病死、餓死、被猛獸天災侵襲而死的多達三分之一，在官道上行走，沒幾步就會看見死屍，景況淒涼。

石虎殘酷的天性，彷彿與生俱來，也遺傳給他的兒子。太子石邃幾乎已成爲變態，與女子尋歡作樂之後，第二天便砍下她們的頭，洗得乾乾淨淨打扮好，放在盤子裡供賓客們欣賞；姦淫了美貌的尼姑，第二天把尼姑砍成一塊一塊的，丟進大鍋子裡和牛肉羊肉一起煮熟，分給賓客們食用。他想早一天登上皇位，便企圖謀殺石虎，被石虎發覺，便將他與妻子兒女一共二十六人全部殺死，同埋在一口棺材裡。

第二個太子石宣，因爲覺得石虎比較寵愛兄弟石韜，擔心地位被石韜所奪，便派了刺客，刺殺石韜，並且還想刺殺石虎。石虎知道以後，氣得昏了過去，醒來之後，命人用最殘酷的刑罰對待石宣：這個太子先被一把一把地拔去頭髮，又抽掉他的舌頭，然後在哀號聲中，被火焚身而死。

石虎自己也不隱瞞自己殘忍的個性，對大臣們說道：「眞不知道要用什麼才能把寡人的肚子洗乾淨，裡面裝的都是壞水，才讓寡人生出來的兒子，一個一個都可惡透頂，才剛成年，就想把親生老子殺了。寡人的小兒子石世現在才十歲，等他成年，寡人應該也死了，就立他爲太子好了。」

石虎在位一共十年，直到他死的那年才正式稱帝，那是公元三四九年的事，當時國內已經是群情激憤，危機四伏，等石虎一死，慘烈的暴亂便即展開。

石世只因年紀幼小才被立爲太子，手中沒有半點兵權，自然不能服人，便遭到他的兄長彭城王石遵所殺，後來石遵又被石虎的養子石閔打垮，石閔擁立石鑒爲主，自己掌握大權。

石閔是漢人，本姓冉，一旦掌權，對於後趙貴族來說，是個很大的威脅，石鑒的兄弟石祗，就在襄國起兵討伐石閔。

這時有人告訴石閔，說那些胡族都不可靠，應該要想辦法剷除。石閔從小眼見漢人遭到匈奴、羯人的荼毒，對異族向來仇視，於是對鄴城的百姓發布一道命令：「與官家同心者，請進城來；與官家異心者，請逕自離開。」

結果鄴城裡的羯人，紛紛逃了出去。這樣一來，石閔知道胡人不會支持他，又下了一道命令：「鄴城之內不論任何人，只要斬殺一名胡人，送上首級，文官進爵三等，武官都拜爲牙門將軍。」

這道命令挑起了鄴城之內的種族仇殺，一天之內，城中羯人被殺了一萬多人，石閔又帶了士兵到處追殺胡人，凡是眼眶深、鼻子高、長著絡腮鬍的，都遭到殺害，短短幾天，二十多萬人被殺，屍體堆滿城中。石鑒以及石虎的子孫三十八人，也都遭到殺害。

剷除了敵人，石閔不願再姓胡人的姓氏，恢復自己原本的姓氏，自立爲帝，建都鄴城，國號魏，史稱「冉魏」。

這個在諸多胡人勢力環伺之下建立的政權，得不到人們的支持，石祗一聽說石鑒遭到殺害，立刻在襄國稱帝，延續後趙的國祚，各地的羌人、氐人、匈奴人也紛紛獨立，後趙崩潰，各政權之間混戰不已。

冉閔偏激的種族政策，使他的皇帝夢作不長久。僅僅三年，他所建立的朝代，就被河北以及東北地區崛起的鮮卑族政權慕容氏所消滅。

桓溫專政

北方戰禍不斷，正是東晉收復失地的好時機，東晉的朝廷，也確實爲此作出努力，可惜內部的權力爭奪擺不平，以致功敗垂成。

這些年來，東晉的大權，逐漸落入桓溫之手。

桓溫，字元子，是大貴族桓彝的兒子。蘇峻之亂後，外戚庾氏繼續執政，庾亮之後是他的弟弟庾翼，同樣以荊州刺史身分，手握重兵，對朝廷來說始終是個難以駕馭的不穩定因素，幸而庾亮、庾翼的個性都較爲溫和，才沒有演變爲當年王敦之亂的下場。

庾翼死前，想讓自己的兒子庾爰之接替自己的地位，卻遭到公卿大臣們的反對，他們已經受夠了庾氏家族持續掌握大權的滋味，幾經討論的結果，他們看上了桓溫，主要原因在於，桓溫和庾翼的交情不錯，他的妻子南康公主本身就是庾氏的外甥女，因此桓溫和庾翼也有那麼一點親戚關係，如果讓桓溫接替庾翼，想來不會讓庾氏家族太過反對。

桓溫體格魁梧，相貌堂堂，性格豪邁，胸懷壯志。他在世族高門之間的聲望很高，常常有人將他比喻為司馬懿或者是劉琨之類梟雄型的人物，他也以此洋洋得意。當初庾翼擔任荊州刺史時，想要北滅胡虜西取巴蜀，請朝廷准許他出兵，但朝中大臣一致反對，只有桓溫幫他說話，所以庾翼對桓溫也十分看重，經常在晉成帝面前誇獎桓溫：「桓元子乃識英雄之才，不可以等閒之輩視之，應當好好提拔他，委以重任，必定可以帶領國家渡過難關。」

庾翼已經把桓溫捧得這麼高，讓桓溫來接替他的地位，他也沒什麼好說的。

接掌荊州兵權之後，桓溫在很短的時間之內便立下一件大功，那就是把巴蜀的成漢政權消滅。

南北雙方都在征戰不斷的同時，當年由氐人李雄建立的益州成漢政權，位處在較為偏遠的蜀中，相對來說比較穩定，李雄又頗有才幹，將國家治理得有聲有色，百姓安居樂業。可惜傳了幾個皇帝，政局越來越敗壞，國家陷於動亂。

桓溫掌握荊州軍權之時，蜀中已經鬧得不可開交，遍地饑荒與流民。「這種時候，如果不趁機伐蜀，難道要等他們強大了，再來頭疼嗎？」桓溫將他的想法大聲地說了出來。

想不到部下們大多抱持反對態度。原來蘇峻之亂過了十幾年，大家的生活好不容易趨於穩定，人人都安於現狀，不想上戰場拚鬥。

「桓將軍，當年庾翼也曾經試過攻伐蜀中，還不是無功而返，您今日這般打算，似乎……」反對的官員們議論紛紛道：「況且，荊州位置重要，如果去打益州，北方不是會趁機南下嗎？請將軍收回成命。」

桓溫根本瞧不起這些貪圖苟安的傢伙，看也不看他們一眼，道：「你們難道沒別的話好說嗎？」

江夏國相袁喬說道：「將軍，下官倒有些不同的意見。」

「你說吧。」

「益州沃野千里，若取得益州，可屏障荊襄，又可支持國家財賦，如今成漢政治腐敗，臣民不附，正是攻打的好時機，只要我軍出其不意，必可一戰而勝。」

「有人說我軍攻打益州，會讓荊州空虛，給北方趁虛而入的機會，你覺得呢？」

「這根本是庸人自擾。後趙聽說我軍行動，必定會以爲我方已經做好萬全準備，不敢輕舉妄動，就算他們南下來犯，我軍沿江一帶的守軍，也足以對抗了，如此，還有什麼好猶豫的呢？」

「哈哈。」桓溫大笑道：「這還比較像人話。就這麼決定，即日起整軍備戰，大舉攻伐蜀中。」

桓溫向朝廷上表奏稱他決定西征的意圖，也不等朝廷回覆，便在公元三四六年率領大軍出發。他知道自己執意出兵，部下會反對，朝廷也必定會反對，所以他決定用行動來促使朝廷同意。

大軍在十一月出發，桓溫集中兵力，直搗成都，一路上也沒受到太大的阻礙，短短幾個月就將成漢政權消滅。這樣的功勳，是東晉建國以來從未有過的，桓溫因此受封爲征西大將軍、臨賀縣公，開將軍府，儀同三司。

桓溫聲望遽增，便把荊州當作自己的地盤，不准任何人染指，不過，短時間內，他無法過問中央政局，朝廷也將他視爲當初的王敦、庾翼，對之忌憚三分，處處對他防備著。爲了制衡桓溫的力量，起用了名滿天下的清談名士殷浩，擔任揚州刺史，肩負起領軍北伐的責任。

這個殷浩和桓溫可說是全然相反，最喜歡裝模作樣，年輕的時候，隱居不仕，不管朝廷再怎麼徵召，他就是不肯出來當官，還自比爲諸葛亮高臥隆中，讓他的聲望更高。

那時候東晉康帝病死，年僅兩歲的小皇帝穆帝即位，會稽王司馬昱輔政，他以十分誠意的口吻，寫信給殷浩：「國家正值危難，亟需有用之才，閣下學識淵博，通曉世事，足以經世濟民，閣下的去就，事關國家興亡，望閣下三思。」殷浩又推辭了一番，這才接受任命。

北方大亂，正是收復中原的好時機，桓溫一再上表，請求北伐，朝廷就是不准。朝廷先是任命皇太后的父親征北大將軍褚裒爲大都督，然而出兵後不久就遭到敗北而迅速撤兵，接著便以殷浩爲都督，繼續領導北伐。

桓溫知道朝廷是有意要壓制他，一怒之下，又打算私自發兵，先斬後奏。他帶著自己的部隊四萬多人，從江陵前進武昌，耀武揚威，準備進行他自己的北伐行動。

朝廷大爲震驚，司馬昱頻頻去信勸阻，又派了能言善道的司馬崧擔任撫軍，前去遊說桓溫。司馬崧見了桓溫後說道：「您想建功立業，這點天下人人皆知，然而，就算您想要北伐，不得到舉國上下的支持成嗎？」

「哼，現在朝中人人貪生怕死，如果不是我堅持北伐，說不定以後永遠就只能坐困在那半壁江山之中了。殷浩算什麼東西，他哪懂得作戰？只有我來帶兵，才能建功立業。」桓溫道：「要等到舉國上下支持我，要等到什麼時候？」

「所謂攘外必先安內，如果您得不到國內支持，就算您建了不世之功，事後想要登上至尊之位，到時候也要費盡心力，才有可能達成啊。」司馬崧道：「倒不如坐觀時變，再伺機而動。」他故意拿桓溫最想要的地位來誘惑桓溫，果眞奏效，桓溫道：

「這樣也對，我就再忍上一段時間好了。」

桓溫從來不裝模作樣，他不曾隱瞞自己的心思，公然表示自己想要奪權，他欣賞的人物除了劉琨以外，便是王敦。「不過王敦失敗了，我將來可不會失敗。」他笑道：「如果讓我選擇，我寧可當司馬昭啊！呵呵，就算不能流芳百世，那麼遺臭萬年也蠻不錯的。」

殷浩對於玄學的義理知之甚詳，對於用兵打仗可是一竅不通。公元三五三年，晉穆帝永和九年，晉廷以殷浩爲中軍將軍都督揚、豫、徐、兗、青五州軍事，率領七萬大軍，從壽春出發，以羌族領袖姚襄爲前鋒，大舉北伐，結果姚襄中途倒戈，襲擊殷浩，殷浩狼狽逃跑，丟棄輜重，士卒死傷狼藉。

這下子可讓桓溫等到機會了，他上表彈劾殷浩，指殷浩喪師辱國，朝廷不得已，將殷浩廢爲庶人。如此，桓溫便得以獨攬大權。永和十年，桓溫的北伐軍從江陵大舉出發，目標直指關中。此時關中已有氐族人符健自稱天王、大單于，後來稱帝，建立以「秦」爲國號的政權，史稱前秦。那年三月，桓溫來勢洶洶，前秦方才建立不久，不敢與桓溫正面對決，只好不斷撤退。

桓溫進兵順利，三月份進兵至霸上，直逼長安。「哈哈，當年漢高祖進兵至此，就將秦王子嬰降服，如今我屯駐於此，還怕不能降服那番邦賊子依樣畫葫蘆弄出來的秦國嗎？」桓溫意氣風發，關中各郡縣紛紛前來投降，老百姓牽著牛羊，帶著美酒前來勞軍，看見桓溫如同天神一樣的風姿，一些老人家激動得熱淚盈眶，嘆道：「想不到事隔多年，又能看見朝廷的軍隊。」

其實桓溫連戰皆捷，根本不需要在此停駐，直接打進長安的話，說不定便可一舉消滅前秦，完成大業，然而他力主北伐，不過是想藉由北伐的名義抬高自己的聲望，並非眞想替晉室克復中原，所以北伐過程中，他不能消耗自己太多實力，以免到時失去爭權的籌碼。

不久之後，桓溫部將在白鹿原之戰中失利，再加上前秦符健又實施堅壁清野戰略，讓桓溫糧食不濟，於是全軍撤退。

桓溫的第二次北伐在永和十二年，目標是洛陽，敵人是當初反叛殷浩的羌族領袖姚襄，以及冉魏的殘餘勢力周成。那時洛陽的局面很複雜，周成與姚襄處於戰爭狀態中，姚襄自從反叛殷浩以後，便打算自成格局，四處征討，如今已佔據了許昌，想不到卻在周成盤據的洛陽遭到頑強的抵抗。

桓溫進兵神速，姚襄還在苦於戰況膠著，晉軍已經到了他的後方。腹背受敵令姚襄困窘不堪，便派遣使者，前去對桓溫說道：「我姚襄願意歸順，請將軍命令三軍稍稍後退一些，好讓我拜伏於道路兩旁。」

桓溫根本不相信姚襄的話，對使者說道：「我是帶兵來收復中原的，姚襄投不投降，與我無關，如果他眞的想要投降，就親自前來，何必派使者呢？」說罷，將使者趕出帳外，親自督軍，攻破姚襄的大營，姚襄率眾渡河向北逃走。困在城中的周成，自知難與桓溫對抗，便開城投降，桓溫終於拿下洛陽，不久之後，也將許昌納入掌握之中。

「洛陽乃我大營都城，如今重回我軍掌握，朝廷理應回歸舊部，象徵我舉國上下收復中原的決心。」

桓溫在出發前就不斷上表，請朝廷做好還都的準備，攻陷洛陽之後，再次上表呼籲。可是東晉這時已是第二代掌政，他們不少人根本就是在江南出生，早已習慣了此地的生活，不願意回到北方重起爐灶，也不願意落入桓溫的掌控中。

「這可是他們說的啊，看看他們要用什麼來堵住天下人悠悠之口。」桓溫的眞正心意，是想藉此壓制朝廷，攫取更大的權勢，果然朝廷不堪其擾，只好再給桓溫加上了侍中、大司馬、都督中外軍事等稱號。桓溫心滿意足的班師回朝，留下少數兵馬守在洛陽，幾年之後許昌、洛陽等地又被慕容氏建立的前燕王朝所攻陷。

公元三六九年四月，桓溫率領步騎五萬人從姑孰（今安徽當塗）出發，展開第三次北伐。這時候，他的威望已經夠高了，仍然堅持北伐的眞正意圖，昭然若揭：他想要當皇帝。每個人都知道，但是沒有人能阻止。

這次桓溫的對手是前燕，爲了對付前燕，桓溫還特地開鑿運河，準備運送大量物資人力，給予敵人迎頭痛擊。謀士郗超說道：「將軍雖以運河運糧，成效迅速，然而，秋冬之際，北方河道必定枯竭，如此運糧困難，運兵也困難，末將在此倒有二計，望將軍明鑒。」

「說吧。」

「其一，可於今年之內，屯兵河、濟，控制漕運，等到所有物資準備充足，明年再行進兵，此爲持重之策。其二，火速進兵，直驅前燕國都鄴城，決一死戰，那些鮮卑人，聽見將軍威名，必定望風潰逃，此乃速成之策。」

「嗯……」桓溫沉吟道：「第一個辦法太慢，第二個辦法太快，難道沒有中庸之道嗎？」

「爲人處事，當採中庸之道，用兵打仗，應該當機立斷啊！」

這番大道理，桓溫聽不進去，率領大軍即刻出發，到了枋頭（今河南浚縣西南），又犯了當年攻打秦前時的毛病，把大軍駐紮在這裡，裹足不前。桓溫分別派遣部將建威將軍檀玄與前鋒鄧遐、朱序分兵攻擊前燕，均有斬獲，情勢對東晉軍十分有利。

枋頭距離鄴城只有兩百多里，前燕朝廷上下震動，連忙向關中的前秦求救兵，甚至有人建議趕緊棄守逃回舊都龍城（今遼寧朝陽）去，謀臣申胤表示反對，他道：「表面上看來，桓溫聲勢浩大，實際上，他背後的朝廷，早就對他不滿，一定會在後面扯他的後腿，所以桓溫必敗。」

大將慕容垂毛遂自薦，說道：「我願意率軍抵抗桓溫，若不勝利，誓不還朝。」

前燕朝廷便以慕容垂爲南討大都督，率兵五萬抵禦桓溫。慕容垂分派重兵扼守要塞，桓溫部將豫州刺史袁眞多方攻打，總是難以得手。

日子一天天過去，秋天旱季悄悄來臨，桓溫挖掘的運河都乾枯了，孤軍深入，糧草難以爲繼，謹慎的桓溫看出戰況不利，只好下令退兵。河道已乾，大軍無法走水路，只好將船艦輜重燒了，改走陸路，從東燕縣（今河南延津縣東北）經倉垣（今河南開封市東北）往襄邑（今河南睢縣西）轉進。

這條撤退的路既漫長且艱辛，足足有七百里，士卒們意氣風發地駕舟前來，卻得徒步回去。慕容垂一路跟在後面，保持著一定的距離，不時搖旗吶喊，作勢攻擊，把晉軍嚇得草木皆兵，士氣全消。

好不容易抵達襄邑，晉軍已經累垮了，慕容垂卻早已備戰完畢，發動猛烈攻擊，短短一天，桓溫就喪失了三萬兵力，之後奮力突圍，又被前秦來的援軍打得落花流水，損失一萬人。

這樣的慘敗，是桓溫從來沒經歷過的，他深以爲恥，便把罪過都推給袁眞，袁眞驚恐不已，竟然投降了前燕，把壽春與淮南都送給了敵人。桓溫不但沒有收復失地，反而喪失了大片土地，威望大爲降低，登上皇帝寶座的美夢，就此破碎。

後來，桓溫爲了挽救頹勢，竟然搞起廢立皇帝的把戲，後來畢竟歲月不饒人，他趕不上九錫、封王這些篡位前所必經的榮耀，就生病而死，享年六十一歲，讓岌岌可危的東晉王朝，又延長了幾十年的壽命。

接替桓溫兵權的，是他的弟弟桓沖，中央則由尙書令王彪之與僕射謝安共同輔政。桓沖爲人謙虛，全不像他兄長桓溫那般跋扈；謝安爲人愼重勤奮，讓東晉政局迴光返照，短時間內東晉似乎有重振雄風的跡象，然而，北方政局這幾年來情勢大變，使東晉不得不面臨更爲艱困的挑戰。

淝水之戰

在關中建立前秦政權的苻健，於公元三五五年逝世，太子苻生繼位。苻生完全沒有他父親慷慨豪邁的風範，整天只曉得享樂，不懂得治理國家，政權漸漸落入苻健的姪兒苻堅的手裡。一年多以後，苻堅發動政變，殺了苻生，奪取寶座，自立爲大秦天王。

苻堅從小滿懷雄心壯志，虛心向學，長大後經綸滿腹，雄才大略，這回讓他奪取了至尊地位，終於可以讓他大展身手。不過，他能夠讓前秦強大，重用賢才王猛，應當是最主要的原因。

王猛出身貧困，年輕的時候當過小販，後來因爲戰亂，流落到華陰，平常沒什麼嗜好，就喜歡讀一些兵書，也因爲這樣的出身背景，所以他沒沾染到世家大族的靡爛氣息，也沒有將他的天資浪費在無益國家民生的清談玄學上。他喜歡發表高論，所以在鄰里之間相當出名，甚至連當年桓溫率領著大軍進逼長安的時候，都聽說過王猛的大名，還請他來霸上軍營一敘。

王猛見到桓溫，一面撓癢抓蝨子，一面和桓溫談些家常瑣事，一點也不畏懼桓溫的權勢。看見王猛這態勢，桓溫沒有生氣，反而肅然起敬，忍不住問道：「我率領著大軍入關，爲天下蒼生討伐國賊，只有小老百姓來勞軍，三秦豪傑卻沒有人來相迎，這是什麼緣故？」

王猛笑道：「明公不遠千里，率師北伐，如今長安近在咫尺，明公卻在霸上駐兵，不再前進，這說明你沒有決心，只是想藉由北伐來提高你的聲望而已。」

桓溫愣了一下，微笑起來：「你說話眞是一針見血啊。」他請王猛擔任軍中祭酒，王猛卻看得出他成不了事，因此當桓溫班師回朝時，他並沒有跟著南下。

不久之後，王猛接受了苻堅的邀請，與他深談，兩人一見如故，王猛也盡情展現自己的才學。後來，苻堅對別人說道：「我見到王猛，就好像當年劉玄德遇見諸葛孔明一樣啊！」

王猛是平民出身，苻堅登位，卻還不能立刻給他高官厚祿，便讓他先在長安附近當個縣令，順便試試他的才幹。

當時北方也是一個世家大族地方豪強把持的社會，王猛到任以後，發現轄區內地方豪強橫行不法，並且和官吏相互勾結，欺壓良民，爲所欲爲。王猛一上任，便將一名奸滑官吏給殺了，接著又升堂審事，違法犯紀者，一律大刑伺候。

遭到處刑的幾乎都是地方豪強家中之人，王猛如此斷然處置，掀起了激烈的波瀾，地方權貴頻頻彈劾王猛，並用權力將他逮捕，押解前往長安。苻堅看見王猛，很生氣地說：「爲政之道，在於以德服人，你才到任那麼幾天，就胡亂殺人，這不是太殘酷嗎？」

王猛毅然答道：「太平盛世，才能以德服人，治亂世卻要用重典，微臣只想替聖君明主剷除奸兇。如今只除掉少數人，還有千千萬萬人逍遙法外，如果陛下因爲臣辦事不力，要治臣的罪，那臣雖死無怨。要是陛下說臣太殘酷，那臣是萬萬不能接受的。」

苻堅低下了頭，沉吟片刻，緩緩說道：「你講的對。」

苻堅開始重用王猛，先以王猛爲尚書令，後來升遷爲侍中、中書令，再加封輔國將軍、司隸校尉，三年之內五度升遷，此時王猛才只有三十多歲。

有苻堅在背後撐腰，王猛自然可以大加揮灑，他認法不認人，不管違法犯紀的是豪強勢族，還是皇親國戚，一律嚴懲，果然沒過多久，百官震肅，教化大行，吏治與行政效率都達到前所未有的程度，幾乎可與前代的每一段太平盛世相比。苻堅這才讚嘆地說道：「這下我才知道天子尊嚴的所在。」

國家強盛了，便要開始擴張疆土。

擋在前秦前面的，是鮮卑慕容氏所建立的前燕。前燕立國已經八十餘年，不論土地、人口與國力，都要比前秦強大，但這些年來前燕遭受內憂外患，掌權者又吸收了中原地區世家大族的腐化氣息，與前秦相比，一降一升，若是眞正交鋒，只怕已經很難相提並論了。

苻堅對於這樣的變化有所體認，不過他仍不敢貿然動手。桓溫第三度北伐之時，前燕危急，向前秦求救，苻堅很慷慨地派了三萬人，名義上是救援，實際上卻是去探聽前燕的虛實。

後來前燕貴族吳王慕容垂在襄邑之戰擊敗桓溫，立下大功，反而遭到前燕朝廷猜忌，慕容垂不得已，只好流亡到前秦，苻堅大喜之餘，也看出前燕不過是隻紙老虎，封慕容垂爲冠軍將軍，並且積極備戰。

公元三六九年十二月，苻堅命王猛擔任統帥，與鄧羌、楊安等人，率領騎兵三萬人，一舉攻佔洛陽。第二年，又增派兵力，總共十萬大軍，殺向前燕，陸續攻佔了壺關、上黨，前燕的軍力明明比前秦多了好幾倍，卻是一點士氣也沒有。

大軍壓境，前燕掌權者慕容評只想自保，還拚命斂財，燕王慕容暐一點辦法也沒有，只能眼睜睜看著前秦鐵騎，長驅直入，殺進鄴城。慕容暐率眾投降，苻堅將他收編，成為自己的部下。

從計畫到實行，前秦消滅前燕，只花了兩年時間。之後幾年，前秦軍勢，如狂風掃落葉，所向無敵，相繼消滅前涼與代國，還從東晉手上奪取漢中巴蜀等地，佔領了益州，席捲天下三分之二。

王猛擔任丞相，總攬軍國內外之事，他日夜勤勞，努力不懈，為政剛正嚴明，舉賢任能，勸課農桑，整訓軍旅，並且在不斷向外發動戰爭之餘，還能內興儒術，興辦太學，讓前秦國勢，達於鼎盛。

「自古以來，有哪個開國皇帝能像我這樣，短短幾年之內，地闢九千里，降敵百萬眾？」苻堅意氣風發，準備統一天下，如今只剩下一個偏安江南的東晉了，為此，他在朝堂之上將討伐東晉的想法提出了好幾次。

他萬萬想不到，這最後一塊絆腳石竟是那麼難移除。丞相王猛、太子苻宏、陽平公苻融等人，均表示反對。在當時人們心目中，東晉雖然只是個偏安政權，不過卻依然有它的正統性存在，北方陸陸續續建立許多政權，然而真正「稱帝」的卻很少，連苻堅自己都只是「天王」而非皇帝，就是這個緣故。

王猛道：「晉室雖弱，畢竟是正朔相承，而且他們自從桓溫死後，局面似乎變得比較穩定，君臣相和，上下一心，沒有衰敗的跡象。這些年來，我大秦將士東征西討，雖立功無數，卻也疲憊不堪，實在應該讓他們先休息幾年。再者，我國短短幾年之內，闢地九千里，國內各族混雜，應該要多花功夫治理才是，這種時候，實在不應該想著去圖晉。」

眾臣之中，只有慕容垂、姚萇等人主張應該要出兵，他們其實很希望苻堅輕率出兵，自己便能從中獲得利益。

公元三七五年六月，王猛積勞成疾，而且病得十分嚴重。苻堅心急如焚，只要王猛稍有好轉，苻堅便喜於形色，還下令大赦天下。然而到了七月，王猛終究是難以挽救，苻堅心懷悲傷，前往探視，說道：「丞相，你忍心就這樣拋下我嗎？」

王猛虛弱地搖搖頭：「陛下，只要您能維持現在的局面，我大秦強盛必定是可長可久的。臣在此只希望陛下不要操之過急，晉室乃華夏正統，目前並不可圖，那天臣沒有直說，但是鮮卑人、羌人貴族，雖表面歸降，終究懷有貳心，是我們的仇敵，遲早是禍害，臣死之後，希望陛下能先想辦法剷除他們，再去圖謀對付江東晉朝。」

這段話成了王猛的遺言。苻堅放聲大哭，以最隆重的典禮安葬了王猛，還對太子苻宏說道：「難道蒼天不想讓我統一天下嗎？為何這麼早就讓我痛失臂膀？」

然而苻堅終究沒能記取王猛的遺言。三年之後，他終於還是按耐不住，為了討伐東晉，先派了常樂公苻丕與慕容暐、慕容垂、姚萇等主戰派兵分三路攻打襄陽。

襄陽的守將是梁州刺史朱序，他以少量兵力，面對前秦數十萬大軍如潮水般的圍攻，竟然能夠支持一年多，實屬不易，然而最後還是無力回天，投降了前秦。在此同時，前秦兗州刺史彭超又將東晉的彭城攻佔下來。這襄陽與彭城，一西一東，一爲荊州門戶，一爲揚州門戶，兩大據點都被前秦所得，形勢上對東晉造成極大的威脅。

東晉這時候主持軍政大局的人是謝安，他從年輕時候就是個思想敏捷，風度優雅的名士，王導、桓彝等人都很器重他。不過他少年時代並不願意做官，整日悠遊山林，結交名士，與王羲之、許詢、道林名士、名僧在一起鬼混，沉醉在玄學的清談世界當中。

那時候的人們似乎很標榜這樣的性格，當初殷浩也是因爲這樣被捧得半天高，如今謝安也基於同樣的原因得享大名，所不同的是：謝安懂得佈局，懂得觀察時事，他的家族是僅次於王家的世族高門，家中已有許多人在朝爲官，他根本不用擔心自己將來有朝一日當了官，會有人與他作對，甚至，朝廷之中已經有著這樣的傳言：「安石不肯出，將如蒼生何？」

謝安的名聲越來越大，連權臣桓溫都想拉攏他，那時謝家在政治上有些艱困，兄長謝奕剛死，弟弟謝萬又因爲督軍不力被廢爲庶人，因此謝安便接受了桓溫的邀請。這件事惹來舉朝上下轟動，許多人都來送行，還有人挖苦他：「閣下多次違背朝廷旨意，隱居不出，人們都說安石不肯出，將如蒼生何？如今哪，蒼生又將如您何啊？」謝安一點也不在意。

桓溫得到謝安，十分高興，經常自豪地對旁人說道：「你們何時看我接待過這樣高尚的客人啊！」

桓溫死後，謝安受命爲尚書僕射兼任吏部尚書，與尚書令王彪之同掌朝政，北方前秦統一黃河流域，聲勢浩大，並且不時騷擾邊境，對東晉造成很大的威脅。朝廷下詔徵求可以守禦北方的將領，謝安推薦自己的姪兒謝玄，惹來不少人議論紛紛。

「謝玄是個什麼東西？年紀輕輕的，能夠替國家鎮守疆土？敵人來的時候，一定嚇得屁滾尿流。」

「哼，你嫉妒嗎？誰叫你不信王，也不姓謝啊！」

想不到這時候出來替謝安講話的，竟然是素來與謝安有嫌隙的郗超，他說道：「謝安石怎會不知道這一點，他能夠不計個人毀譽，推薦自己的親屬，這是很明智的，也是需要勇氣的。」

「可是他誰不好推薦，居然推薦一個少不更事的謝玄？」

郗超道：「當初我曾與謝玄在桓公府中共事，謝玄的才幹我是知道的，絕不像你們所說的什麼都不懂。」

謝玄不辜負謝安的提拔，朝廷封他爲兗州刺史、建武將軍，到任治所廣陵（今江蘇揚州）以後，便積極著手招兵買馬，嚴格訓練，組成一支勇猛善戰的軍隊，號稱「北府兵」。

彭超攻陷了彭城，便想繼續順勢而下，佔領淮南，打通前往建康的大門。襄陽已失，荊州飽受威脅，如果再將淮南送入秦人之手，東晉就沒戲好唱了。廣陵正好在彭超進軍的路線上，北府兵那時候也訓練得差不多了，謝安便讓弟弟謝石以征虜將軍名義嚴密部署防禦，另外囑咐謝玄率領北府兵主動迎擊。

北府兵初試啼聲，就打了一場漂亮的勝仗，參軍劉牢之表現，尤其搶眼，彭超被打得落花流水，全軍覆沒，逃了回去。苻堅大怒：「我大秦建國以來，還沒敗得那麼難看過，看你替我丟的臉！」便將彭超囚禁起來。而北府兵、謝玄、劉牢之等人的大名，一時之間傳遍大江南北。

這場失敗，對苻堅來說，應該是個警訊，從來沒有嘗過敗績的秦軍，竟然讓默默無聞的北府兵一夕成名。也是苻堅受到儒家思想的影響太深，他總認爲，天下總應該要維持大一統的局面，才是常態，分裂了這麼久，總該有人出面結束它，而這個人，就是苻堅自己。

公元三八二年冬天，苻堅再度提出討伐東晉的意見，他在朝會上對大臣們說道：「朕決意大舉南征，一統天下，不知眾卿以爲如何？」

滿朝上下大多抱持反對態度，他們對苻堅說道：「淮南一役，爲何我軍失利？乃是因爲晉朝舉國上下，同仇敵慨的緣故。他們從前雖然內鬥得很厲害，然而一旦遭到外侮，還是會激起不可忽視的力量，請陛下收回成命。」

「哼，上次會失敗，全是因爲彭超太過輕敵。這一次，朕打算動員全國兵力，就不相信還不能把一個弱小的晉國給消滅了。」

上一次還有一個王猛能夠勸得動苻堅，這一次王猛已經死了，朝廷當中沒有任何一個說話夠力的人，後來連高僧道安、苻堅的愛妾與小兒子都跑來勸，仍是無效，苻堅怒道：「方外之人，婦人孺子知道些什麼，豈能干預政治！」

苻堅的弟弟，陽平公苻融與苻堅素來感情融洽，他私底下去向苻堅說道：「記得當年王丞相對兄長所說的話嗎？晉室不管怎麼說，總是中原正統，我國內部又有鮮卑、羌胡、羯人會找機會搞鬼，兄長輕率動員大軍南下，事若不成，只怕會招來大禍！」

苻堅道：「別跟我說什麼正統不正統那一套，當年秦始皇消滅六國，順便把東周也滅了，誰是正統啊？況且，這件事在我心中決斷已久，怎能說我輕率決定？只要揮軍南下，必定會成功，又有什麼是辦不成的問題呢？」

公元三八三年，東晉孝武帝太元八年七月，苻堅正式下詔大舉進攻東晉，他規定全國各地公私馬匹全部徵調來作為戰爭之用，一般平民，每十名男丁抽調一名從軍，門弟比較高的家族子弟，全部授予羽林郎的稱號。

八月廿六日，苻堅命令龍驤將軍姚萇從巴蜀出師，順流而下；慕容垂率領偏師，從襄陽出兵；並以陽平公苻融為前鋒都督，統帥步騎二十五萬先行出發，前往合肥去與當地原有駐軍五萬人會師，接著再殺向淮南；苻堅自己率領主力部隊，從長安出發，作為苻融的後盾。

此次戰爭，動員步兵六十餘萬，騎兵二十七萬，號稱百萬大軍，規模之大，聲勢之雄壯，實屬空前，大軍相繼前進，前後綿延千里，浩蕩而壯闊，苻堅躊躇滿志，笑道：「以吾眾旅，投鞭於江，足斷其流！」在他的想像中，這樣的大軍，根本不會有人膽敢抵抗，軍隊一路長驅直入，開進建康，戰爭就算結束了，天下也就可以統一了。

在當時，這樣說並不是大話，這樣想也不是幻想，他們的對手，連十分之一的兵力也湊不出來，要如何與他們競爭？苻堅信心十足，還事先下詔，封晉孝武帝司馬曜爲尚書左僕射，謝安爲吏部尙書，桓沖爲侍中，並且替他們在長安修建府邸，以便到時消滅東晉後，可以接他們來居住。

東晉朝廷接獲戰報，得知前秦大舉來犯，逐命令謝安統籌全局。

「百萬大軍嗎？」謝安還是維持著他一派瀟灑的態度，臉上沒有半分驚慌，從容不迫地分撥調度：謝石爲征討大都督，謝玄爲前鋒都督，率領輔國將軍謝琰、西中郎將桓伊、龍驤將軍胡彬、北府名將劉牢之等人，統帥八萬北府兵迎擊。

有人對謝安這份名單有異議，跑去問謝安：「八萬對百萬？這會不會差別太大了一點，就算秦軍百萬人不能集中到一塊，他們的前鋒也有個二三十萬吧，您怎麼不讓桓沖也來協助呢？他坐鎭荊州，手上少說也有個好幾萬兵馬。」

謝安淡淡地說道：「八萬人就夠了，桓沖……還是讓他鎭守在荊州吧，就算加上他的幾萬人，也無法超過敵軍的人數吧！」

「你……難道這種時候還在提防著桓家的人？」

謝安笑而不答。

謝玄也是忐忑不安地，他跑去問謝安：「您有沒有什麼對策啊？」

「放心吧，我都安排好了。」

謝安到底安排了什麼，沒有人知道，不過他那一副輕鬆自如的模樣，倒是緩和了建康城中的緊張氣氛。

十月，秦軍進佔壽陽（今安徽壽縣），果然如同行軍一般，沒有遭到什麼抵抗。第一個和秦軍交手的，是晉軍龍驤將軍胡彬，那時候他正帶領部隊沿著淮河向壽陽出發，走到一半，就得知壽陽失陷，只好退到硤石（位於壽縣西北），等待謝石、謝玄前來會合。佔領壽陽的是苻融的前鋒大軍，苻融又調派五萬兵馬，由部將梁成率領，進攻洛澗（今安徽淮南東），截斷胡彬的後路以及淮河的水運。

糧食不濟，胡彬的情況很危急，他派出士兵突出重圍，送信給謝石，信中寫著：「敵人來勢很猛，我軍糧食告罄，恐怕無法等待大軍前來會合，只有一死以謝國家了。」

這個信差被秦兵抓住，胡彬的信落入苻融的手中，苻融立刻飛報苻堅。此時苻堅才抵達項城（今河南沈丘），接到這樣的報告，大為興奮，他迫不及待地想要親眼目睹東晉投降的場面，於是把主力大軍撇在項城，自己率領了八千騎兵，連夜趕往壽陽，並且向官兵們宣布：「誰敢洩露我親臨前線的消息，處以拔舌之刑。」

來到壽陽，苻堅發現晉軍似乎沒有投降的跡象，「怎麼和你來報告的情況不大一樣呢？」他對苻融說道：「是不是該派個人去勸降比較好？」他想到的是之前攻破襄陽時投降的晉軍將領朱序。

朱序投降苻堅以後，苻堅待他不錯，任命他為度支尚書，可是他心中還是思念著東晉，這時被苻堅指派為使者，終於讓他等到了機會。

朱序來到晉軍大營，見了謝石、謝玄等人，就如同見到多年老友一般，親切地向他們寒暄，「苻堅說，如果洩露了他的行蹤，就要被拔掉舌頭呢！」朱序吐著舌頭笑道：「既然我的舌頭還在，那我就說了吧，現在苻堅不在別處，就在壽陽。他打算等他的百萬大軍到齊了以後，再發動攻擊，一旦到了這一天，恐怕晉軍無法抵擋，要對付他們，只有趁現在，趕緊進攻，挫敗他們的銳氣，說不定還有轉圜的希望。」

「不錯，這正和我所設想的一樣。」謝玄道：「朱將軍……委屈您了，您回秦營之後，咱們各為其主，我也不能手下留情……」

朱序一揮手：「你放心，朱序一日為晉臣，終生為晉臣。」語罷轉身離去。

謝石還在猶豫，他說道：「壽陽雖然只是敵軍前鋒，卻也有二十多萬人哪，我看我們還是堅守陣地比較保險。」

輔國將軍謝琰是謝安的兒子，他說道：「叔父，都什麼時候了還要求『保險』嗎，以寡擊眾，只有行險，堅守陣地，只會讓敵軍越聚越多而已。」

「不錯。」謝玄也道：「說實話，要我八萬北府兵去和那百萬大軍相爭，眞的沒把握，但是坐以待斃總不行啊。」這種未出陣而先挫自己銳氣的話，也只有清談盛行的時代，才會從主帥口中說出，反正他們是自家人談天，倒也無所謂，三人當下決議，置之死地而後生。

謝玄先派劉牢之率領精兵五千人，偷襲洛澗，北府兵果眞名不虛傳，勇猛無敵，洛澗的秦軍是他們的十倍之多，但他們一點也不害怕，不是勝利，就是死，豁出性命的軍隊，戰力是極爲驚人的，留守在洛澗的梁成、梁雲兄弟，在混戰中遭到斬殺，五萬多人潰散奔逃，爭先恐後度過淮水，淹死與戰死的超過一萬五千人。

這一戰大大激勵了晉軍的士氣，謝玄趁勢推進，將主力部隊移至淝水（今淝河，在安徽壽縣南）東岸，與壽陽的秦軍隔河對峙。

苻堅在壽陽城裡，正洋洋得意地期待晉軍前來投降的使者，不料前來報告的卻是己方的人，還帶了一個噩耗：「洛澗失守。」彷彿在苻堅腦袋上敲一記悶棍，心中升起一股悵然若失的感覺，「兄弟……」他對苻融道：「陪我上城樓去看看。」

遙遙望去，晉軍陣營，井然有序，將士精銳，旗幟鮮明，苻堅心中的傲氣一下子消失無蹤，思緒紊亂，心中忽然蹦出一個想法：「也許不是那麼容易勝利啊……」他很訝異自己爲什麼會這樣想，心中不禁害怕起來，再向敵陣眺望，連北面八公山上的草木，都被他看作晉軍的埋伏。

「這眞是勁敵……誰告訴我敵軍只有八萬人的啊？」

從那時候起，苻堅才開始嚴密防守。晉軍未能渡河，謝石、謝玄都很擔心，萬一眞如朱序所說的那樣，拖延到秦軍把大軍都集合好了，那就來不及了。

謝玄送了封信去給苻堅，信中說道：「你們大軍深入，卻在壽陽按兵不動，這怎是打仗該有的作爲，難道是怕了我們北府兵嗎？如果你們有心決戰，那就把陣地向後移動一點，留出一點地方，好讓我軍可以度過淝水，兩軍再一決勝負，這樣才算你們有膽量。」

這封威脅挑釁有之的信，苻堅看了，不禁冷笑：「想用這種方法逼我出戰？想要速戰速決？那也可以。我又不是宋襄公，豈不會在你們渡河的時候對你們發動攻擊嗎？」

苻融說道：「還是別讓他們渡河吧，等我們大軍到齊了，根本不必作戰，他們就會先敗了。」

「這樣也只是立於不敗之地，不能立即求勝。」苻堅道：「我們可是有十幾萬的騎兵啊，當他們渡河之時，一舉消滅他們，這不就得勝了嗎？打仗嘛，總得冒點險，況且，他們提出這點小小要求，我們都不願意，豈非表示我們怕了？」

謝玄得到苻堅的回音，迅速整備兵馬，準備過河。「通報各軍將領，務須迅速渡河，維持陣形，一渡河，即刻發動攻擊，不得駐足。」謝玄自己也沒半點把握。道：「一刻也不能放鬆，敵軍也許打算趁我們渡河的時候攻擊我們，到時候……到時候就是各位報效國家的時刻了。」

約定渡河的時候一到，苻堅就下令，全軍向後撤退。

他萬萬沒料到，這道「向後撤退」的命令，等於宣布他的死刑。

秦軍人數雖多，但其中大部分都是臨時徵調來的，連馬都是臨時調來的，他們厭惡戰爭，害怕戰爭，光從北方一路跋涉而來，就讓他們累得不成人形，一聽見撤退的命令，以爲可以回家了，拔腿就跑，停也停不下來。

謝玄率領八千騎兵，渡河攻擊，他遠遠看見秦軍不知道爲什麼，亂成一團，心中勇氣頓生，提起佩刀，高聲喊道：「殺啊！」八千多人殺進二十多萬人裡，居然像切菜瓜一樣，毫不費力，秦軍士兵光是撤退，毫不抵抗。

這時候，秦軍後方，突然傳起一片叫喊之聲：「秦軍敗了，秦軍敗了！快逃啊，快逃啊！」謠言像滾雪球一般越滾越大，後方士兵只見前面的同袍沒命的向後撤，以爲眞的敗了，便也發足狂奔，只想逃命。這是朱序的計謀，他早就安排好了一群人，一到約定的時間，就在軍中像沒頭蒼蠅一樣亂跑亂嚷，製造混亂，二十萬人不是小數目，騷亂起來，根本沒有人制得住。

指揮官苻融氣息敗壞地揮著佩刀，大聲叫著：「我們沒敗，我們沒敗，別相信謠言，快回頭殺敵啊！」但他一個人哪能壓得住潮水般的大軍？一波亂軍衝來，竟然將他的坐騎撞倒了，苻融摔得七葷八素，掙扎著想要爬起來，晉軍的切菜瓜部隊已經尾隨在後面殺過來，看見苻融，二話不說，把他當成其中一個菜瓜，一刀砍死。

這也許是天意吧！主帥竟然在這樣的情形下戰死，失去了指揮系統，連本來還堅守著陣形的秦軍也潰逃了。坐鎮在大軍後方的苻堅，看見況不妙，只好跳上坐騎，拚命逃走，不料，一支流箭「嗖」地一聲飛過來，正好射中他的肩膀，苻堅咬著牙，忍痛折斷箭身，繼續催馬狂奔，逃到淮北，才停下來療傷。

晉軍繼續追擊，秦軍沒命地逃竄，互相推擠、踐踏而死的，不計其數，朱序等等本來是晉臣的將領，紛紛重新回歸東晉陣營，滿山遍野都是死屍，景象淒涼，一些逃脫的士兵，在路上聽見半空中的鶴鳴與呼呼的風聲，也以爲是晉兵追殺的聲音。

苻堅大舉伐晉，沒有任何建樹，倒是給後人留下兩句成語：「草木皆兵」，說的是他登上壽陽城時的驚恐；「風聲鶴唳」則是指這些士兵潰散的心情。

謝石、謝玄獲得輝煌勝利，派飛騎往建康傳遞捷報。

那天謝安還是一派瀟灑名士的風範，好整以暇地在家中與一位客人下棋，捷報送來，他看了幾眼，隨手放在一旁，回頭對客人說道：「走到哪一步啦，該我下了吧？」

「喔……是啊……」客人向謝安手邊的戰報書看了一眼，忍不住問道：「那……那是前線的戰報吧？情況到底怎麼樣啊？」

謝安捻著棋子，眼睛盯著棋盤，慢吞吞地說道：「沒什麼，家裡的孩子們已經把敵人打敗了。」

「這眞是天大的好消息，您還眞沉得住氣啊！」客人的棋也不下了，把棋盤一推：「我去告訴大家這個好消息。」

「喔，好吧，下次有空再和你下幾盤。」謝安把客人送走，等客人走遠了，謝安這才忍不住心中的狂喜，手舞足蹈起來，跳著回房，跨過門檻的時候，還踉蹌地把木屐的帶子都給綁斷了。

戰爭既然定了勝負，有喜悅的一方，必有悲情的一方。

拖著重傷逃到淮北的苻堅，草草包紮了傷口，前去投靠慕容垂。慕容垂事前奉苻堅之命，領兵三萬，去攻打荊州，還來不及投身戰場，淝水之戰已經結束，所以慕容垂的這三萬人毫髮無傷。

慕容垂護送苻堅往北方移動，一路上收拾殘兵敗將，號稱百萬的大軍剩下十萬多人，在痛苦與懊悔中，狼狽不堪地回到長安。

「王猛啊，王猛！如果你現在還活著，一定會恥笑我吧！我真的……做了一件天大的蠢事呢……」這位曾經席捲大半個中國的一代雄主，如今什麼也沒剩下了，他的帝國是靠著戰無不勝、攻無不克所建立起來的，現在卻遭受這種致命的失敗。苻堅知道，等待著他的，只有眾叛親離。

大分裂，大黑暗

淝水之戰是一場戲劇化的戰爭，以無比懸殊的局面展開，以沒人料想得到的結局收場，這場戰爭對後來的影響極大，它不但使偌大的前秦帝國土崩瓦解，也讓原本即將由苻堅完成的大一統局面，往後延遲了兩百餘年。

回到長安不久，慕容垂就不想待在苻堅身邊了，他對苻堅說道：「陛下，目前河北局面不穩，請允許我帶兵前往安撫，經過鄴城的時候，我也想順便去祭拜一下祖先。」

苻堅看了慕容垂一眼，想起王猛的話，卻還是點了點頭：「去吧。」

慕容垂離開長安不久，便正式脫離苻堅，打起復國的旗號，自稱燕王，許多鮮卑、丁零、烏桓的族人紛紛起來響應，旗下部眾很快發展到二十萬人，便向東前往鄴城，與守在當地的苻堅庶子苻丕展開激烈的爭奪戰，三年之後，慕蓉垂自稱皇帝，盤據河北。

慕容垂的舉動惹來前燕貴族的眼紅，宗室幕容泓逃往關東，召集當初被苻堅下令牧馬的鮮卑民眾，一共十萬人，打算打回關中，救出被軟禁的前燕王慕容暐，以與慕容垂一較高下。

苻堅派了兒子苻叡率領姚萇統兵五萬，去攻打慕容泓，結果戰敗，苻叡遭到殺害，姚萇擔心苻堅怪罪，索性自立門戶，自稱大將軍、大單于、萬年秦王，屯駐關中北地（今陝西耀縣東南），與苻堅敵對。

「王猛果然說對了，最先起來反我的人，就是鮮卑人和羌人。」苻堅嘆道。他率領了兩萬人去打姚萇，起初很順利，後來又因爲慕容沖的攻擊，逼不得已只得回師。

慕容沖乃慕容泓之弟，慕容泓雖在關東順利招募了許多部眾，卻在東向奪取鄴城與西進攻長安之間搖擺不定，終於被部下所殺，另立慕容沖爲主。慕容沖領兵包圍長安，包圍了一年之久，後來，苻堅率領少數徒眾逃往五將山（陝西岐山縣東北），被姚萇派兵追擊逮捕，在新平的一間佛寺之中縊死，享年四十八歲。

這是公元三八五年的事，距離淝水之戰兩年。這一年，淝水之戰的另一名重要人物謝安，也病死在建康城，享年六十五歲。

大戰之後，謝安的聲望達到頂點，東晉卻沒有能夠把握良機，進軍中原，這是因爲朝廷對謝安、謝玄的聲譽感到疑慮的緣故。

東晉孝武帝是個昏庸無能的皇帝，從來不理政事，這才讓謝安可以妥善安排，獲得勝利。然而勝利之後，晉孝武帝又開始猜忌謝安了，總覺得他立了這麼大的功勞，會不會像當初的桓溫一樣，企圖謀取皇帝的寶座，也不想想謝安與桓溫完全是兩種格調的人物。

這個皇帝比較寵信他的帝帝會稽王司馬道子，因爲司馬道子和他臭味相投，都是嗜酒如命之人，君臣兩人經常喝得醉醺醺，謝安活著的時候也就罷了，這時謝安死了，掌權的人不管事，朝政怎能上得了軌道？東晉政局，又變得亂七八糟。

也就是說，王猛先前所說的那個「君臣相合，上下一心」的東晉，僅在淝水之戰結束後兩年就消失了；君臣相合倒也沒錯，只不過是和在一起靡爛頹廢，至於上下一心，那就更不用提了。

如果苻堅看到這樣的情形，也許會哭笑不得吧。

但是他看不到了，他和王猛所打造出來的前秦帝國，在他死後就成了流亡政府，拖到公元三九四年，被姚萇的兒子姚興所滅。

前秦滅亡後，中國北方再度分裂，而且分裂得十分嚴重，光是慕容氏在關東建立的「燕國」便有後燕、西燕、南燕、北燕四個，關中則有羌族姚氏所建立的後秦與匈奴族鐵弗氏赫連勃勃建立的大夏，隴右則有氐族呂氏所建立的後涼、鮮卑乞伏部建立的西秦、鮮卑禿髮部建立的南涼、漢人李嵩建立的西涼、盧水胡沮渠部建立的北涼等等錯綜複雜的政權。

這些胡漢交錯地帶新成立的政權之中，沒有任何一個實力強大到足以呑併其他的政權，相互之間混戰不已，直到鮮卑族拓跋氏強大起來，前進中原，才將這種情況改觀。

北方混戰不斷，東晉曾經以北府兵向北進擊，先後收復青、徐、兗、司、豫、涼等六州，佔據了相當大的土地，可是由於司馬道子權勢急遽膨脹，惹來孝武帝不高興，想要削奪他的權力，讓這君臣之間原有的一點相和，也破壞殆盡。內部鬥來鬥去，辛苦爭奪來的疆土，又被後燕、南燕、後秦等國趁虛而入。

孝武帝死得不明不白，據說他是在後宮之中被宮女勒死的，爲何被勒死，則是因爲酒後吐眞言。

他有個寵妃張貴人，年近三十，最得孝武帝的喜愛，這天他喝醉酒，看著張貴人，居然說道：「你年紀這麼大，應該被打入冷宮了，朕還是喜歡年輕貌美的啊！」張貴人嫉妒萬分，就在半夜裡命令宮女把皇帝勒死。

這當然只是傳聞。「既然只是傳聞，那就沒什麼好追究的了。」司馬道子說道，他很怨恨這個兄長，把他從琅邪王轉封爲會稽王，讓他失去了爭奪皇位的優勢。東晉開國之君晉元帝，就是從琅邪王身分登基的，所以琅邪王有著獨特的地位，通常被視作皇位繼承人。

「那麼，就讓太子繼位吧。」司馬道子輕描淡寫地說道。當不當皇帝無所謂，東晉的皇帝向來很少有實權的，而且他知道太子司馬德宗是個比當年晉惠帝還要嚴重的白癡，甚至連話都不會講，這樣的皇帝登基，他何愁不能獨攬大權？

朝政局面就在司馬道子放縱親信胡作非爲之下，搞得貪汙成風，賄賂公行，賞罰混亂，烏煙瘴氣。有識之士痛心疾首，垂淚嘆道：「好好一個國家，被這樣一群小人給糟蹋了。」

一群小人的名單裡包括了王國寶、王緒兄弟、趙牙、茹千秋等人。這些人都只會拍馬屁，讓司馬道子高興，藉此獲得好處。王國寶是謝安的女婿，謝安瞧不起這個逢迎拍馬的小人，在謝安掌政時，王國寶撈不到好處就去巴結司馬道子，說自己老丈人的壞話，藉此平步青雲。

不只是已經過世的謝安，連許多朝中大臣方鎮將領都瞧不起王國寶，坐鎮京口掌握北府兵的平北將軍王恭、坐鎮荊州的鎮威將軍殷仲堪，便與王國寶極爲不合。

王恭與殷仲堪是晉孝武帝爲了剝奪司馬道子權力才安排的兩個人物，本來也沒什麼眞才實學，卻自視甚高。孝武帝莫名其妙地死了，他們覺得事有蹊蹺，而且總認爲王國寶與這件事脫不了干係。

「皇帝死了就死了，關我什麼事啊？」王國寶蒙受不白之冤，十分生氣，就慫恿司馬道子，削弱王恭等人的兵權。

王恭氣得要死，去和殷仲堪聯絡，以討伐王國寶爲名，共同起兵。公元三九七年，東晉隆安元年四月，北府兵和荊州同時發難，這下可嚇壞了司馬道子，連酒都醒了：「這……這不是……全國兵力兜起來造反嗎？」

「太傅，別擔心。」王國寶道：「您吉人自有天相，叛軍還沒殺來，就會自行瓦解的。」

「這種時候你還胡說八道！」司馬道子指著王國寶的鼻子：「都是你的錯，要不是因爲你，他們也不會起來造反！」他高喊道：「來人哪，把他拖出去斬了！」

王國寶和王緒兄弟二人都被殺死，王恭與殷仲堪沒有藉口，只好罷兵。

司馬道子眞的怕了，想要削減地方兵權，但他處理的方式很差，以親信心腹王愉爲江州刺史，並分割豫州四郡之地，給王愉鎮守，這惹來豫州刺史庾楷大爲震怒：「司馬道子這樣做也未免太過份，向來我都是站在他那一邊，他竟然拿我開刀！」

於是庾楷說服王恭、殷仲堪第二次起兵，上次起兵還有個名目，這回連名目也免了，擺明造反。三鎭之兵殺向建康，司馬道子驚慌失措，他那只有十六七歲的兒子司馬元顯頗爲機警，對父親說道：「之前不把王恭消滅才會有今天吧，但是，現在反應，倒也爲時未晚。」

「好吧，好吧，都交給你去處理了。」司馬道子把所有的兵權都交給兒子，自己只顧著躲在屋子裡喝酒。

司馬元顯調兵遣將，頗有大將之風，他知道，王恭在北府兵裡不得人心，他企圖用北府兵內部的衝突，來瓦解這場動亂。

這樣的想法完全沒錯，北府兵名將劉牢之，這些年來鬱鬱寡歡，他明明戰功彪炳，卻只因為不是出身自高門大族，始終未受重用。這個從天而降的統帥王恭，自以為出身高尚，對他頤指氣使，不把他當人看。司馬元顯的使者來找他，與他約定，只要他找機會除掉王恭，就會把王恭的地位名號全部給他。

是以王恭行軍至中途，劉牢之突然倒戈，殺死王恭。殷仲堪、庾楷得知這樣的變化，只好又各自引兵退回。

一波未平，一波又起，這場動亂剛剛結束，又爆發桓玄之亂與孫恩、盧循之亂，東晉的政權，就這樣一天天接近終點。

孫恩與桓玄

東晉孝武帝十分迷信，他聽說琅邪郡有個人名叫孫泰，侍奉五斗米道，有養性之術，便將孫泰拜為新安太守。王恭叛亂，孫泰打算糾舉當地民眾乘機起事，被司馬元顯所殺。王恭亂平之後，司馬元顯掌握軍政大權，卻又忌憚劉牢之的北府兵，想要自己籌建一支屬於自己的軍隊，便在琅邪、會稽、吳郡等地，大舉徵兵。

此地號稱三吳，向來是王、謝兩大家族的勢力範圍，司馬元顯此舉顯然威脅到他們的利益，各級官員又營私舞弊，貪贓枉法，人民生活無比困苦。

孫泰的姪兒孫恩，爲了逃避兵役，躲避到海濱，召集了亡命之徒百餘人，誓言爲叔父報仇。他們殺了上虞縣令，繼續向會稽進發，沿途許多人前來投奔，很快發展到好幾萬人。

會稽內史王凝之十分迷信，他不設防，也不逃跑，整天跪在道場中祈禱，部下勸他出兵平亂，他卻說道：「我已經請了鬼兵神將前來防守，那些盜賊，根本不值得憂慮。」這樣的人當然抵擋不了亂民的攻擊，隆安三年，孫恩攻陷會稽，殺死王凝之。

這下子孫恩的名頭響亮，會稽、吳郡、吳興、義興、臨海、永嘉、東陽、新安八郡人民共同起來響應，短短十幾天之內，亂民人數已多達十萬人。

晉廷不得已，以北府兵前往鎮壓，劉牢之參軍劉裕在討伐亂民的戰爭當中，作戰勇猛，首度交鋒就把孫恩部下消滅了千餘人，孫恩向東逃往海上。不久，孫恩又偷渡上岸，打進會稽、臨海，餘姚等地區。劉牢之、劉裕先後將孫恩擊敗，直到元興元年，公元四〇二年，劉裕以下邳太守的身分，大破孫恩，孫恩逃回海上，傷重而死。

這場動亂前後三年，大小數十場戰役，百姓流離失所死傷狼藉，三吳地區飽受摧殘。東晉建國以來，中央財政就是靠著這些地區來維持，現在三吳殘破不堪，晉室收不到賦稅，元氣大傷。

而王、謝兩家的勢力，也在這次動亂中大受影響，漸漸沒落下去。

晉廷受到沉重的打擊，讓荊州的桓玄趁虛而入。

桓玄是桓溫最小的兒子，最得桓溫寵愛。桓溫死時，桓玄只有四歲，卻繼承了父親的家族事業，他從小聽著父親的事跡長大，總認為自己一定要完成父親生前的志願。

成年以後，桓玄的模樣就和父親彷彿是同一個模子刻出來的，英俊魁梧，相貌威武，學識淵博，才華洋溢。也正由於這個緣故，朝廷裡的老臣見了他就想起桓溫，對他十分害怕，不敢重用他，直到他二十三歲，才讓他當個太子洗馬，這在世家大族裡是很少有的現象。

桓玄在朝中只能當些無足輕重的官職，到地方任官也只能任職些小郡小縣，每當想起父親的豪氣，桓玄就鬱鬱寡歡，後來一氣之下，棄官辭職，回到故鄉江陵。

在江陵，桓家的聲勢極大，連荊州刺史殷仲堪都得受到他的挾制。王恭約殷仲堪出兵的時候，桓玄就在一旁慫恿。殷仲堪不懂軍事，就撥給桓玄五千兵馬，命他與南郡相楊佺期同時擔任前鋒，順流而下，分兵進攻石頭城。

司馬元顯在說服劉牢之的同時，派人來向桓玄、楊佺期誘之以利，「只要你們退兵，桓玄就可以當江州刺史，楊佺期可為雍州刺史。」兩人得到這樣的保證，便無心攻城，不久，王恭被殺，荊州三名主將則各懷鬼胎地撤軍。

孫恩之亂，朝廷焦頭爛額，桓玄趁機消滅了殷仲堪與楊佺期，又招兵買馬，打算藉由平定孫恩之亂來掌握權力。想不到北府兵花幾年就把孫恩殺死，桓玄的大軍才剛要出發，司馬元顯就命令他停止前進。

桓玄不想停止，繼續進發。司馬元顯大造戰船，整治水軍，自爲征討大都督，以劉牢之爲前鋒，討伐桓玄。

桓玄有點擔心，對部下卞范之說道：「揚州不是饑荒嗎？孫恩不是到處作亂嗎？朝廷怎麼會有兵力來討伐我？要不要退回荊州去，嚴加守備，比較安全。」

卞范之道：「明公聲威遠播，司馬元顯只是個乳臭味乾的小子，劉牢之又不得人心，只要我軍攻向京城，他們自然會土崩瓦解。何必要讓司馬元顯欺負到我們自家頭上，自取困乏呢？」

桓玄聽了，當下決定一鼓作氣，攻向建康。

建康城唯一讓桓玄害怕的只有劉牢之，桓玄請部下何穆之去勸劉牢之，何穆之見到劉牢之就對他說道：「閣下如今已是功高震主，司馬元顯肯用你，只是看你還有利用價值，一旦你將桓玄擊退，司馬元顯必定不會放過你。」

劉牢之陣前倒戈，桓玄順利進入建康城。他斬了司馬元顯，毒死司馬道子，桓玄把一切可以加的稱號都加到自己頭上，什麼都督中外軍事、丞相，錄尚書事、揚州牧、徐州、荊州、江州刺史，不一而足。

劉牢之是桓玄掌權的最大功臣，他滿心以爲自己可以得到許多好處，卻沒想到桓玄一掌權，就把劉牢之的兵權剝奪。劉牢之又想領導北府兵起來反對桓玄，但是北府兵將領已經對劉牢之反覆無常的個性厭煩了，他們不願意再當叛軍，劉牢之在眾叛親離之下，自殺而死。

公元四〇三年，東晉元興二年，桓玄晉位相國，封楚王，加九錫，那年的十一月，桓玄就強迫安帝退位，搶來了皇帝的寶座，完成他父親當年無法完成的心願。

登基大典當天，身型肥胖的桓玄往寶座上坐了下去，由於身體太重，竟然一屁股把龍椅給坐塌了。滿朝文武大驚失色，面面相覷，不知道該如何是好，幸好其中一名部將殷仲文挺身而出，奉承地說道：「這實在是因爲聖德深厚，大地難以盛載之故，實乃我朝之福啊！」

其他的官員聽見這話，阿諛奉承之詞傾巢而出，頌揚之聲不絕於耳，桓玄在小太監的扶持下，好不容易爬起來，本來相當尷尬，漸漸地覺得自己果眞是眞命天子，聖德深厚，禁不住志得意滿起來。

他不是眞命天子，因爲他的皇帝命，只延續了幾個月。除掉桓玄的，是北府名將劉裕。劉裕把晉安帝又請回來當皇帝，所以東晉的國祚，又得以延續了幾年。

只不過這時候，已經沒有人在乎了。

第四章：新生命

劉裕篡了東晉，成為南朝開國之君，他並未開創什麼新局面，只建立了一個短命的宋朝，其後跟隨著三個更短命的王朝，想著要北伐，卻沉醉在靡爛的氣息裡。宋、齊、梁、陳，四個朝代，譜出東晉衣冠南渡的尾聲。

北方由鮮卑族拓跋氏統一起來，那是北魏，與南朝遙遙相望，政治、經濟與文化都頗上軌道，他們是遊牧民族，對自己的沒信心，讓他們一心想漢化，結果把政治搞亂，就此分裂為東西兩邊，又分別被權臣篡奪。

面對永無止境的痛苦，人們只能將希望寄託在一個虛無飄渺的來生，佛教悄悄進入中國文化，提供生命的寄託。

新的未來，就在不斷的戰亂中，融合出新的生命。

雄主劉裕

孫恩之亂，是劉裕崛起的關鍵，他本是個沒沒無聞的軍人，因爲作戰英勇，聲望日漸增高。

孫恩死後，他的妹夫盧循，繼續領導著殘餘勢力，在臨海、東陽、永嘉一帶四處騷亂。桓玄當了皇帝，命令劉裕去對付盧循，劉裕又立下大功，被桓玄任命爲彭城內史。

表面上，劉裕相當配合桓玄，私底下，卻與各地北府兵將領聯絡，就在桓玄稱帝的次年年初，發布檄文討伐桓玄，以北府兵攻入建康，桓玄逃到江陵去，被敵軍所殺，皇帝夢只做了一百天。

劉裕成了當紅炸子雞，他迎接安帝回建康，恢復了東晉王朝，拜爲侍中、車騎將軍，都督中外軍事，專斷朝政。

他讓東晉復辟，並非出於忠君愛國之心，這樣的政權，在那種情形下，是沒什麼人眞的願意爲它效忠的。因緣際會，劉裕有機會奪取高位，他當然不會平白放棄，但他知道，自己出身寒微，沒有高貴的門第可以炫耀，也沒有父祖餘蔭可爲憑藉，他只能依靠更多的戰功，才能建立足夠的聲望，讓他登上那個之前被桓玄壓垮，如今人人想爭取的寶座。

也是時機巧合，若早個幾十年，以劉裕的出身，就算他立下多大的功勞，也沒有機會。王、謝、袁、蕭等大家族，不可能讓出身低下的人當他們的主子，不過現在，孫恩、盧循已經替劉裕把這些大家族摧殘得差不多了，世族自身難保，無力與劉裕作對。

劉裕仿效前人，以北伐來建立名聲。公元四〇九年，晉安帝義熙五年，劉裕北伐軍浩浩蕩蕩地出發，目標是盤據青州的南燕王國。先在臨朐大破南燕主力，進而直逼南燕都城廣固（今山東益都），雙方僵持了一年，終將廣固攻破，南燕君主慕容超被逮捕，送往建康斬首，由於南燕花了一年才打下來，劉裕很生氣，把廣固城中三千多名王公貴族都殺了洩憤。

本來這時，劉裕還可繼續進兵，卻由於內部不穩，只得撤退。原來，盧循被劉裕擊敗後，心有不甘，趁著劉裕領兵北上，又捲土重來。劉裕回京之後，督師鎮壓，將盧循徹底剿滅，並且陸續打敗了境內割據勢力劉毅、譙縱與司馬休之，讓東晉全國出現建國百年以來從未有過的完全統一局面。

劉裕完成了許多前人從未完成的事業。滅南燕，是東晉主動出擊獲得的第一次勝利，荊州與揚州之間的軍事制衡，也在劉裕手上平息。但他知道這樣不夠，他還必須完成更多。

圍攻廣固之時，關中後秦政權的君主姚興，曾經派人來勸劉裕退兵。使者如此說道：「我們已經派遣鐵騎十萬，進駐洛陽，如果你不退兵，這十萬鐵騎就會長驅而來。」

劉裕哈哈大笑：「回去告訴姚興，我滅燕之後，將會休養三年，三年之後，就會揮軍洛陽，平定關中，如果你們想提早送死，那就儘管來吧。」他這番話說得豪情萬丈，倒也不是大話。後方穩定之後，他的目標，就是後秦。

公元四一六年，後秦姚興死去，太子姚泓繼位，其餘諸子不服，國家內亂頻仍。劉裕抓住時機，命世子劉義符與謀臣劉穆之留守建康，兵分五路，自己引兵彭城，龍驤將軍王鎮惡、冠軍將軍檀道濟從東路攻許昌、洛陽，寧朔將軍胡藩與新野太守朱超石從南陽進發為中路，振武將軍沈田子與建威將軍傅弘之從西路攻打武關，另遣建武將軍沈林子劉遵考走水路，大舉進攻。

王鎮惡與檀道濟這一路進兵最爲迅速，八月進軍，十月便打下了許昌、洛陽，隨即率軍西進，攻下了潼關，進逼長安。但是，後秦大軍佔據著險要地形，頑強抵抗，檀道濟的糧道又遭到截斷，一時之間，情況相當危急，兩人不得已，乃向劉裕求救。

劉裕也忙得焦頭爛額，次年正月，他留次子劉義隆坐鎮彭城，自領大軍北上。爲求進兵迅速，他向北魏借道走水路。北魏擔心劉裕聲東擊西，以伐秦爲名，向北侵擾魏國，於是派了十萬兵力屯駐在黃河北岸，並以數千騎兵沿路跟蹤劉裕軍隊，不斷騷擾。

劉裕心想若不重創魏軍，必定很難擺脫這種騷擾，便用重弩攻擊魏軍，造城魏軍慘重的傷亡。魏主拓跋嗣得知前線狀況不利，只好放棄繼續與劉裕作對，答應借道給他。

王鎮惡與檀道濟在潼關面臨十分艱困的考驗，敵軍強盛，劉裕又一直不來，糧食幾乎吃光。幸好，關中的百姓很照顧他們，那時正值秋收，軍隊就地取糧，百姓們都沒有怨言，他們說：「我們關中人民，已經超過一百年沒見過朝廷的軍隊啦，只要你們能打下長安，我們不過一次沒有收成，有什麼關係？」

晉軍轉危爲安，後秦則兩面受敵。東邊潼關有王鎮惡、檀道濟，西邊武關則有沈田子、傅弘之。姚泓打算解決這種困窘的局面，於是先派主力數萬人，前往青泥（今陝西藍田縣）去打沈田子。

沈田子與傅弘之的部隊在戰略安排上，是用以吸引敵方的疑兵，所以只有千餘人，但是作戰起來，卻也異常英勇，好幾次把姚泓的大軍擊退，甚至消滅了超過十倍以上的敵人，姚泓狼狽萬狀地逃回長安。

這時候，劉裕已經擺脫了北魏，前來潼關與各路將領會合。王鎭惡一鼓作氣，從黃河入渭水，直指長安，進至渭橋，大軍棄舟上岸，士卒爭先恐後，奮勇殺敵，粉碎後秦最後一點抵抗，攻佔長安城。姚泓投降，被劉裕送往建康城斬首，後秦就此滅亡。

九月，劉裕大軍進入長安城。他想在此地稍作休息，以完全平定關中，不料這時候卻傳來不好的消息：「劉穆之生病去世。」

劉穆之是劉裕起兵以來最重要的謀臣，劉裕讓劉穆之待在建康，就是爲了防止後方生變，如今劉穆之忽然去世，劉裕沒辦法安穩地留在長安，不顧關中百姓一再慰留，他讓十二歲的兒子劉義眞率領王修、王鎭惡、沈田子等人，統兵一萬駐守長安，自己匆匆率領主力返回建康。

劉裕行色匆匆，被大夏王赫連勃勃的謀臣王買德看出了蹊蹺，他對赫連勃勃道：「劉裕屁股都還沒坐熱，就迫不及待地回南方，不是爲別的，就是爲了回去搶奪皇位啊！他無暇顧及關中，正是我國的好機會。」

於是赫連勃勃立即揮軍青泥，扼守潼關，進軍長安。留守關中的晉軍奮力抵抗，雙方僵持了十個月。沒想到晉軍內部發生內訌，沈田子殺王鎭惡，王修殺沈田子，劉義眞又殺王修，劉裕得報，連忙命令劉義眞趕緊撤退，歷經千辛萬苦得到的關中，就這樣輕易喪失了。

雖說關中沒能保住，但是劉裕兩次北伐，仍然成果輝煌，黃河以南，從潼關到青州的廣大地區，都歸晉室所有，從此，南方政權的北方疆界，向北推進，奠定日後一百七十年南北相爭的格局。

公元四一八年，晉安帝義熙十四年，劉裕凱旋歸國，受封為相國、宋恭，加九錫。人人都知道，劉裕篡位，只是時間上的問題了。

劉裕挺迷信的，司馬道子掌權的時候，民間流傳著一句話：「昌明之後尚有二帝」，這是讖語，每個接受禪讓的人，都需要歷經這一關。先帝晉孝武帝的名字就叫做昌明，可是現在，孝武帝之後只有一個皇帝，劉裕不願意承認篡位三個月的桓玄是皇帝，在不想違背讖語、又沒有耐性繼續等下去的情況下，就派人把晉安帝殺死，另立司馬德文，即皇帝位，他自己也晉爵為宋王。

兩年後，劉裕逼迫司馬德文禪讓，即皇帝位，建國號為宋，改元永初，是為宋武帝。東晉滅亡，傳國一百零三年。

劉裕稱帝時，已是年近花甲，即位之後三年便去世，沒能有所作為。不過，劉宋一切政治經濟疆域的規模，早在劉裕執掌東晉大權之時，便已奠定。他自己出身寒微，年輕的時候，與繼母相依為命，種過田，砍過柴，捕過魚，也做過小生意，年輕時他住在京口，當地有許多北方來的世族與百姓，世族霸佔了許多田地，讓劉裕這樣的寒門，生活十分困難。

有一豪族姓刁，為首的名叫刁逵，其為禍鄉里，橫行不法，人稱「京口之蠹」。劉裕也吃過他的苦頭，有一次劉裕欠了他們家的錢，還不起，被刁逵派人毒打一頓，捆起來丟進馬廄裡，要不是他命大，很可能那時就死了。

待劉裕推翻桓玄開始執政，想起這段往事，便派人去京口打聽，發現刁逵仍不知收斂，便命人將刁逵兄弟殺死，把他們的家產田地拿出來，分給京口的百姓。

劉裕刻意打壓豪族貴冑，嚴令禁止豪強侵占公有土地，十分愛護百姓，廢除苛征雜稅，整頓吏治，裁撤冗員，減輕人民的負擔。

「晉之所以亡，就是由於上下競相以奢侈浮華互爲標榜，這是世家大族的積習，凡我子孫，皆要記得自己的出身，事事均應當以簡樸爲第一要務。」劉裕對自己的兒子們說道：「還有，你們要小心王家、謝家的人，在我死後，會第一個起來反對你們的，一定就是他們。」

劉裕一再告誡文武百官與他的家人，提倡勤儉的風氣，並且以身作則。當了皇帝，仍然很節省，吃穿起居，與平常人沒有什麼兩樣，皇宮沿用東晉的舊宮，還把原有的華麗金銀裝飾都給撤除了，在他自己的寢宮裡，掛上一些年輕時代務農的器具，時時提醒自己，也提醒子孫，不得忘本。

寧州地方向朝廷貢獻了一只琥珀枕，晶瑩剔透，光彩奪目，是十分難得的寶貝，人人都看得目瞪口呆，劉裕卻想到：「琥珀可以入藥，對治療金瘡十分有效。」逐命人將琥珀枕擣碎，分送給北伐各軍的將領。

廣州刺史進獻當地生產的一種華麗布料，劉裕看了，覺得這樣的布料太過費工夫，「有時間織這樣的布，怎麼不去做些更有意義的事情？」逐下令彈劾廣州刺史，並且禁止繼續織造這種布料。

經過劉裕的提倡，東晉末年乃至劉宋初年的這一代，風氣為之一變，人人崇尚節儉，一改過去百餘年的奢華習慣。

宋武帝劉裕死在公元四二二年，新王朝棟樑頓失，國家政局出現短暫的亂象，直到宋文帝劉義隆繼位，才又趨於穩定。

消除朝廷的危機後，宋文帝繼續父親的事業，專心致力於內政工作。他十分注意官吏的選拔，用人唯才，一些世家大族徒具聲望卻沒有眞材實學的人，宋文帝表面上對他們很尊重，實際上卻把他們摒除在核心外。

宋文帝就像他的父親一樣節省簡樸，皇帝乘坐的車輦，頂棚壞了，不換，坐墊磨損了，也不換。「這些奢侈的東西，能用就好了，何必一定要裝飾得那麼華麗呢？」他經常以此告誡子孫。

「晉朝的時候，年年都有人起來造反，那不是造反的人不好，而是朝廷不好。」宋文帝說道：「如果黎民百姓，人人都有飯吃，都有好日子過，他們又怎會起來造反？」因此他通令全國各地官吏督民耕種，如果農民們缺少種子，官府就要借貸給他們，農政廢弛，地方官員必定受到嚴厲懲罰。

「先帝以身作則，提倡節儉，朕獎勵農桑，也應以身作則。」上朝之時，宋文帝將這個想法告訴文武百官，並且帶著他們來到城郊，親自拿著鋤頭耕地。他的後宮花園裡，種的不是花，而是桑樹，由皇后負責養蠶，做爲大家的榜樣。

永嘉之亂時從北方南渡的大量人民，到了南方，不願意放棄自己原有的籍貫，因而朝廷設置許多僑立郡縣來安置他們，爲了吸引更多人南渡，這些僑立郡縣享有許多特權，自然也不必納稅。世家大族們廣佔田園，形成莊園經濟，招募許多部曲佃客，這些人也不用繳稅給中央，因而中央財政拮据。從晉成帝開始，陸續實施過許多次「土斷」政策——裁撤這些僑立郡縣，把當地居民編入一般戶籍。桓溫、劉裕執政時，也都實施過土斷政策，爲的是增加中央財政收入。

到了宋文帝，他再度著手類似的工作，而且更爲積極，下令清查全國戶口，把世族與豪族侵佔的戶口整理出來，並且加以登記。這些戶籍資料，成爲日後南朝清查戶口的依據，進一步削弱豪強大族的力量，增加中央集權，有助國家的統一。

農業恢復了，商業也就發達了，宋文帝時期，設立了專門負責鑄造錢幣的「錢署」，這是魏晉以來罕見的現象。在戰亂頻仍之下，貨幣沒有價值，百姓之間的交易，多半是以物易物，有時還流通漢武帝時代的五銖錢，錢署的設置，象徵了商業的復興，百姓購買力逐漸恢復。

經過用心的治理，南方總算發展得較有規模，人口增加，百姓負擔減輕，吏治相對清明，這是過去兩百年來從未有過的榮景，宋文帝年號元嘉，故有人將宋文帝統治的時期，稱作「元嘉之治」。

雖說宋文帝在內政上做得不錯，可是在對外關係上，卻做了錯誤的判斷，他自以爲國勢強盛，想要北伐，卻沒看清北方已由強大的北魏所統一。那時北魏太武帝拓跋燾雄才大略，南征北討，陸續消滅北方的割據勢力，國力正處於巔峰狀態。

南朝的強大是靠著內部經濟的繁榮，北方的強大則是靠著武力的征服，若是訴諸戰爭，誰強誰弱，情況是很明顯的。

可惜宋文帝並沒有看清楚。

北魏的強盛

北魏是由鮮卑拓跋部所建立的。當同爲鮮卑人的慕容氏馳騁中原時，拓跋氏還在塞外過著遊牧的生活。

西晉末年，并州刺史劉琨爲了借助拓跋部的力量與劉淵對抗，特別奏請晉廷冊封拓跋氏的首領拓跋猗盧爲代公，不久晉爵爲代王，傳位拓跋什翼犍時，國勢一度十分強大，但是後來被苻堅的前秦所滅。

淝水之戰，前秦崩潰。什翼犍的孫子拓拔珪年僅十六歲，卻是武勇非凡，受到代國舊臣與拓跋氏諸部大人的擁戴，於公元三八六年，在牛川（今內蒙古呼和浩特西南）召集諸部大會，宣布即代王位。不久之後，改國號爲魏，歷史上的北魏就這樣建立了。

公元三九五年，參合陂之戰，拓跋珪領軍大敗後燕軍隊，之後進軍中原，佔領今日河北、山西二省之地。公元三九八年，拓跋珪定都平城（今山西省大同市），修造公佃，建宗廟，立社稷，並仿效漢族古代典籍，設置文武百官與各種禮儀，隨即正式稱地，是爲北魏道武帝。

北魏道武帝的許多措施，在奠定北魏強大的基礎。他刻意將將原本鮮卑族的部落制度，轉化爲中央集權的政治組織，加強皇室統治的力量，並且遷徙了四十萬民眾到平城附近，發給他們耕牛，授予他們田地，鼓勵他們從事農業生產，使北魏的經濟實力不斷得到增強。

拓跋珪的努力，付出很大的代價。依照鮮卑族舊制，各部大人都有成爲領袖的機會，被他這樣一搞，只剩下皇室成員可以掌權，北魏道武帝與這些部族領袖產生了不少衝突，當他率軍出征之時，國內便有人謠傳他吃了敗仗，進而想要起來爭權。

雖說每次他都能將這些變亂弭平，但時間久了，他也變得多疑、不安起來，經常幾天幾夜不吃不睡，自言自語，只吃道士煉製的丹藥，妄想著能夠長生不老。到後來他更是徹底瘋狂了，只要臣子稍有應對失當、神色慌張者，馬上就會被他揮刀砍死，並將屍體丟在宮殿前面示眾。

面對一個精神錯亂的皇帝，臣子官吏都恐懼萬分，連他的兒子們也都不敢接近他。公元四〇九年，他被兒子拓跋紹所殺，享年三十九歲。

這一年，太子拓跋嗣平定了由他兄弟發起的叛亂，在舊臣擁戴下繼位，是爲北魏明元帝，他在位十四年，最重要的建樹，乃是確立了北魏王朝的嫡長子繼承制度。此時正值劉裕北伐期間，謀臣崔浩極言劉裕的才能，加上劉裕也曾對北魏的軍隊略加教訓，讓明元帝不敢南犯，極力與南朝修好。

後來劉裕死去，宋文帝即位，南朝局面略有不穩，明元帝乃派大將奚斤、周幾、公孫表、叔孫建等人，大舉南下，攻下了滑台、滎陽、虎牢、洛陽、許昌等城，南北之間的邦交，就此決裂。

在北魏明元帝去世之前，就將權力交給太子拓拔燾，使這位十六歲的新皇帝，可以比他的父祖們更爲順利的接掌皇位。

拓跋燾就是著名的北魏太武帝，其爲人果斷鎮靜，善於用兵，在位期間相繼消滅了柔然與大夏、北燕、西涼政權，實現中國北方的再度統一。

公元四二九年，魏太武帝主動出擊，攻打長期騷擾拓跋氏北邊疆域的柔然遊牧民族。柔然人長年在馬背上生活，戰鬥力極強，對魏軍作戰十分強悍，甚至連太武帝本身都遭到敵軍包圍。柔然人用鐵騎兵將太武帝的隊伍團團包圍，共有五十多重，太武帝仍舊面不改色，從容自若地指揮，終於突破重圍，將柔然人打垮，擄獲了數百萬頭的牲口，降服了三十多萬民眾。

攻打關中赫連夏之時，太武帝也展現了自己的英勇。

夏的國都，是由赫連勃勃發動十幾萬民工憑空興建起來的一座堅固城池，叫做統萬城（在今內蒙古烏審旗南白城子），城高六丈多，城上寬十步，城基寬三十步，基座本身由特製夯土製成，築城的時候用鐵錐來刺，只要刺得進一寸，就將築城之人殺掉，所以統萬城修築得固若金湯。

這時赫連勃勃已死，夏也發生內亂，再怎麼固若金湯的城池，沒有一個賢明的君主，也是枉然。太武帝親率兩萬騎兵，圍攻統萬城，那時正好狂風大雨，飛沙走石撲在臉上令人睜不開眼睛，部下勸他暫時退兵，他卻說道：「我們看不清楚敵人，敵人也正好看不清楚我們，不趁此時機進兵，更待何時？」

太武帝領著騎兵隊，迂迴到敵軍的側面，發動突擊，終於把敵軍擊潰。大軍進入統萬城，太武帝看著那宮殿，庭台樓閣，雕梁畫棟，美輪美奐，極盡鋪張之能事，忍不住嘆息道：「一個小小的國家，竟然濫用民力到這種程度，怎麼能不滅亡呢？」

就在北魏太武帝積極對付北方之時，南朝宋文帝決定要報一箭之仇，派遣大軍北伐。

宋文帝是個對自己要求很高的君主，他不能忍受自己父親辛苦打下來的江山，就這麼拱手送人，所以在公元四三〇年，宋元嘉七年三月，派遣右將軍到彥之、安北將軍王仲德等人，率軍北進，試圖收復失地。

當時，北魏忙著與赫連夏對決，在關中地區打得不亦樂乎，沒時間管南朝的北伐軍，且爲了避免兩面作戰，乾脆全部撤守。到彥之等人，兵不血刃，即收復河南之地。

「比想像中簡單得多啊！」到彥之欣喜萬分地說道：「看來就算大舉北伐，想要平定中原，也非難事。」

王仲德卻搖頭道：「這些胡虜仁義不足，狡猾有餘，如今他們全部撤往北方，等冬天到了，河水結冰，他們又會南下來騷擾的，到時候可就沒那麼容易對付了。」

王仲德的猜測沒錯，那年冬天，北魏大致底定關中，太武帝親自征討統萬城，囑咐大將安頡率軍渡河反攻，轉眼就將洛陽、虎牢關奪下，宋兵根本不是北魏對手。

十一月，宋文帝命征南大將軍檀道濟率領大軍增援。檀道濟是劉裕底下的名將，身經百戰，功勳彪炳，進兵以後，與魏軍交戰三十多次，大多獲得勝利。

檀道濟持續北進，卻不料魏國將領叔孫建一面與他正面作戰，一面派出輕騎兵，繞到宋軍後方，燒掉宋軍的糧草。檀道濟不得不撤退，而魏軍繼續追擊。

「我軍缺糧，必不能久戰，得想個萬全之策。」

檀道濟命人取來一斗一斗即將見底的米袋，把米倒出來，放入泥沙，再用米薄薄地覆蓋在上面，然後趁著黑夜，叫士卒故意測量那些米，還喊得很大聲，讓魏軍的奸細聽見。叔孫建聽了奸細的報告，以為檀道濟還有餘糧，便不敢繼續追擊，宋軍得以全師而退。

這場仗雖敗猶榮，檀道濟威名更盛。魏人忌憚他的威名，不敢繼續南犯，宋文帝嘉獎他的功勳，下詔檀道濟晉位司空，鎮守江州潯陽。

檀道濟是兩朝元老，威名深重，左右心腹都是身經百戰的將領，幾個兒子又十分具有才氣，如果他生在東晉，也許會是割據一方的權臣，但他生在南朝，時代不同了，臣子強過君主的現象不再受到允許，宋文帝與朝中大臣對他的猜忌，也隨著他的功勳，日漸深重。

元嘉十三年，宋文帝生病，病得很嚴重，左右都擔心他就此駕崩，代理皇帝執掌朝政的彭城王劉義康尤其擔心，他怕皇帝有什麼萬一，檀道濟擁兵自重，難以節制，便屢屢在他病重的皇帝兄長耳邊進讒言。宋文帝便說道：「既然如此，就讓檀道濟來京中，看看他是不是真的有謀反之意吧！」

檀道濟奉詔，打算啓程前往建康。他的妻子很擔心，對他說道：「功高震主，自古以來皆是如此，如今沒什麼大事，朝廷卻徵你入京，恐怕會有大禍。」

「別擔心啦！」檀道濟微笑道：「我領兵抵禦外侮，鎮守邊疆，從不負國家，國家又怎會負我？」於是坦然前往建康。

檀道濟到建康時，宋文帝的病況好轉了一點，就在病榻前召見這位名將。「領兵守邊，眞是辛苦你了。」宋文帝溫言嘉勉道：「回去之後，記得好好用心邊防，國家安危，都要靠你來維持。」

檀道濟領命，準備回江州，不料宋文帝的病況忽然又惡化了。劉義康便假傳聖旨，指責檀道濟在江州招兵買馬、收買人心、圖謀不軌，逐將他逮捕，不久之後便加以殺害。與他同時遇難的，還有他的十一個兒子，以及手下兩員猛將薛彤、高進之。檀道濟遭到收押之時，怒罵道：「你們這樣做，簡直是自毀長城啊！」

宋文帝病好了以後，對檀道濟的死，有幾分後悔，不過他自我安慰地想道：「如此一來，朕也就不用天天擔心有人叛變了。」

消息傳到北方，魏國朝廷上下額手稱慶，紛紛說道：「檀道濟一死，南方就沒什麼値得畏懼的啦！」

此後十年，北魏兵勢達到鼎盛，統一北方，經略西域，大軍所到之處，所向披靡，南方縱使有心北伐，卻也沒有下手的空間。

公元四四五年，北魏太平眞君六年，宋元嘉二十二年，北魏討平西域吐谷渾、鄯善等國，北方大定，太武帝乃興起了圖謀南方的念頭，他大發冀州百姓造浮橋，以便運兵南下。北魏說來就來，沒半點徵兆，宋軍不敢與之交鋒，便將青州、徐州兩地的百姓內撤，避免讓北魏挾持，但是這兩處也就送給了北魏。

其後幾年，北魏不斷騷擾南宋邊界，還寫信去指責南宋：「你們在南方設的那些僑立州郡，用的都是北方的地名，那麼這些地區，就應該歸北方所有。」

其實，僑立州郡的名字，也不過是南渡的人民，爲了思念故鄉，取來安慰自己的，況且經過許多年，僑立州郡已經裁撤很多了，用不用北方州郡的名稱，對這些南渡人民的後代子孫而言，根本不重要，北魏用這種理由不斷南下騷擾，名義上實在是說不過去。

宋文帝對北魏懷恨在心，然而有了前次失敗，他深知若不妥善準備，絕對不可以貿然出手。

他與臣子們多方討論，仍以厚植國力，方爲北伐取勝之道，因而將邊境百姓，多移往內地，以充實國家人口，並且在邊境之地，修築許多城堡，鞏固國防。

如此努力幾年之後，宋文帝才決定有所行動，他派皇子武陵王劉駿爲安北將軍，鎭守彭城，又讓廣陵王劉誕鎭守襄陽，穩定長江上下游兩處重鎭，並且多次召開會議，商討北伐之策。

這消息傳至北方，太武帝決定先發制人，就在太平眞君十一年，以大獵梁川爲名，率領步騎十萬，大舉南下。魏軍一路長驅直入，宋軍多半不敢抵抗，直到懸瓠城（今河南省汝南縣），魏軍才遭遇懸瓠城參軍陳憲的頑強抵抗，這一打就是四十多天，雙方死傷慘重，魏軍幾乎陣亡一萬人。

太武帝心想：「才第一次遇到抵抗，就這麼困難，假使接下來都是如此，還不到建康，只怕我軍已經全軍覆沒了。」情非得已，只好撤兵北返。

魏軍一撤退，宋彭城太守王玄謨、丹陽尹徐湛之等人，紛紛勸說宋文帝應該趁勢反攻。宋文帝答應了，並且答應得非常徹底：「要反攻，就要大舉反攻，掃平宇內！」他下詔，青州、冀州、徐州、豫州、兗州等地百姓，每家之中有三丁者徵兵一人，有五丁者徵兵兩人，大舉擴軍，文武百官減俸三分之一，充爲軍用。

如此大張旗鼓地北伐，北魏方面，不可能不知道，太武帝派人送了一封信給宋文帝，信中內容極爲挑釁挖苦：「你們打算自己送上門來，那眞是太好了，聽說你年過半百，還像個小孩一樣沒出過家門，這怎能和我們這些從小在馬背上長大的鮮卑人相比呢？我現在特地遣人送上良駒十二匹，金瘡藥、湯藥若干，你遠道而來，要是水土不服，可以換乘我送的馬，服我送的藥。」

宋文帝哪能嚥下這口氣？立即下令大軍出擊，兵分兩路，一路由青冀二州刺史蕭斌、步兵校尉沈慶之與王玄謨率領，入黃河走東路；一路由劉誕等人率領，走西路朝關中進發。

西路大軍連連獲勝，看上去十分順利，東路大軍卻在滑台（今河南滑縣）遭到了極大的阻力，連攻數月，毫無戰果，魏太武帝更率領了號稱百萬的大軍前來救援，宋軍倉皇潰逃，被魏軍俘虜了許多的輜重糧草。西路軍雖然打進了潼關，卻因爲孤軍深入沒有後援，只得放棄戰果。

宋軍一敗退，魏軍便又順勢起兵。他們也是兵分東西兩路，西路連陷懸孤、項城；東路由太武帝親自率領，包圍彭城，進軍瓜步（今江蘇六合），兵臨長江北岸，宣稱即將攻打建康。

建康城中大爲震動，朝廷人心惶惶，百姓們收拾家產，打算逃亡。面對敵人威風凜凜的大軍，宋文帝也慌了，連忙下令封鎖長江，並沿著長江南岸部署了六百多里的防禦。他登上石頭城，遠遠眺望，到處都看得到烽火硝煙，不禁嘆道：「如果檀道濟還在的話，怎麼會讓那些胡人逼迫我到這種地步？」

後來魏軍主動撤退了。此番進軍，來得倉促，事前沒有做好計畫，沿路上雖然迫使許多城池投降，但也都沒有加以佔領，再加上太武帝來到瓜步，望見長江滾滾激流，心生怯意：「北方兵馬，不擅長水戰，大軍渡江而攻，恐怕凶多吉少！曹操、苻堅都做不到的事，我做得到嗎？」軍中不斷有人生病，想來是不習慣南方潮濕溫暖的天氣，「當初我說宋軍會水土不服，現在只怕水土不服的會是我們啊！」

此番大戰，沒有任何結果，雙方都退回原本的疆界，北魏攻下的那些城池也都回歸宋朝。然而，魏國大軍南下復還，這一來一往，所到之處，肆意屠殺劫掠，手無寸鐵的百姓不是被殺害，就是被俘虜到北方當奴婢，小孩子們被刺在槍頭上戲耍，玩膩了再殺掉，婦女被姦淫，男子被凌虐、房舍被焚燒，春天到了，燕子找不到牠們築在房簷的舊巢，只好在燒焦的樹枝上築窩……

戰爭，受害者永遠是百姓。

骨肉相殘

「元嘉之治」本身就有些牽強，劉宋歷經戰亂之後，更難維持一個「治世」該有的樣貌。宋文帝晚年開始，劉宋政局江河日下，劉家人之間，為了爭奪皇位，相互屠殺，就連宋文帝本人，都死在宮闈的變亂當中。之後登基的皇帝，不是暴君，便是昏君，甚至還有遠比昏君、暴君更加不如的衣冠禽獸，如此朝廷，其政治迅速腐敗，終於面臨改朝換代。

宋文帝死在太子劉劭發動的亂軍之下，劉劭發兵的理由，乃是因為宋文帝過於猜忌，打算廢立太子。劉劭當了皇帝不到兩個月，就被起兵討伐的武陵王劉駿所殺，劉駿登基，是為宋孝武帝。

宋孝武帝有著一定的行政能力，他很懂得如何擴張皇帝的權力，一方面，他下詔免去了僑立州郡的免稅特權，使得依附在世家大族的百姓必須直接向中央政府繳稅，進一步打擊大家族已開始走下坡的地位；另一方面，他爲了削弱地方權力，規定各地審理死刑案件，必須由郡太守親自審問，不讓太低的官員任意掌握生殺大權，或者藉軍法爲由，濫殺無辜，倒也保障了不少百姓的生命。

那時，佛教十分興盛，各地都有寺廟，僧侶享有許多特權，沙門可以不繳稅、不受徵召，更有名僧慧遠等人高喊「沙門不敬王者論」，使得僧侶成爲一種特殊階級。相當多的百姓爲了逃避賦稅、兵役，出家爲僧。宋孝武帝雖說是個虔誠的佛教徒，但他嚴格禁止這種論調，規定沙門必須禮敬皇帝，還派遣僧官治理僧眾。

宋孝武帝的種種作爲，讓劉宋朝政，一時之間還能維持一定的局面，可是宋孝武帝卻從私德上，將他的王朝一步步帶向衰敗。他一反父親、祖父的習性，生活極度奢侈，講究排場，修造華麗的宮殿，動不動就成千上萬地賞賜，等到財用不足，他竟然召集大臣，和他們賭博，大臣不敢贏過皇帝，皇帝便能靠賭博斂財。

他非常寵愛一名姓殷的妃子，這名妃子不是皇后，在後宮的等級是「淑儀」，宋孝武帝上朝，經常帶著殷淑儀一起，還隨便替大臣們取綽號，逗殷淑儀開心。有一次，殷淑儀嫌居所狹小，請皇帝另外修造一座宮殿，孝武帝想不出來在哪裡造好，於是動起了祖父宋武帝陰室的腦筋。

這間陰室乃是劉裕從前居住之地，他當了皇帝以後，特別命人將這間房留下來，以便在他死後，供後代子孫瞻仰，使他們不要忘本。宋孝武帝從未瞻仰過祖父的陰室，這時打算把它拆了，總得要來意思一下，就在幾名大臣陪同下，來到這間開國皇帝的故居。

映入眼簾的，是一間平凡無奇的磚瓦房子，矮小而破舊，裡面只有一張沒有上過漆的木床，土屛風、麻蚊帳、竹燈籠上還有幾個破洞，另外掛著一些生鏽的農具，除此之外，沒有其他的擺設。別說是官員了，就連一般百姓，有錢一點的，家中陳列都比這華麗一些，要不是它建築在皇宮之中，沒有人相信那會是皇帝的住處。

一名大臣試著勸說皇帝別將古蹟拆除：「先皇在世之時，一再告誡百官，創業維艱，凡事務以節儉爲要，所以先皇才會留下這間房子，就是爲了要提醒後世子孫節省的好處啊！」

「眞的嗎？」宋孝武帝看了那官員一眼：「你怎麼不帶朕去你家裡看看啊？看看你家裡是不是也掛著破燈籠，吊著這些不知道是什麼的破銅爛鐵！」

那官員答不上話。

宋孝武帝又向房間內打量一眼，冷哼一聲道：「先皇是個田舍翁，能有這些，算是不錯啦！如今我朝四海昇平，留著這些又有何用。」

劉裕的苦心，就這麼被他的孫子給糟蹋了，小磚房被夷爲平地，蓋起了金碧輝煌的玉燭宮，讓宋孝武帝和他心愛的寵妃，可以在裡面夜夜笙歌。

上行下效，前兩代辛苦建立的簡樸典範，從宋孝武帝開始，完全破壞，公卿大臣看著皇帝窮奢極侈，自然不甘落於人後，人人過著花天酒地的靡爛生活。

宋孝武帝除了奢侈，也嗜殺親族。他父親宋文帝在位時，因爲生性多疑，已經殺了不少劉家子弟，孝武帝變本加厲，猜忌心更甚。當年他起兵討伐太子劉劭時，文帝的第四個兒子南平王劉鑠，等到太子劭已經快要遭到消滅時，才歸附宋孝武帝。就因爲這種騎牆的態度，惹來宋孝武帝極大記恨，劉鑠的一舉一動，都被他嚴密監視。有一回上朝時，宋孝武帝忽然笑瞇瞇地對劉鑠說道：「來啊！想不想坐坐看這個位置啊？」說著起身，將劉鑠往御座上拉。

劉鑠驚恐萬狀，連忙掙脫，退到大殿之下，跪在地上渾身發抖：「皇兄明鑒，我絕對沒有非分之想！」

宋孝武帝斂起笑容，面露兇光，惡狠狠地說道：「腦袋和御座，哪個比較要緊啊？如果你不想要腦袋的話，儘管來坐吧！」

從那時候起，劉鑠整天生活在恐懼當中，半夜睡覺經常被惡夢驚醒，與人閒談也常胡言亂語不知所云，也許是借酒澆愁，被酒精傷了腦袋的緣故，然而到最後，劉鑠仍免不了被毒死的命運。

宋孝武帝在位不過十年，因受他猜忌而死的劉氏諸王，除了劉鑠以外，尚有他的六弟竟陵王劉誕、十弟武昌王劉渾、十四弟海陵王劉休茂等等，其中以劉誕爲最。劉誕鎭守在廣陵，宋孝武帝懷疑他叛變，就派了軍隊去圍攻廣陵，城破之後，孝武帝下令屠城，城中五尺以上的男丁全部處決，女子則作爲「軍賞」，發派給屠城有功的將領充當奴婢，在這宗室骨肉相殘的過程中，仍是無辜的百姓受害最深。

宋孝武帝死後，十六歲的太子劉子業成爲皇帝，僅僅一年半，就被轟下台。

這個皇帝是荒唐殘忍的代表，宋孝武帝死的時候，他依照禮節，應當替父親守靈，可是他不但沒有守靈，反而覺得父親的死，對他而言是一種解脫。當初宋孝武帝不喜歡這個太子，經常想要廢了他，讓他提心吊膽，現在他成了皇帝，就可以爲所欲爲了。

首先他要報復。先皇安葬以後，這個新皇帝帶著一批小太監，拿著鋤頭鏟子，跑到父親陵寢前，打算挖開墳墓。守陵寢的人嚇壞了，連忙進宮通知皇帝的母親王太后，王太后大驚失色，連忙派人前去勸說。

「陛下，您這樣做，驚動了先皇，恐怕會有不好的後果。」

「這個死老頭子，活著的時候總想找朕麻煩，現在他死了，朕看他還神氣什麼！」劉子業怒氣沖沖，將自己的行爲合理化。後來畢竟擔心這樣會遭到報應，所以只在陵寢上撒了泡尿，就算報復了。

太后被這個忤逆子氣得生了病，有人勸劉子業應該去探望一下，劉子業理也不理，整天泡在後宮之中與隨從、宮女們鬼混，到後來太后病危了，他仍然不願意去探望，還說道：「病人的房間裡都是鬼魅，朕身爲天子，怎能去那種地方！」

「天哪！」太后嘆著氣說道：「找個人剖開我的肚子吧，我竟然生出這樣的兒子！」她就這樣被活活氣死。

父母雙亡，劉子業更高興了，再也沒人可以約束他，他可以爲所欲爲了。他放肆的性格如脫韁野馬，只要稍有不如意，便大開殺戒。宋孝武帝替他留下來協助他輔佐政事的幾位顧命大臣戴法興、劉義恭、柳元景、沈慶之等人，全部被他殺害，因爲這些人都會威脅到他的地位與他的自由。

大臣殺得過癮，劉子業又將注意力轉移到劉姓宗室。對他而言，血緣之親唯一的意義，只不過是皇帝寶座的競爭者。

新安王劉子鸞，當初很得宋孝武帝喜愛，假如劉子業被廢，現在皇帝寶座上面坐的就是他。劉子業想起了這一段，把劉子鸞與他的同母兄弟姊妹全部抓起來，一併處死。

義陽王劉昶，是宋文帝的第九個兒子，算起來是劉子業的叔父，擔任徐州刺史，頗得民心。劉子業對他很不放心，派兵攻打他，逼得他拋妻棄母，逃往北方去投奔魏國。除了劉昶，還有許多劉子業叔父輩的諸王，手握重兵，分別鎮守著各地重鎮，這是劉子業不能忍受的事，卻又覺得一一派兵將他們消滅，未免太麻煩，乾脆把他們全部召回建康。

這些叔父也眞聽話，乖乖地來到建康朝見天子。劉子業看著其中年紀較長的三人，湘東王劉彧、見安王劉休仁、山陽王劉休祐，身體肥胖，並排在一起十分有趣，就叫人把他們三人裝進竹簍子裡，測量體重。結果最重的劉彧被劉子業取了一個「豬王」的名號，劉休仁、劉休祐分別稱作「殺王」、「賊王」。

「不管叫什麼王，反正都是豬！」劉子業哈哈大笑道：「來人哪，在院子裡的空地上，挖一個坑，灌些泥巴進去，朕要來養豬了！」

他在坑裡扔進一些剩菜剩飯，攪和攪和，命令三位叔父學著豬那樣下去吃，劉彧和劉休祐都很憤怒，待要發作，卻被劉休仁攔住，他輕聲說道：「保得有用之身，留得青山在……」也不等兩位兄長會意過來，自己先跳進坑裡，學著豬那樣嚎叫著，把混著泥巴的剩菜塞進嘴哩，劉彧和劉休祐看了，只得學著做。

劉子業看得很高興，覺得這比殺了他們還要好玩，對於劉休仁特別滿意，也就對他另眼相看。劉休仁抓住這個優勢，盡力討劉子業的歡心，保住兩位兄長的性命。

皇帝後宮佳麗無數，卻沒有一位妃子能滿足劉子業，他最喜歡的是自己的姊姊山陽公主。山陽公主貌美如花，卻生性淫蕩，她與劉子業在少年之時關係就十分曖昧，長大以後一個成了皇帝，一個成了公主，公主嫁給駙馬爺何戢爲妻，皇帝又是妻妾成群，兩人很難聚在一起。

王太后逝世之後，劉子業無所顧忌，就把山陽公主召回宮中，兩人久別重逢，喜悅萬分，同餐共枕，形影不離，好得如蜜裡調油，再也化不開，並且經常同車出遊，一點也不避諱。

一個公主畢竟不能長久待在宮裡，兩人終究必須分開，臨行之前，戀戀不捨的兩姊弟，溫存一番之後，山陽公主忽道：「咱們兩個，雖說一男一女有所不同，但都是先帝的骨肉，爲什麼你能有後宮佳麗數百人，我卻只能有一個駙馬，你說，這樣公平嗎？我可不依呀！」

「哈哈！」劉子業笑了起來：「這還不容易嗎？我那些衛士，一個個相貌英俊，體格強壯，姊姊你愛要多少，儘管挑去就是了！」

山陽公主挑了三十個特別英俊的，興高采烈地帶回家。

劉子業有點吃味，想起了新蔡公主。

新蔡公主是宋孝武帝的異母妹妹，相貌清麗脫俗，年紀比劉子業大不了幾歲，但終究是他的姑姑。劉子業還是太子的時候，就對這個姑姑想入非非，現在重新想起，立刻把新蔡公主召入宮內，佔爲己有。他甚至想把新蔡公主冊立爲皇后，只因爲公主自覺不妥，說什麼也不肯，這才作罷。

劉子業多行不義，自以爲將所有的威脅都剷除了，卻沒想到自己最親信的禁軍也反對他的暴行。

這個荒唐淫亂的年輕皇帝，最後死在宮廷政變當中，年僅十七歲，接替他繼承皇帝寶座的，正是被他封爲「豬王」的劉彧，也就是後來的宋明帝。

宋明帝在慌亂之中，從爛泥堆裡被人拉出來扶立爲皇帝，這並不符合宗法，所以惹來不小的反對聲浪，一些繼承順位在他之前的諸王，紛紛起來反對他，動亂雖然都被平復了，但仍舊深深刺進了宋明帝原本已經受傷害的自尊心。

於是一齣骨肉相殘的老戲碼，又在劉宋朝廷中上演，宋孝武帝的二十八個兒子，這時還剩下七個，都被宋明帝殺死了，這還不夠，他連自己的兄弟也懷疑起來，包括當初與他一同受苦受難，陪他一起在爛泥堆裡打滾的「殺王」、「賊王」，都被這個殺紅了眼的皇帝一併剷除。

這個殘忍猜忌的皇帝在位也不久，他把功臣骨肉全殺光了，就在一群只知道逢迎諂媚的小人環繞之下，安享晚年，放著國家政局敗壞得無以復加，他也不管，反正日子一到，他兩腿一伸，把位子傳給兒子，就沒事了。

他兒子劉昱繼位的時候，才只有十歲，十足是個頑童。

宋明帝死時，遺詔由尚書令袁粲、尚書右僕射褚淵共同輔政。當時，立即就有江州刺史桂陽王劉休範覺得不高興，他是宋明帝僅存的兄弟，自以爲沒被殺就代表得到信任，如今他成了當今皇帝唯一的長輩，竟然不能入朝成爲宰輔，這口氣無論如何也嚥不下去，就在新皇帝繼位的第二年起兵叛變。

袁粲、褚淵等人都是文官，沒見過什麼大陣仗，劉休範發動兩萬五千人攻向建康，就把他們嚇得不知道該怎麼辦才好，幸虧右衛將軍蕭道成冷靜沉著，力排眾議，主張固守建康，分撥調度，終於將劉休範擊潰，成爲穩定社稷的大功臣。劉休範之亂平定後，蕭道成率領著部隊返回建康城，城中百姓沿途圍觀，指著他說道：「保全國家的，就是這位大英雄啊！」

蕭道成立下大功，逐步掌握禁軍，成了權力核心的人物之一，後來他又平定了建平王劉景素的叛亂，聲望漸漸超越其他人。

功高震主，這樣的定律是不會變的，蕭道成權傾中外，就連那個小皇帝也感受到了。

小皇帝劉昱日漸成長，明白自己的立場，總想著要殺了蕭道成，但是又想不出一個好方法。如果他聰明睿智一點，也許能想出一個剷除權臣的好辦法，保住他劉家的江山，但他偏偏只是個性情乖戾的頑童，和他的堂兄劉子業相去不遠。

那時，劉氏宗親已經所剩無幾了，他沒人可殺，便經常微服出巡，帶著一群武裝侍衛，把亂殺平民百姓當成樂趣，搞得建康城裡的百姓，恐懼萬分，不敢出門，商店也都關閉起來，路上行人幾乎消失。

有一回，天氣炎熱，街上行人不多，皇帝跑到晉軍的領軍府中，看見身爲中領軍的蕭道成敞開衣襟，露著肚皮納涼睡午覺，覺得很有意思，便把蕭道成叫醒。

蕭道成惶恐萬分，連忙請罪：「老臣不知陛下駕到，未曾遠迎，尚請恕罪。」

「嗯。」劉昱點了點頭，還盯著他的肚子。

那個時代，標榜著清談玄學的名士風流，已經走向一種詭異的情狀，士大夫多以仙風道骨，風流瀟灑爲美，但他們眼中的瀟灑，是一種病態的瀟灑，男子瘦得皮包骨，臉上擦粉，走起路來搖曳生姿，手不能提，肩不能扛，就連坐轎子都要人攙扶，這才是他們心中美男子的典型。

劉昱從小耳濡目染，審美觀隨波逐流，所以他對蕭道成肥胖的身材很看不順眼，命人取來弓箭，並在蕭道成肚臍眼上畫了一個紅圈，拉開弓就要射，把蕭道成嚇得驚慌失措，連忙說道：「陛下饒命，老臣罪不致死！」

「誰說我要你死啦？」劉昱說道：「我只是覺得你的肚子太大了，剛好可以讓我拿來當箭靶，你站好了，別亂動，看我射得中射不中！」

蕭道成避也不是，不避也不是，不知該如何是好。還是皇帝的隨從替蕭道成解了圍，他對皇帝說道：「中領軍的肚子的確是個好箭靶，可是陛下如果一箭把他射死了，以後不能用，豈不是可惜？不如用骨頭磨圓了當成箭頭，這樣還可以多射幾次。」

劉昱依言而行，換了箭頭，一箭射出，果然正中目標。蕭道成痛得抱著肚子彎下腰，劉昱哈哈大笑：「朕的箭法不錯吧！」

蕭道成受到這樣的侮辱，大爲氣惱，又擔心劉昱遲早有一天會把他殺了，便與領軍功曹紀僧眞、越騎校尉王敬則等人密謀，誅殺劉昱。王敬則秘密與皇帝身邊的親信楊玉夫結交，並且和他約定好，伺機而動。

一個七夕的夜晚，劉昱換上便服，和一群隨從偷偷溜出宮去，想看天上牛郎織女相會，看了半天看不出名堂，索性與隨從賭博嬉戲，獵狗烹食，胡鬧大半夜，喝得醉醺醺，回到寢宮入睡，臨睡前還對楊玉夫說道：「今天晚上，牛郎織女會碰面，待織女過河的時候，記得把朕叫醒，朕要看看織女長什麼模樣！」

「是。」

「如果沒把朕叫醒，明天就宰了你！」

最後一句話不說還好，一說出口，就讓楊玉夫動了殺機。天天陪著一個性格陰晴不定，殺人不眨眼的少年皇帝，不一定哪天就會把小命給丟了，等皇帝熟睡，楊玉夫潛入寢宮，一刀就把劉昱的腦袋割下，提著他的人頭拿去交給王敬則。

王敬則把事情告訴蕭道成，蕭道成心中百感交集，連忙宣布詔及文武百官，在大殿之上高舉劉昱人頭，說道：「我已替國家剷除昏君，將另立名主。」

群臣見狀，除了高呼萬歲，也不知道該怎麼辦才好。

就這樣，蕭道成掌握了絕對的權力，兩年之後，他從自己扶植的傀儡手中，接掌了皇帝的位子，改國號爲齊，開啓南朝的第二個時代。劉宋王朝，歷經五十九年即告結束，這是公元四七九年的事。

與劉宋開國君主劉裕不同，蕭道成有著蘭陵蕭氏的大家族背景，不過在他篡位的時代，世家大族的實力已經大不如前了，所以當他繼位之後，爲了拉攏一些寒素出身的朝中大臣，他還必須低聲下氣地表示自己是布衣出身，竭力撇清自己與世家大族之間的關聯。

但是他所建立的朝代，整個發展過程，與劉宋竟然出奇神似，只是更具體而微。開國皇帝蕭道成只在位四年就駕崩了，繼承他的齊武帝頗思振作，建立小康政局，之後的皇帝，又是頑劣不堪，一再演出同室操戈，骨肉相殘的劇碼，短短二十七年，這個王朝又被別人篡奪。

改朝換代，只不過是換個皇帝而已，如果一般人生活還過得去，大多不會有什麼意見，問題是改朝換代的過程裡，犧牲掉太多不該犧牲的人。史書上寥寥幾筆，某某人舉兵，某某人平亂，背後就是數不清的生離死別，那時候的人們，不像現在，手中握著選票可以自保，所以，他們只好用石頭、棍棒、鋤頭、鐮刀，企圖喚醒掌權者的注意。

但是掌權者的眼睛，往往被那至高無上的權力所蒙蔽，很難注意到這些潛在的危險。

漢化的悲劇

魏晉南北朝之所以變亂紛呈，很大一部份的原因在於，維繫傳統中國文化與體制的儒家思想，遭到極爲嚴重的挑戰。孔子提倡的忠恕、仁愛與禮教，維繫大漢帝國四百餘年大一統局面的忠君愛國思想，在這個時代裡被人嗤之以鼻，倫常關係也遭到破壞，所以我們可以看見北朝宮廷之中反覆演出的弒父、殺子與亂倫。

有人把責任歸咎於清談誤國，事實上，清談倒也不用負那麼大的責任。東漢末年以來，朝廷敗壞，令人失望，曹魏又以權臣身分篡位，破壞當時人們心目中的「法統」，讀書人開始對自己所學的一切感到懷疑，但是他們又無力回天，只好以評論人物作爲消極的抵抗。

他們一開始，也只不過想要藉由這種方式，喚回一個已經日漸淪喪的傳統價值，然而時間長了，幾代人傳下來，這種最初的理想已不復存在，剩下的只有各式各樣畸形的末流，放浪形骸、視道德禮法如無物，種種怪異的舉動，不一而足，令人懷疑這個時代究竟是怎麼了。

這種現象在南北分裂時代的南方，尤其明顯。腐敗的政治帶壞了社會風氣，社會風氣間接影響到政治，兩者之間就這樣惡性循環，漸漸走向難以挽回的地步。

北方的風氣，雖然一樣敗壞，然而統治者大多出身胡族，他們本身的文化，並未沉重到讓他們會想用怪誕的生活方式來逃避。歷經長年戰亂洗禮，到了北魏太武帝統一國家，他們已經逐漸發現，可以馬上得天下，卻不能馬上治天下的道理，想要維繫一個政權的統一與穩固，最好的辦法，還是接受漢族的文化。

太武帝死後，文成帝繼位，文成帝的壽命不長，只活到二十六歲，然後便是他的妻子馮氏長期專政的年代。這位馮太后，精明幹練，智略過人，處理事情可以兼顧各方意見，並且頗有決斷能力，因此很受到擁戴，獻文帝拓跋弘繼位時才只有十二歲，沒辦法和太后相爭，只好乖乖的待在後宮，任憑馮太后處理天下大事。

過了三年，獻文帝才十五歲就生下了太子拓拔宏，馮太后便將政權還給皇帝，回到後宮安養，並且照顧孫子——這只是檯面上的說法，馮太后的權力慾極大，不可能就這樣把一切都還給皇帝，因此名義上歸政，實際上皇帝在她眼中仍然是傀儡。

年輕的獻文帝，對於自己權利被剝奪了那麼多年，頗不能釋懷，當政以後，很想有一番作爲，但他也許表現得太直接了，總是任用馮太后不喜歡的人，推動馮太后不願意採納的政策，兩個人之間便因此起了衝突。

北魏皇帝大多早婚，馮太后雖然當了祖母，其實她的年紀只有二十五歲，年紀輕輕就守了寡，後宮又以她獨尊，風流韻事自然少不了，對於這一點，獻文帝尤其不能接受，於是藉機將太后的情人處死，這麼一來，兩人之間更加水火不容。

朝中大臣多半是馮太后的人馬，獻文帝的處境艱難，不是帶兵出去打仗，就是躲在宮裡和人談玄論道，到後來，他竟以十九歲的年齡，宣布傳位給四歲的兒子拓跋宏，當了太上皇。

這個小皇帝就是北魏孝文帝。即位之初，太上皇和馮太后的權力角逐仍未落幕，他只能在一旁默默地看著大人們你爭我奪的醜陋場面。他雖年幼，倒頗懂得處世之道，在父親與祖母的鬥爭當中，他從不特別偏袒哪一方，也從不過問這些是是非非，即使當他聽說，馮太后暗中派人把太上皇毒死，他仍對馮太后十分尊敬。

太上皇死去的時候，孝文帝已經十歲了，在北魏宮廷的歷史上，這樣的年紀已經可以過問政事，不過孝文帝很懂事，他知道自己絕對沒有能力與馮太后競爭，因此不管是任何事情，他都不敢自己決定，一切聽從馮太后裁決。

馮太后自此權傾中外，她不能免俗地重用了自己娘家的人，執掌大權，她的一些寵臣，都在短短一兩年之間，從十分卑賤的地位，爬上王公大臣的尊榮，讓北魏的政局，竟如兩漢中葉以後的外戚專政情況。

話雖如此，馮太后倒不失爲一個治國能才，她對自己寵信的臣子，管教甚嚴，不許他們胡作非爲，又很懂得恩威並重的道理，對於一些鮮卑族的元老，她也特別尊重，讓這些元老們心滿意足，挑不出她的毛病，所以在馮太后治國的二十年之中，北魏政局大體來說十分穩定。

北魏從前幾代累積下來的許多苛政，都在馮太后手中，得到改善，許多胡人較爲野蠻的風俗，都在她的努力下，得到變革。例如當時，不管是民間與政府，都對巫術非常迷信，便有很多巫覡之人爲所欲爲，借用神秘的力量欺騙大眾，馮太后下令禁止巫覡，破除了不少迷信。那時胡人、漢人同處一地，胡人爲了維繫自己的獨特地位，常常不與漢人通婚，可是他們的人數又不夠多，只好同一家族之間反覆通婚，結果生出來的小孩往往體質虛弱，甚至智能不足，馮太后也嚴令禁止同姓通婚，打破胡漢之間的隔閡。

最重要的政策，就是均田制的推動。

以往人們都說，均田制是孝文帝推動的，實際上，均田制的眞正主導者，乃是馮太后。魏孝文帝太和九年，公元四八五年，那時仍是馮太后把持朝政的年代，北魏朝廷正式推行均田制。

均田制是個影響極爲深遠的制度，大致的內容規定：國內百姓，男子年滿十五歲，授予露田四十畝，女子授予二十畝，所謂露田就是只准用來生產糧食的肥沃田地，這算是政府借貸給他們的，讓他們有自己養活自己的能力，還可以繳稅給政府，這種田地在他們死後，必須歸還給政府，好授予別人，除此之外，男子還有桑田二十畝，作爲他們的私人財產，可以不用還，也可以自行利用。

一個制度的表面，透露出許多意義。均田制之所以能夠推動，代表著北魏在當時對於其政權領域內的土地，已經有相當大的控制權。爲了和掌握地方政治的豪族對抗，北魏政府開始拉攏平民，只要這些平民有獨立謀生的能力，他們就不會去依附豪族，於是地方豪族的勢力就會慢慢減弱，中央政府的行政權就會進一步加強。因此，均田制是北魏政府與農民之間互蒙其利的一項政策。

另一方面，均田制造就了無數的小型自耕農，百姓的勞動力量，被束縛在土地之上，他們辛勤耕種，日出而作，日落而息，沒有時間去發展商業經濟，也沒時間去思考人生的意義，成了一群「順民」。

這在統治者而言，是一件維繫國家穩定的好現象，卻使得中國未來的發展，侷限在只能往農業國家發展的層面上。往後的朝代，隋朝、唐朝，也都實施均田制，具體政策有所不同，但是都有著同樣的意義。

爲了更加順利推行均田制，馮太后在基礎地方行政上，廢除了胡族部落特徵強烈的宗主督護制度，改採三長制，也就是漢人地方行政實行已久的什五制，將百姓編組，五家爲一鄰，五鄰爲一里，五里爲一黨，鄰、里、黨都設立長官，合稱三長。這樣，基層百姓的控制權，從世家大族手裡，回到政府手中，政府可以根據三長的意見，作爲地方賦稅、行政的施政基礎。

太和十四年，公元四九〇年，馮太后去世，二十四歲的孝文帝拓跋宏已經當了二十年皇帝，但是直到此刻，他才終於眞正地成爲北魏的統治者。

在孝文帝親政初期，馮太后留下來的勢力仍然十分龐大，朝中官吏多半不把這個皇帝放在眼裡，爲了取得他們的信任，孝文帝替馮太后舉行了隆重的喪禮，還表現出悲痛欲絕的模樣，以顯示自己絕對會依循馮太后的道路，終於讓這些元老大臣接納了他。

不過這終究不是長久之計。

魏孝文帝雖然從四歲起便貴爲皇帝，但他成長的過程十分坎坷，依據北魏朝廷慣例，爲了避免母后干政，太子的生母必須處死，面對強勢的馮太后，他感受到的只有畏懼，而無親情，雖說他與馮太后的關係尚稱良好，也很孝順，但這也許只是他逃避的一種方法吧，在他的性格當中，同時存在著堅毅與懦弱兩種層面，這是他的成長環境所造成的。

所以現在，他也打算逃避。

但他逃避的方法，並不像他的父親那樣，宣布退位了事，他個性當中堅毅的一面，促使他決定遷都到南方，不是洛陽，就是鄴城，另起爐灶，以推動他心中更爲宏大的改革計畫。

北魏的首都平城，地處北方邊陲，自然環境十分惡劣，常常到六月還會下雪，自從建都以來，人口大量聚集，生活條件更差，當地又不生產糧食，每年都要耗費相當大的人力、物力，就算從關中河洛地區運送糧食，仍然時常鬧饑荒。

最近，北方的柔然人又強大起來，而鮮卑人的軍事力量，又已不如太武帝時代，面對著遊牧民族的威脅，平城實在不適合再當首都，只因爲這裡是北魏王朝龍興之地，才沒有人敢提議遷都。

就連孝文帝也不敢公開宣稱他要遷都，因爲人人都知道，他想遷都的眞正理由，不只是平城自然條件差而已，當地的鮮卑貴族，都是孝文帝改革的阻力。所以，太和十七年，公元四九三年，孝文帝召集具有影響力的公卿，宣布他的計畫：「朕決議發動三十萬大軍，討伐南朝，一統天下！」

此言一出，惹來全場譁然，其中最有影響力的，是孝文帝的叔父任城王拓跋澄，他憤怒地說道：「皇上，南朝立足江東已經一百六十七年，我大魏如今國勢雖強，卻還沒強到可以消滅南朝的地步，如此輕舉妄動，危害國家社稷，實在是荒唐可笑至極！」

被這樣當眾責罵，孝文帝也很生氣，朝議不歡而散。但是孝文帝轉念一想：「是朕自己不對啊，叔父對我向來支持，我又何必對他隱瞞？」於是將叔父找來，將心中眞正的想法，告訴拓跋澄。

拓跋澄道：「我不知陛下有此用心，實在是罪過啊，如果眞有此打算，微臣一定全力支持。」

那年七月，三十萬大軍從平城出發，由孝文帝親自率領。北魏的皇帝向來武勇，御駕親征之事，所在多有，可是這次，隊伍之中，還帶著許多文官，他們從來沒有打仗的經驗，對於自己爲什麼得要隨軍出征，感到一頭霧水。

天氣炎熱，還連續多日下著滂沱大雨，行軍速度緩慢異常，直到九月，才從平城走到洛陽，魏孝文帝下令，暫時駐紮休息。三十萬大軍好不容易得到暫時喘息的機會，那些文武百官也暫時鬆一口氣，誰知道幾天之後，孝文帝忽然又一身戎裝，精神抖擻地喝令全軍，繼續南下。

「皇上，走了這兩個月，大夥已經累垮了，這時繼續南下的話，只怕還不到南方，就自行潰散了。」不管是文官還是武官，說什麼都不肯走了，他們不顧滿地泥濘，跪在地上，攔著孝文帝的馬，「皇上，請您收回成命啊！」

孝文帝故意不鬆口，沉著臉說道：「出兵打仗，哪有人走到一半就不走的？又不是兒戲，怎能說停就停？以後還有人敢說這種話，一律處死！」

文武官員們還是跪在地上，不肯起來。他們覺得，與其長途跋涉到南方去送死，不如今天就死在這裡。

孝文帝故意攤了攤手，作出無可奈何狀，說道：「你們這些人，平時養尊處優慣了，打個仗就怕成這樣，唉，並非朕不能體諒你們，而是朕不惜耗費鉅資，動員了三十萬大軍南下，如果只走到一半就折返，恐怕會被天下人恥笑啊！」他停頓片刻，看著眾人，緩緩說道：「如果你們眞的不願意繼續進兵，這次行動，總得要有點成果，依朕的意思，這洛陽比起平城，舒服得多，不如大家就留在洛陽，別回去了。」

一說完，群臣高聲歡呼起來，雖說其中有很多人反對，但是遷都洛陽，總比上戰場送死好得多，只好同意了。

正式遷都洛陽以後，孝文帝展開更大規模的變革：徹底進行漢化。

「鮮卑人只佔少數，中原大多是漢人的天下，想要治理漢人，當然得用漢人的辦法。」孝文帝說道：「但這還不夠，要把鮮卑人，通通都變成漢人，這才是長治久安的辦法。」他知道，以少數人統治大多數，最後這些少數人一定會被多數人所同化，而他卻要用君主的權威，促使這種結果早一步實現。

他的第一個政策，是禁止人民穿著鮮卑傳統服裝，一律改穿漢人的寬袖大袍。

「陛下，這似乎……沒什麼必要吧！」拓跋澄對孝文帝說道：「您看，自從咱們遷來洛陽之後，洛陽街上的百姓，幾乎都穿鮮卑的衣服啦，何必改變？」

「難道天下就只有洛陽一地？」孝文帝很生氣地說道：「洛陽的百姓，就是看見王公大臣們都穿鮮卑的衣服，這才起而效尤，可是其他的地方呢？政令只推行於洛陽城嗎？這樣豈不是要亡國嗎？」

第二個政策是，不准人民使用鮮卑語，一律改說漢語。

「三十歲以下的人，這輩子都別再說鮮卑話啦，假如官府裡面還有人說鮮卑語，這個人就得丟官了。」語言是文化的基礎，孝文帝如此做法，顯然是對漢文化十分仰慕，對自己的鮮卑文化一點也不在意，他從自己開始，企圖要把每個鮮卑人，都變成漢人。

更絕的一項政策就是改變姓氏。

「胡人的姓氏，都是兩三個字的，唸起來不好聽，以後全部改爲漢人的姓氏吧！」孝文帝自己姓拓跋，就從自己的姓氏開始做文章：「拓跋的意思，就是大地之主，而大地又是萬物之元，所以將來姓拓跋的，就改姓元吧！其他的鮮卑大姓，也都改成漢人的吧！要起帶頭作用。」於是，姓烏丸的改姓桓，姓素和的改姓和，姓丘穆陵的改姓穆，姓獨孤的改姓劉。

「既然改了姓氏，那就是漢人了，將來死了之後，不准還葬北方，一律落籍河南郡洛陽縣！」

孝文帝究竟爲什麼這麼恨鮮卑人的文化，沒什麼人知道，不過在他的改革之下，沒多少年，鮮卑的貴族，就變得和一般漢人的貴族沒什麼兩樣了。

中國歷史上的大規模變革，絕大部分以失敗告終，成功的屈指可數，戰國時代秦國的商鞅變法算是一個，魏孝文帝推行漢化算是另一個。改革總會受到阻力，也一定會傷害到既得利益者，商鞅死在自己規定的法律之下，魏孝文帝則面臨了家庭悲劇。

太和二十年，孝文帝出巡，留著太子元恂在洛陽鎮守，一群保守派的貴族，趁機慫恿太子，北歸平城，與孝文帝對抗。

太子也是個保守派。他對父親的種種做法，早就心有不滿，他不喜歡漢人的衣服，常常私底下偷偷穿著胡服，跑出城外打獵。他和這些舊貴族們感情不錯，一拍即合，於是趁著夜晚，偷了幾匹馬，逃了出去，還將企圖阻攔的守門官吏殺死。

消息很快走漏，孝文帝得知，又悲又憤：「這傻孩子，竟然不能理解爲父的苦心！」他派出騎兵追趕，迅速將元恂逮捕，親自審問。

元恂絲毫不覺得自己有什麼錯，反而說道：「變成漢人有什麼好？整天只知道在臉上抹粉，搖搖晃晃的不知所云！父皇所作所爲，只會將我朝推入萬劫不復，人神共憤，這已經不是一個身爲人君該有的舉動了。」

孝文帝氣得把他痛打一頓：「漢人有什麼好？你吃的用的，不就是漢人百姓繳稅所得嗎？朕所作所爲，人神共憤？憤的只有成天和你鬼混在一起的傢伙吧！那些傢伙冥頑不靈，你聽他們的話，只會把腦袋變笨而已。」

其實他們沒有誰對誰錯，只是立場不同而已。

孝文帝覺得，這個兒子不能繼承他的事業，絕不能讓他當上皇帝，否則自己的心血都會付諸東流，於是廢掉元恂，改立元恪爲太子，不久並將元恂賜死。

這件事發生之後幾個月，平城又發生了叛亂。

恒州刺史穆泰、定州刺史陸睿，聯合起來造反。他們盤據平城，煽動洛陽的宗室返回北方。孝文帝震怒，派了大軍平亂，將所有參與此事的官員全部殺死，後來他十分驚訝地得知，身爲三朝元老的拓跋丕，也與這件陰謀有關，便免去他的官爵，廢爲庶民。

一連串打擊，讓孝文帝很傷心，但他並沒有因此停止他的改革，陸續又推行許多漢化措施，包括宗廟祭祀的禮儀、官制、律令，全都依照漢人制度，甚至連門第制度都學了去，替鮮卑人塑造出一批自己的世家大族。

此外，他也沒忘記一統天下的理想，利用南齊內亂，孝文帝領軍趁機南下，攻取了齊的雍州五都。也許，這是另外一種逃避的方式，讓他可以忘卻種種的不愉快，不過他實在太過於投入這些工作，以致他的健康狀況，越來越糟。

孝文帝整日埋首在內政與對外戰爭之上，自然冷落了後宮，後來居然發生皇后與人通姦的醜事，這對他而言，又是另一樁沉重的打擊。

那時他還在南伐的路上，告訴他這件消息的，是他的妹妹彭城公主。

「皇后弄了個假太監進後宮服侍她，後來陛下出征，她就更爲所欲爲了，不但要強迫我嫁給她的弟弟，還和一群官員整天眉來眼去，我想不會有好事的！」彭城公主抽抽咽咽地道：「要不是我逃出來，早就被她強逼著嫁人了！我還聽說，她知道陛下在軍中生了病，就天天焚香禱祝，詛咒陛下早一天晏駕，這樣她才可以毫無顧忌……其實，何必等陛下晏駕呀！她現在就已經毫無顧忌啦！」

他見自己這位貌美的妹妹，哭成一個淚人兒，講述這件令他晴天霹靂的事，他整個人呆住了。這位皇后姓馮，是他年輕時代的舊情人，當初不被掌權的馮太后喜歡，強行將她送入寺廟出家，後來孝文帝顧念舊情，不但將她接回宮裡，還廢了馮太后替他選的皇后，立這位馮氏爲后。他萬萬想不到，皇后竟會如此待他。

他靜靜地聽完，緩緩地說道：「朕曉得了，等回去之後，朕會處理的。」

回洛陽後，他心如刀割地親自審問皇后，隨後逮捕了所有與這件事有關的人。家醜不可外揚，他只對自己的兒子們說道：「她曾經是你們的皇后，如今，只是一個外人，今後見了她，可以不必行禮。」

次年，他又帶著大軍南下。南征是假，逃避才是眞。他不願意見到那些令他傷心的地方與人們。這年四月，孝文帝就病死在南征的路上，死的時候才只有三十三歲。

自我得之，自我失之

時間是公元五四九年，南朝梁太清三年，南方的第三個王朝，已經接近尾聲，建康城又一次被大軍攻陷。

這一次，不是王室內亂，而是北方降將侯景，領著亂民十餘萬，不由分說地殺進來。城中只剩下兩三千人，還在倉皇逃命，城裡屍橫遍地，進城的大軍難以通行，侯景下令，將屍體燒掉，以致整座城瀰漫著一股恐怖的焦臭。

皇宮中的一處偏殿裡，一個八十六歲的老人，孤單地躺在床上，身上的華服滿是污垢，狼狽不堪地掙扎著爬起來，對著殿外看守他的士兵說道：「給我一點吃的吧！」想到自己已經沒了牙齒，又說：「給我一點蜂蜜吃吧……」

士兵對他不理不睬，老人全身顫抖，頹然躺回床上，再也沒有力氣起來。

他萬萬也想不到，自己竟然是這樣的結局。

這個可憐的老人，正是梁王朝的創建人，統治江南長達四十八年的梁武帝蕭衍。

正如叛軍攻入城中時，他曾說的話：「江山是我打的，也是我弄丟的，自我得之，自我失之，怨不得別人。」梁朝由他一手創建，並且曾經輝煌過，卻因爲他對待部下的態度失當，過於放任，縱容子弟胡作非爲，因而將國家帶入衰亡。

半個世紀之前，齊朝正由暴虐無比的東昏侯當國，連年發生內亂，手握重兵的蕭衍，抓住時機，率領大軍，打進建康，摧枯拉朽般地結束這個短命的朝代，改國號為梁，這是公元五〇二年發生的大事。

蕭衍是蘭陵郡人，齊皇室的遠親，年輕的時候勤奮好學，允文允武，很有名氣，才三十歲就當上了將軍，因為作戰勇敢，抵禦北魏大軍時勇往直前，累積功勳成為雍州刺史，坐鎮襄陽，都督雍、梁、南秦、北秦四州以及竟陵郡軍事，掌握齊朝長江上游的軍政大權，地位舉足輕重。

齊明帝死，遺詔由六位元老輔政，號稱六貴。太子蕭寶卷繼位之後，六貴在朝中各自為政，蕭衍得知，馬上寫信給他在郢州當刺史的大哥蕭懿，信中說道：「政令紊亂，朝廷必然生變，到時候鬧起來可不得了，大哥如果要避禍，就只剩下我雍州這塊地方了。」

事情果然不出蕭衍所料，蕭寶卷殘忍無比，先後將六貴一一剷除，隨即濫殺大臣。宮廷內亂一爆發，就有外藩想要作亂，平西將軍崔慧景率軍攻入建康，蕭懿聞訊，立即出兵平亂，立下了大功。

蕭衍又寫信給蕭懿：「你立下的功勞太大，就算是賢君在位，尚且不能容你，何況今日？今日有三種策略，望大哥斟酌，上策是平亂之後，帶兵進宮剷除昏君自立；如果不願承擔弒君之罪，可以繼續出鎮外藩，這樣仍能威震天下，此為中策；至於讓朝廷徵召，放棄兵權，接受爵位，這是最傻的決定！」

結果蕭懿做了最傻的決定，接受蕭寶卷的爵位，當了尚書令，沒過多久，就被蕭寶卷殺死。

蕭懿死訊傳來，蕭衍決心反齊。公元五〇一年三月，他擁立南康王蕭寶融，在江陵稱帝，改元中興，是爲齊和帝。蕭衍自任爲征東大將軍，領軍順流而下，就這樣把蕭寶卷劘除，還剝奪了他皇帝的名號，給他「東昏侯」這樣不雅的謚號。道後來他乾脆連自己擁立的齊和帝也廢了，自己當起皇帝來。

梁武帝一共在位四十八年。中國歷史上，在位這麼久的皇帝不多，除卻春秋戰國時代毫無時權的周天子之外，在他之前，在位時間比他久的只有一個御宇五十四年的漢武帝，在他之後，也只有和他同樣是四十八年的明神宗、與清朝的康熙、乾隆皇帝三位而已。

這麼長的統治時間，實在可以讓他好好的施展，而他登基之初，也的確沒有辜負上天給他的好運，曾經有一番不錯的作爲，他算是南朝所有皇帝之中，最有才學的一位，見解也十分不凡。他仔細分析南方各朝代的興衰，發現東晉立國最久，是因爲得到世家大族的支持，可是皇帝沒有實權；宋、齊都短命而亡，是因爲皇權高漲，勝過世家大族，子孫卻爲了爭奪皇位，自相殘殺，所以他打算來個折衷的辦法，一方面維持皇權的強勢，一方面又籠絡世家大族。

在維持皇權方面，他採用一個相當溫和的辦法：制禮作樂。

登基之後不久，梁武帝就命令尚書郎蔡法度等人，依據前代律令，加以增刪，並且制訂了一套音律，號稱「華夏正聲」。音樂在儒家文化中，具有象徵性的意義，典雅的音樂，在各種祭祀儀禮當中，扮演極爲重要的角色，而各種儀禮，又是一個穩定王朝不可或缺的因素。

他又大興儒學，設立博士官員，廣開學校，招納學生。由國家負責食宿費用，只要考試合格，就可以當官，還制訂了許許多多理法方面的新規定，完全仿效當年漢武帝尊崇儒術的作法。這樣一來，北方的文化現象就被南方給比下去了，中原地區的世家大族，看見南梁如此作爲，都認爲梁朝才是延續華夏正朔之所在，南方世家大族更是沾沾自喜。

對世族的拉攏，則是梁武帝另一個努力的工作，歷經宋、齊兩朝，當初衣冠南渡的世家大族，多半已經家道中落了，爲了讓他們成爲梁王朝的支持者，梁武帝命令大臣王僧儒制訂《百家譜》，將南方世族最有聲望的一百家刻意標榜一番，如此一來，東晉時候曾經喧赫一時的琅邪王氏、陳郡謝氏，那些王導、謝安的後代，以及只能緬懷過去祖先光榮的人們，這時忽然又走紅起來。

得到世家大族的支持，梁武帝興辦的太學，獎勵的學術，也就同時獲得支持，一時之間，南朝學術風氣鼎盛，文學之士輩出。梁武帝的太子蕭統，就是一個雅好文學之人，他雖早死，但他生前對於文學的貢獻，十分卓著，除了自己本身的著作之外，他還召集了許多知名文人，對於周代以來的文章，加以編纂，最後定成《文選》三十卷，蕭統的謚號是昭明，所以人們將他所編的文選，稱爲《昭明文選》，一直到現在，仍在中國古典文學領域當中，佔有極重要的地位。

文風鼎盛之餘，梁武帝個人生活也十分節儉勤勞，每天早上天還沒亮，就起床批閱奏摺，冬天時天氣嚴寒，他的手凍得裂開，仍不眠不休。起居上，這個皇帝吃穿用度都比一般的平民還要節省，吃著粗茶淡飯，穿的麻布衣服破了就補，一頂帽子戴了三年還不肯換，宮中的侍女，身上絕對不穿著拖到地上的衣服。

可是在他如此儉樸的生活被後，卻隱藏著奇怪的現象。

梁武帝因爲信佛，所以似乎十分慈悲爲懷，可是慈悲的對象，都是他寵信的大臣和他的兒子親戚們。嚴以律己，寬以待人的結果，造成他底下的大臣們一個個貪贓枉法，以聚斂錢財爲樂，皇帝粗茶淡飯，他們整天山珍海味，吃不完的全部倒掉，奢侈浪費的程度就如同兩晉時期那般。

有人曾經向他建議：「如今天下風俗奢侈得很，應該要提倡節儉啊！」

他卻指了指自己的破衣服道：「朕已經這樣過日子了，還說朕不提倡節儉嗎？」

他有個迂腐的想法，期望能夠用道德、禮教，甚至他所篤信的佛法，來感化這些冥頑不靈的地方官吏和王侯貴族。

但是誰吃這一套呢？他們知道皇帝不會過問，益發地無法無天。有個武將名叫魚弘，甚至大言不慚地對人們說：「我當太守，郡裡面就有『四盡』，是哪四盡呢？水中的魚鱉盡，山中獐鹿盡，田中米穀盡，村中民庶盡，通通被我吃乾抹盡！」

梁武帝特別寵信自己的一個弟弟，排行第六，名叫蕭宏。當時北魏發生內亂，梁武帝打算北伐，他不用那些能征善戰的將領，執意讓毫無帶兵經驗的蕭宏領軍作戰。

蕭宏根本是個懦弱無能的傢伙，平常只知道斂財，根本不會打仗，到了前線看見敵軍，嚇得躲在帳中不敢出來，魏軍恥笑他，送給他婦女的衣服，稱他爲「蕭娘」，連己方的將領士兵，都對蕭宏看不順眼。兩軍一交戰，蕭宏就逃了，大軍一鬨而散，死傷慘重，蕭宏完全不管，只帶了幾騎逃回建康。

敗事有餘到這種地步，梁武帝一點也不生他的氣，反而好言安慰了半天，不久還拜他爲司徒司空乃至太尉，成爲皇帝之下最有權威之人。

就這樣一號人物，竟然老想著要篡位，不只一次想要謀殺梁武帝。有人向梁武帝告密，說蕭宏在家中屯放鎧甲兵器，圖謀不軌。梁武帝將信將疑，親自前往蕭宏家中檢查，三十多間庫房一一開啓，裡面沒有鎧甲兵器，只有三億多的金錢，以及絲綢布帛、金銀珠寶，都是蕭弘到處搜刮來的財物。

梁武帝不會不知道這些東西的來路，但他沒有看見武器，就很高興了，笑著對蕭宏說道：「六弟啊，你的日子過得可眞是舒服呢！」

沒多久，蕭宏眞的要弒帝自立，雖然事跡敗露，仍然沒有遭到處罰，梁武帝只是很傷心地把蕭宏叫來跟前，對他說道：「老六，皇帝的位子，你是坐不來的，朕的才能，勝你百倍，仍天天擔心不能鎭撫天下，如果是你，就更不用提啦！」

蕭宏有個兒子蕭正德，當初因爲蕭衍沒有兒子，所以過繼給他，後來梁武帝有了昭明太子，於是又把蕭正德還給蕭宏。對於這樣的際遇，蕭正德忿忿不平，到處宣揚：「我才是眞正的太子！蕭統哪裡配？」

梁武帝不追究他說這樣的話，卻也沒有理他。滿肚子怨氣的蕭正德，一怒之下，出奔北魏，自稱梁朝廢太子，前來避禍。魏國人懶得理他，覺得怎麼會有人伯父是皇帝，父親當大官，還能投降叛國的，他們都瞧不起這種無國無父之人，對他很冷淡，令他大失所望，又逃回梁朝。而梁武帝竟然只是流著眼淚把他教訓了一頓，又重新恢復他的官職。

梁武帝的另一個兒子邵陵王蕭綸，也想要得到皇位，曾經派殺手暗殺父親，又進獻下毒的酒給父親喝，不過都沒有得逞。梁武帝同樣不予追究，還讓蕭綸統領軍隊，出鎮邊疆。

「無論如何，朕也不願意自己家中，出現像當初宋、齊宮廷的骨肉相殘。」他是這麼想的，但他的作法，又未免太過鄉愿。

他對待權貴如此寬縱，對待百姓卻十分嚴苛，開國之初訂定的律法，從來不曾用在貴族身上，但對於平民百姓，倒是執行得很徹底。有一回他去郊外祭天，一個不要命的老人竟然攔住他的車駕，對他哭訴道：「陛下對百姓用法嚴苛，對權貴卻無比放縱，這怎是長久之計？應該要反過來執行啊！」

梁武帝嘆了口氣，命人將老人架走。他怎麼能夠反過來執行呢？梁朝的穩定，就是奠基在這些權貴身上啊！

至少他是這麼認爲的，但他沒想到，那些權貴都是由他一手扶植起來的，根本沒有什麼眞才實學，尤其那時南方世家大族子弟，已經傳了八九代，穿著寬大的衣服，戴著高帽子，柔弱得不像話，甚至有人聽見馬兒的嘶鳴，驚嚇得臉色發青，以為遇見了老虎。

這樣的世家大族，籠不籠絡，其實不需要太過在意的。只因為梁武帝有了那樣的想法，就鑽進牛角尖裡出不來了。

一個有著這種個性的人，很容易想不開，這種人篤信某種宗教，就會越陷越深。一般人迷信影響不大，可是皇帝要是迷信，那就很危險了。

梁武帝從年輕的時候，就很崇信佛教，但那時他汲汲追求名利，佛法對他而言不過是一種消遣。到了晚年，他忽然迷信起來，在建康城裡，修造了五百多座佛寺寶塔，僧侶尼姑多達十幾萬人，全國更有將近一半的百姓，不是身為僧尼，就是他們所收養的徒眾。

佛教在漢代傳入中國，在魏晉南北朝興盛起來，之所以興盛，無非是因為長年戰亂，人民生活困苦，渴望尋求一個心靈上的寄託。正好佛教義理當中所說的輪迴、因果與得道成佛之類的內容，符合那時候人們的需求，他們可以藉由宗教的力量，將希望寄託在來世，甚至可以潛心修福，成就西方極樂世界的美夢。

這在戰亂頻仍的年代裡，是一件很好的事，可是梁武帝未免信得過份虔誠，他不但縱容僧尼藉由宗教名義斂財，還放著政事不管，跑到寺廟裡宣揚佛法，甚至出家當和尚，出家的地點，就是他在建康城裡興建的最大一座佛寺——城北的同泰寺。

國不可一日無君，皇帝出家，這還得了？公卿們齊聚同泰寺，央求著梁武帝回心轉意，梁武帝就是不肯，公卿們只好與僧侶商量，願意用錢把皇帝贖回來，這些錢就用來大作法事。

他們一共花了一億錢，才讓皇帝還俗，可是過了不久，梁武帝又跑去出家了，如此一來一往，梁武帝出家了四次，讓朝廷花了四億錢，只為了求回一個不想當皇帝的皇帝。

這些，倒也還不足以構成梁朝衰亡的原因。

也許是之前基礎打得好的緣故吧，梁武帝縱容權貴，迷信佛法，荒廢政事，竟然都沒有造成太大的變亂，雖說是外強中乾，但江南仍是一片繁華景象，文人們吟詠著詩歌文章，世族們沉浸在紙醉金迷的生活當中，彷彿一片太平盛世。

如果不是因為錯信了北方的降將侯景，造成難以彌補的大亂，說不定梁武帝有機會在他虔心修佛的晚年裡，平平安安地邁向他的極樂世界，那裡不再有人和他搶皇位，也不再有人想要暗殺他，那是一個平安、幸福的世界。

可惜這些，都只是在他被活活餓死前，所做的美夢而已。

分裂的北方

梁武帝統治江南的幾十年中，北方發生了天翻地覆的變化。

北魏孝文帝死後，繼任的幾個皇帝，大多不怎麼像話，不是猜忌成性，寵信小人，就是篤信佛法，荒廢政事。那時候佛教興盛到了極點，梁武帝在南方大修寺廟，北魏也在北方大興土木，如今陝西大同的雲岡石窟，就是北魏時代的遺跡。

我們不能否認這些佛教建築的藝術價值，然而這般大肆修造，對於北魏而言的確是一項沉重的負擔。宗教的本意往往良善，但是如果遭到濫用，通常會有不好的結果。南北朝時代，便是曲解了佛教的高深義理，才會讓佛教在當時，如同一種歛財的工具。

孝文帝漢化的結果，並沒有達到預期的理想，反而使純樸的鮮卑人，沾染了漢人官僚的習氣，貪污腐化，奢侈浪費……。朝廷風氣敗壞，就會影響到基層官吏，倒楣的還是百姓，於是生活不下去的百姓，紛紛起來反抗。北魏後期，華北各地都有民變，預告著這個政權的崩潰。

致命傷乃是北方的六鎮之亂。

六鎮源自北魏初期，那時候為了防禦柔然，在平城北方各地興建軍事據點，那裡軍民合一，平常從事生產，外敵入侵之時，立刻從農夫變成戰士。在北魏初期，這些軍事據點的地位十分重要，多半由朝廷權貴出任鎮主，其中較著名的有六個，就合稱六鎮。

孝文帝南遷洛陽之後，六鎮的地位下降，昔日榮景不再，成為流放戰犯的場所，又因為當地位居邊陲，感受不到北魏朝廷漢化的影響，民風多半停留在剽悍的遊牧民族性格。派往六鎮的將領，多半是一些官場失意的政客，再不然就是能力低下的官僚，他們把六鎮居民當作奴隸般地驅使，且把自己的地位，視為撈錢的契機。

六鎮居民已經夠窮困了，他們還得要同時接受國人的歧視與邊鎮將領的欺壓剝削，剽悍的性格使他們忍無可忍，於是公元五二四年，就有六鎮居民起來反抗，最早揭竿起義的，是個匈奴人，名叫破六韓跋陵。

起義後不久，六鎮各地的居民紛紛響應，當地一些少數民族酋長，也加入他們的行列。他們武勇非常，連破朝廷派來鎮壓他們的軍隊，迅速占領了廣大的地區。北魏爲了解決六鎮之亂，竟然與柔然商議，請他們南下協助平亂。

六鎮就是北魏用來對付柔然的，如今卻演變成北魏與柔然夾擊六鎮，這實在是一種十分弔詭的發展。在兩軍夾擊之下，六鎮民兵的攻勢受阻，二十六萬人被俘虜，遷往河北，不久之後，他們又與河北地區的變民結合，聲勢復振。

後來輾轉交戰數年，到了公元五二八年時，民兵的指揮權落入葛榮之手，他盤據幽州、冀州、定州、殷州、瀛洲、滄州等地，號稱擁有百萬部眾，聲勢浩大，打算大舉南下，攻佔洛陽，消滅北魏王朝。北魏朝廷自身已經沒有抵抗的力量，只好借助契胡族領袖爾朱榮的力量，來對付葛榮。

在這樣的時代背景下，侯景崛起了。

侯景是鮮卑化的羯人，居住在平城以北的六鎮，動亂爆發，他就加入了起兵的隊伍，隨著大軍轉戰各地。他個子不高，卻孔武有力，作戰時像是豺狼一般驍勇多詐，在變民軍中建立不少汗馬功勞，很受葛榮的賞識。

不過侯景只想在亂世之中建立屬於自己的功業，對於葛榮，他是一點感激與尊敬之心都沒有的。

當他看見北魏派來對付葛榮的爾朱榮大軍，軍容壯盛，底下大將高歡、段榮，宇文泰等人，又是治軍嚴格的驍將，兩造強弱之勢立判，侯景不願意待在註定會失敗的葛榮帳下，所以就帶著自己的親兵投靠了爾朱榮。

「這下可好！」爾朱榮笑道：「你是葛榮軍中一員猛將，又對他們軍中內情知之甚詳，讓你來當前鋒的話，一定可以替我省去不少麻煩。」

侯景對爾朱榮倒覺得沒什麼，但是對爾朱榮旁邊站著的一位長臉頰的武將，多瞄了兩眼，那是高歡。不知道爲什麼，侯景一看見他，就感到不寒而慄，連忙收攝心神，對爾朱榮說道：「是，屬下必不辱命。」

他果然沒有辜負了爾朱榮的期望，領著前鋒部隊，與葛榮軍在滏口（今河北磁縣西北）決戰，生擒葛榮，因此受封爲定州刺史、濮陽郡公。

後來爾朱榮與兒子爾朱兆相繼進出洛陽亂政，把持大權，擅自廢立皇帝，幾個兒子又爲了爭權奪利大打出手，北魏朝廷毫無反抗的能力。高歡趁著爾朱氏內訌，起兵消滅了爾朱氏，並且在他的根據地鄴城擁立孝靜帝，同時大修宮殿，自任爲丞相。此舉惹來兵屯長安的宇文泰不滿，就在長安另立魏文帝。公元五三四年，魏國分裂爲東魏與西魏，大權分別操縱在高歡和宇文泰手裡。

東魏的國力遠比西魏強盛，生性投機的侯景，當然站在高歡這一邊。後來他才知道，原來高歡和他都是出身自懷朔鎮，就用著這一層關係，前去投靠高歡。

高歡是何等聰明之人？他當然知道侯景不會眞正效忠於他，然而大亂之際，高歡實在需要這樣一位有力的助手，便讓他擔任司徒、南道行臺，兼定州刺史，擁兵十萬人，鎮守在河南。

侯景對高歡十分敬畏，雖說在他底下不敢妄動，但總想著要擺脫高歡的控制，時常向高歡自我推薦，說道：「如果讓我領兵攻打關中，我保證可以輕而易舉替您消滅掉宇文泰！」

高歡笑而不答，他曾經與他的妻子討論過侯景這個人，妻子說過：「侯景性如豺狼，千萬不可以讓他去打關中，否則他一旦消滅了宇文泰，就會在關中自立！去掉了宇文泰，卻換來一個侯景，結果只會更糟糕。」

侯景見丞相沒有答覆，又說道：「如果不能讓我去打宇文泰，那麼，只要給我三萬兵馬，我就可以南下渡江，把蕭衍那個老頭綁來，讓他在咱們鄴城裡當個廟祝！」

「哈哈，萬景老弟啊，你這話說得可眞是豪氣萬千！」高歡笑道：「當初苻堅用百萬大軍南征，都被打垮了，你只要用三萬人哪，這可眞是了不起。」

侯景被搶白一頓，半天說不出話。高歡並沒有撥兵給他，倒是不斷替他加官進爵，用懷柔政策安撫他。

後來高歡被封爲渤海王，立長子高澄爲世子。侯景還不屑地說道：「高歡在的話，我不敢怎麼樣，如果高歡不幸病故，我可不願意屈居在高澄這種毛頭小子底下！」

公元五四七年，高歡病危，把高澄叫來跟前，對他說道：「侯景這個傢伙，是個反覆無常的小人，狡猾多詐，而且早就有著謀反之心，只因爲我還能制得住他，才沒讓他發作。我死了之後，他一定不願意爲你所用，眼底下的大臣裡面，能夠和他匹敵的，只有慕容紹宗，我一直沒有重用他，就是爲了讓你提拔他，好讓他成爲你的人馬。到時候，平定侯景，就要靠你了。」

高歡只猜對了一部份，他一死，侯景的確叛變了，卻沒有發兵打鄴城，只以他的十三州地盤，投效了西魏。西魏丞相宇文泰也同樣不信侯景會眞的投降，但仍很高興地接納了侯景，封他爲太傅、上谷公，並且派人去和侯景聯絡，希望他能入朝長安。

這和侯景的計畫不同，他是希望宇文泰能夠從關中出兵，與他一同夾擊高澄，沒想到宇文泰棋高一著，用這樣的方式，既沒有拒絕他，也沒有接納他，讓他左右爲難。此時，高澄指派的慕容紹宗大軍已經漸漸向侯景逼近，侯景不肯放棄兵權，於是又背叛了西魏，派人南下前往建康，向梁武帝表示想要投降。

那時梁武帝剛被公卿們從同泰寺中贖回來沒多久，還沉醉在佛法的精妙當中，完全不曉得侯景是個怎麼樣的人物，聽侯景的使者向他表示，只要他願意接納侯景，就可以得到河南十三州的土地，心中不禁構築起一幅統一天下的美好景象，於是對使者說道：「回去告訴他，儘管南下吧，朕願意封他爲大將軍，我朝也願意全力配合。」

梁武帝漫長的一生裡做了不少錯事，但這個決定無疑是他最大的一個錯誤。

他派了五萬兵馬，由他的姪兒蕭淵明率領，北上進攻彭城，牽制東魏，接應侯景。這批軍力都是臨時強徵而來，如果不用繩索套著，根本不願意前進，蕭淵明又是一個草包，根本不會作戰，整天只知道喝酒。隨軍出征的名將羊侃建議他：「將軍，如今我軍有兩條計策可行，第一，先發制人，在魏軍開到之前，先攻下彭城。第二，繞道敵後，攻其不備……」

「好了好了，我知道了。」蕭淵明敷衍著說道，羊侃的話，他根本聽不進去，兩種策略都不肯用，只知道緩緩進兵，後來和東魏軍隊一交戰，梁軍就被打得大敗，除了羊侃這一路平安撤回之外，連蕭淵明都被敵軍俘虜。

「敗了？」梁武帝聽說這個消息，驚訝地從床上跌下來，寵愛的姪兒被俘虜，尤其令他傷心：「難道……朕竟然像西晉那樣，引狼入室嗎？」，他隱約感覺到事態的嚴重，但那時候他心目中的「狼」乃是東魏，卻沒想到，眞正的引狼入室，還在後頭。

侯景等不到梁朝援軍，卻等來了慕容紹宗，兩軍一經交戰，侯景就被打得潰不成軍，只剩下八百騎兵，慌忙南下，投奔梁朝。這位到處遭到唾棄的叛將也不簡單，一到梁朝，就露了一手給他們看，南下途中，經過軍事重鎮壽陽，便強迫壽陽縣令打開城門，就這麼佔據了城池。

對這種囂張的舉動，梁武帝實在可以有一百個理由懲罰侯景，但是梁武帝過度寬縱的毛病又犯了，他笑了笑，不予追究，反而順水推舟封他爲豫州刺史，鎮守在壽陽，還加派了不少兵馬糧草給他，對他好言撫慰。

這麼一來，連侯景都愣住了，他笑道：「這顢頇的老頭啊，竟然這麼不知死活！看來我雖沒辦法取河北，想要掃蕩江南，倒也不是難事。」

侯景大放厥詞，反叛之情溢於言表，顢頇老頭子聽了，竟然只笑著說道：「他要是敢反叛，朕就拿竹鞭子打他一頓！」

梁武帝比較關心的是姪兒的安危，東魏也無暇再與梁朝對峙，就叫蕭淵明寫了一封信回建康，說只要梁武帝同意和談，就可以把蕭淵明放回去。大臣朱異勸梁武帝道：「如今情況，我朝實在也無力北伐，不如就同意他們的要求吧！」

於是梁武帝回信給蕭淵明，答應與東魏和談。

這讓侯景坐立難安。他上表梁武帝，說道：「我乃是東魏降將，如果陛下答應和談，我將何處容身哪？」

梁武帝不怎麼把他放在眼哩，對他只是敷衍以對。侯景更懷疑梁武帝了，於是派人假裝東魏使者，送了一封信去給梁武帝，信中提到：「希望能用侯景來交換，我們馬上把蕭淵明放回去。」梁武帝不疑有詐，回信說：「只要你們把蕭淵明放回來，侯景立刻就會遣送回去。」

這下子可把侯景激怒了：「這死老頭，果然不是好東西！」

他身旁的謀士王偉對他說道：「如今坐困愁城是死，舉大事也是死，您該做個決定了。」

「哼！」侯景一拍大腿：「橫豎都是死，死也要死得壯烈一點！」他決定做第四次叛徒。

也許是因爲同樣都是叛徒出身，感覺比較親密的緣故，侯景在發兵之前，先與蕭正德聯絡，請他做內應，約定事成之後，奉蕭正德爲皇帝。蕭正德想當皇帝想瘋了，竟然一口就答應了。

公元五四八年八月，侯景率領著他在壽陽徵召的八千名士兵與數百匹馬，正式對收留他的梁朝發動攻擊。這麼少的兵力，梁武帝一點也不放在心上，派他的兒子邵陵王蕭綸領兵討伐，自己又回到宮中念佛去了。

「怎麼辦？」侯景道：「咱們的兵這麼少，朝廷大軍人多勢眾，只怕不利……」

王偉說道：「如果和蕭綸的大軍正面對決，我軍當然沒有勝算，但是，如果放棄淮南，直接以輕騎兵東向攻打建康，我軍有蕭正德當內應，內外相合，大事可成！」

於是，侯景宣稱進攻合肥，卻帶著兵馬直奔長江北岸的譙州，迅速將此地攻下，抓住了譙州刺史蕭泰。

梁武帝還是不在意，覺得建康城有長江天險，區區八千兵力，還不足以渡河。

偏偏問題就出在這裡，守著長江渡口的，正是蕭正德。侯景不但順利渡河，而且還進入建康城，迅速包圍皇宮所在的臺城。這下子，才讓梁武帝真的害怕了，他將軍務大權交給太子蕭綱，自己躲起來念佛，年輕時代的英明幹練早已不存在這個老人身上了。

蕭綱與大將羊侃在臺城內指揮軍民，頑強抵抗，城外侯景攻城甚急，他想要速戰速決，因爲畢竟擔心會有大軍前來襲擊。他用盡了各種方法，造箭樓、攻城車、衝車，四面八方向臺城圍攻，還引湖水灌城，都沒有成功。

建康城外，大軍源源不絕開到，前前後後加起來竟然有二十萬人之多，可是他們誰都不肯率先向侯景發動攻擊，只是包圍著建康城觀望。皇帝和太子都在臺城裡，如果一起死了，那麼這些帶兵的權貴們，就有機會爭奪皇位了。

久攻臺城不下，糧食漸漸吃完，侯景也急了，他兵少，糧食也少，只好在建康城中大肆劫掠，搶奪世家大族囤積的米糧，又對城中的部曲佃客與奴隸們說道：「只要你們來投靠我，我就一概將你們赦免爲良民，還有大官可以作！」

中領軍朱異的一個家僕，逃去侯景那裡，侯景立刻封他爲儀同三司，這名家僕興高采烈地穿著錦繡官服，騎著高頭大馬，來到朱異面前耀武揚威：「你看你當官當了五十年，才做到中領軍，我只跟隨侯景沒幾天，就做到儀同三司啦！」於是便有大批奴隸投奔侯景，使他的兵馬一下子暴增至十萬人。

不過儘管如此，臺城仍是久攻難下，爲此，他想出一條緩兵之計，與城內的梁武帝請和，表示只要梁武帝願意封他爲王，他就可以退出建康。

城中的太子蕭綱如果認識侯景是什麼樣的人物，就不會上當了，可是他並未見識過侯景的奸詐，所以當侯景提出條件時，他爽快地答應，不但封侯景爲河南王，還任命他爲大丞相，都督江西四州諸軍事。

兩造歃血爲盟，侯景趁此時機從城外運糧食進來，又找藉口不退冰，等到糧食充足了，他又背盟大舉攻城。

臺城被包圍了一百多天，糧食斷絕，只好吃同伴的屍體，死去的人實在太多，腐爛的屍體散播著病菌，侵蝕著僅存的活人。公元五四九年三月二十日，臺城陷落，梁武帝和太子蕭綱都落入侯景之手。

他想逼迫梁武帝下詔，命令城外守軍各自退開，梁武帝不肯聽從，就被他關了起來，派兵看守，不給他食物，也不給他水喝。到後來，這個連一點蜂蜜都要不到的老人，就這麼活活被餓死，享年八十六歲。

梁武帝死後，侯景立蕭綱當傀儡皇帝，是爲簡文帝，自己當了漢王、相國，還封給自己一個十分響亮的名號：宇宙大將軍。整個宇宙都是他的，他自然可以胡作非爲，一年之後，他又把簡文帝殺了，另立昭明太子的孫子蕭棟爲帝，不久又逼迫蕭棟傳位給自己，改國號爲漢。

侯景攻下建康之後，縱兵四處攻城掠地，連連攻下吳郡、吳興、會稽等長江下游富庶豐饒的地區，每攻下一座城，就會大肆燒殺劫掠，再他攻下廣陵的時候，他竟然將城中老幼聚集在一起，將他們埋進土裡，只露出上半身，然後讓士兵們射殺取樂。

「我要讓全天下的人，都知道我的威名！」侯景告誡部下：「所以將來只要攻破一座城，沒別的，通通殺光！」

這樣亂來的人，哪能當什麼皇帝？充其量不過是個規模極大、武裝極強的土匪，如此而已。稱帝一年之後，侯景在征東將軍王僧辯與始興太守陳霸先的圍攻之下，終告敗亡。侯景的屍體後來被送往建康，城中百姓對他恨之入骨，紛紛湧上前去，將他身上的肉一塊一塊的割下，塞進嘴裡嚼，又將他的骨頭磨成粉，和著酒吞下肚子……

這樣也許消了他們的心頭之恨，卻改變不了事實：金陵的往日繁華，再也喚不回來了。

黎明前的黑暗

侯景之亂是南朝有史以來最大的一場浩劫，江南財賦重鎮都遭到嚴重的破壞。尤其是建康，這座東吳以來的國都，歷經了兩百多年的發展，在梁朝全盛時期，已經是座南北各自四十里，二十八萬戶，超過一百萬人的大城市了。

在世族們的努力經營之下，建康城中一片歌舞昇平，經濟發達，文明昌盛，被侯景這麼一搞，建康成了一片廢墟，連國都的地位都不保。人們面對這片廢墟，想起往日景象，不禁悲從中來。

梁武帝畢生都在擔心自己的子孫，會淪於宋、齊末年的骨肉相殘，所以他才不斷包庇縱容。可是，梁朝的骨肉相殘，遠比宋、齊嚴重百倍。當侯景在長江下游四處屠殺劫掠的時候，梁武帝的子孫，個個手握重兵，也在長江上游展開殘酷的廝殺。侯景死後，梁和帝在江陵宣布繼位，他是在血腥之中延續梁朝國祚的，建康殘破不堪，他乾脆把國都遷到江陵。

然而江陵也保不住。在諸王相互征戰的同時，西魏趁機奪取了梁朝廣大的土地，後來甚至打進了江陵。

王僧辯在建康迎立了蕭淵明，自己當上大司馬，這又惹來陳霸先的不快。公元五五五年，陳霸先打進建康城，殺了王僧辯，掌握大權，兩年後，改國號為陳，自己當上皇帝。

陳霸先是南朝第一個土生土長的皇帝，但本土政權的建立，並不能代表什麼，侯景之亂帶來的災害實在太大，他的陳朝只能憑藉著長江天險，苟延殘喘地維持著不穩定的統治權，甚至連華夏正朔的地爲，也岌岌可危。

南方的重要性，已經不復存在了。新的生命出現在北方。

北魏分裂成東魏與西魏，政權分別掌握在一個胡化的漢人與一個漢化的胡人手裡，胡化的漢人是高歡，漢化的胡人是宇文泰。高歡死後，長子高澄接掌了他的位子，完成稱帝前的一切準備，卻死在一場突如其來的謀殺之中，皇帝的寶座，落入他的弟弟高洋的手裡，公元五五〇年，南方侯景之亂如火如荼，高洋在鄴城即位，改國號爲齊，被後人稱爲北齊文宣帝。

宇文泰的西魏，國力比較弱，但他採納關中世族蘇綽的建議，勵精圖治，依據周禮，建立官制，並且依據鮮卑人部落兵制，創建府兵，專司戰鬥，奠定日後強大的基礎。後來，西魏奪得了南朝雍州、益州的廣大土地，實力終於可以和北齊相抗衡，於是，宇文泰的兒子宇文覺，就在高洋稱帝的七年之後，建立了北周。

北齊與北周是累代世仇，建國之後，互相攻伐，幾乎沒有一刻停止過。一開始北齊比較強，但是正因爲他們比較強，所以就輕敵了，再加上他們生活在環境較爲優渥的關東地區，飽暖思淫慾，武力就漸漸被北周給比下去。

胡化漢人與漢化胡人，雙方之間不斷的激戰，也不斷的交流，到後來，胡人、漢人，誰也分不清楚了，族群的融合，反而激盪出新的火花。

公元五七七年，北齊在「無愁天子」齊宣帝的靡爛生活下，步向衰亡，終於被北周所滅。統一北方的是北周武帝，他在位期間不斷征戰，替北周拓展了廣大的版圖，後來死在親征突厥的路上。

北周武帝的繼承人北周宣帝性情頗爲怪異，他似乎不大喜歡當皇帝，把重臣都殺了以後，就傳位給自己的兒子，自稱爲天元皇帝，舉朝上下爲之不安。

相似的劇情總是不斷上演，只要朝政不穩，就會有人出來把持。這一次，把持朝政的人名叫楊堅，他是皇后的父親，受封爲隋國公，三年之後，他把皇帝從寶座上請下來，自己坐上去，建立了隋朝。

魏晉南北朝的歷史，應該可以劃下句點了，不過，在眞正的太平盛世來臨之前，人們依舊只能寄望一個虛幻的極樂世界。

國家圖書館出版品預行編目 (CIP) 資料

被消失的中國史 4: 三國鼎立到混亂分裂 / 白逸琦著 . -- 二版 . -- 臺中市 : 好讀出版有限公司 , 2022.05

面 ; 公分 . -- (中華文明大系 ;4)

ISBN 978-986-178-599-8（平裝）

1. 中國史 2. 通俗史話

610.9 111002521

好讀出版

中華文明大系 4

被消失的中國史 4：三國鼎立到混亂分裂

作　　者／白逸琦
總 編 輯／鄧茵茵
文字編輯／莊銘桓
封面設計／鄭年亨
行銷企劃／劉恩綺
發行所／好讀出版有限公司
台中市 407 西屯區工業 30 路 1 號
台中市 407 西屯區大有街 13 號（編輯部）
TEL:04-23157795 FAX:04-23144188 http://howdo.morningstar.com.tw
（如對本書編輯或內容有意見，請來電或上網告訴我們）
法律顧問　陳思成律師

線上讀者回函
獲得好讀資訊

讀者服務專線／ TEL：02-23672044 / 04-23595819#230
讀者傳真專線／ FAX：02-23635741 / 04-23595493
讀者專用信箱／ E-mail：service@morningstar.com.tw
網路書店／ http : //www.morningstar.com.tw
郵政劃撥／ 15060393（知己圖書股份有限公司）
印刷／上好印刷股份有限公司
如有破損或裝訂錯誤，請寄回知己圖書更換

二版／西元 2022 年 5 月 15 日
定價：280 元

Published by How Do Publishing Co. ,LTD.
2022 Printed in Taiwan

ISBN 978-986-178-599-8